地理探究ワークブック　目次

JN112784

本書の使い方

◉本書は，二宮書店『地理探究』(地探703)に準拠しています。
◉本書は，次の見開き2ページで構成しています。

左側のページ：教科書の内容を表形式でまとめています。空欄に入る語句はすべて教科書に記載されています。

右側のページ：内容・レベルに応じて「基本」「標準」「発展」問題を用意しています。「**基本問題**」は，教科書掲載の基本的知識を穴埋めや作業で確認します。「**標準問題**」は，学習した知識にもとづき，思考力，判断力を養います。「**発展問題**」は，教科書に掲載していない事項について資料を読み解き，考察させる問題です。

◉本書内の二次元コードは2023年10月現在，確認可能なものを掲載しています。使用料はかかりませんが，通信料がかかる場合があります。

◆第1章　自然環境◆　　教科書p.8～11

① 地形（1）

1 ....
2 ....
3 ....
4 ....
5 ....
6 ....
7 ....
8 ....
9 ....
10 ....
11 ....
12 ....
13 ....
14 ....
15 ....
16 ....
17 ....
18 ....
19 ....
20 ....
21 ....
22 ....
23 ....

1　世界の地形と地形をつくる力

<table>
<tr><td rowspan="3">地球表面の形</td><td colspan="2">（　1　）…地球表面の起伏がおりなす形で，陸地や海底にみられる
(例)（　2　）…大きな陸地のまとまり
（　3　）…海洋の，特に広い部分</td></tr>
<tr><td>陸地</td><td>平野・盆地・高原は起伏が小で，山脈・山地は起伏が大
大山脈…大陸の縁に沿う</td></tr>
<tr><td>海洋</td><td>大部分は平坦だが，山脈のように長く連なる（　4　）や，弧状で深くくぼんだ（　5　）がみられる
（　6　）…水深が浅く平坦で，大陸の沿岸部にみられる</td></tr>
<tr><td rowspan="3">地形をつくる力</td><td colspan="2">(1)をつくる力を営力といい，地球内部から生み出される（　7　）と太陽エネルギーなどを起源とする（　8　）の二つに分けられる</td></tr>
<tr><td>(7)</td><td>地表の隆起や沈降などの（　9　）や（　10　）をおこす
長時間をかけて大規模な地形（=　11　）を形成</td></tr>
<tr><td>(8)</td><td>岩石が温度変化や化学変化などで変質・分解する（　12　）作用や，河川水，海水，氷河，風などによる侵食，運搬，堆積作用を引きおこす
人間が見渡せる範囲の小規模な地形…（　13　）という
(例)平野…扇状地や三角州など
海岸…磯や浜など</td></tr>
</table>

2　プレートの運動が地形におよぼす影響

<table>
<tr><td>プレートテクトニクス</td><td colspan="2">地球の表面…厚さ数十～100kmほどのプレートにおおわれている
(9)や(11)の形成を，プレートの動きで説明する考え方
(9)や(10)が活発なプレートの境界一帯…（　14　）という</td></tr>
<tr><td rowspan="3">狭まる境界</td><td colspan="2">二つのプレートが近づく境界で，（　15　）と（　16　）に分けられる</td></tr>
<tr><td>(15)</td><td>大陸プレートどうしがぶつかり，大山脈をつくる</td></tr>
<tr><td>(16)</td><td>海洋プレートが大陸プレートの下に沈み，(5)をつくる
(5)の大陸プレート側…（　17　=島弧）や大山脈をつくる</td></tr>
<tr><td>広がる境界とずれる境界</td><td colspan="2">広がる境界…二つのプレートが互いに離れて遠ざかる境界
(例)大洋の(4)，アイスランド，
アフリカ大陸東部の（　18　）
ずれる境界…二つのプレートがすれ違う境界
→トランスフォーム断層を形成
(例)アメリカ太平洋岸の（　19　）断層</td></tr>
<tr><td>起伏をつくる褶曲と断層の動き</td><td colspan="2">岩石や地層…複雑に変形・変位したものもある
→（　20　）や断層運動をうける
断層…断層面の上盤側がずり下がる（　21　），
断層面の上盤側がのし上がる（　22　），
断層面が水平方向に動く（　23　）がある</td></tr>
</table>

地理探究
ワークブック

地探 703 準拠

解答編

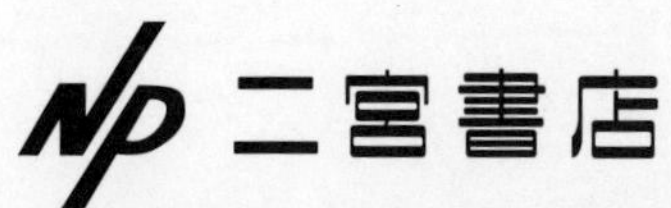

① 地形（1） p.2～3

1 地形　**2** 大陸　**3** 大洋　**4** 海嶺　**5** 海溝　**6** 大陸棚
7 内的営力　**8** 外的営力　**9** 地殻変動　**10** 火山活動
11 大地形　**12** 風化　**13** 小地形　**14** 変動帯　**15** 衝突帯
16 沈み込み帯　**17** 弧状列島　**18** 大地溝帯
19 サンアンドレアス　**20** 褶曲運動　**21** 正断層　**22** 逆断層
23 横ずれ断層

基本問題1　①オーストラリア　②29　③71　④大洋
⑤大西洋　⑥海嶺　⑦海溝　⑧大陸棚

標準問題2　(1)　①ユーラシア　②太平洋
③フィリピン海　④大西洋中央
(2)　A アトラス　B アルプス　C ヒマラヤ　D ロッキー
E アンデス
(3)　①，②

発展問題3　（解答例）外的営力は風化・侵食・運搬・堆積作用により，扇状地や三角州などの小地形をつくる。内的営力は地殻変動や火山活動を伴い，大陸や海洋などの大地形をつくる。(74 文字)

① 地形（2） p.4～5

1 プレート境界　**2** 活断層　**3** 津波　**4** 直下型　**5** 液状
6 埋立地　**7** マグマ　**8** ホットスポット　**9** 楯状　**10** 成層
11 火砕流　**12** 火山灰　**13** 地熱　**14** 造山運動
15 アルプス=ヒマラヤ　**16** 環太平洋　**17** ウラル
18 プレート衝突　**19** スカンディナヴィア　**20** 楯状地
21 卓状地　**22** 構造平野　**23** ケスタ

標準問題1　①D，F，H，I　②B，C　③A　④E　⑤G

標準問題2　(1)　①楯状地　②卓状地　③造山運動
④環太平洋
(2)　①

発展問題3　（プレート境界でおこる地震は,）震源が深く，広い範囲が揺れ，津波を伴う場合もある。
（活断層が動いておこる地震は,）震源が浅く，活断層の直上が強く揺れ，都市部では建物倒壊がおきやすい。

① 地形（3） p.6～7

1 沖積平野　**2** 小地形　**3** V字　**4** 谷底　**5** 扇頂　**6** 扇央
7 扇端　**8** 水無　**9** 蛇行　**10** 自然堤防　**11** 後背湿地
12 三日月　**13** 泥　**14** 鳥趾　**15** 円弧　**16** 高潮
17 地盤沈下　**18** 輪中　**19** 河岸段丘　**20** 丘陵　**21** 湧水帯

基本問題1　A 三日月湖（河跡湖）　B 後背湿地　C 自然堤防

基本問題2　(1)　D 鳥趾　E 円弧
(2)　D

標準問題3　④

発展問題4　①堤防　②後背湿地　③扇央

① 地形（4） p.8～9

1 岩石　**2** 海食崖　**3** 砂浜　**4** 砂嘴　**5** 砂州　**6** 潟湖
7 陸繋島　**8** トンボロ　**9** 海岸平野　**10** 浜堤　**11** 海岸段丘
12 リアス　**13** フィヨルド　**14** エスチュアリー　**15** 氷床
16 山岳氷河　**17** カール　**18** ホルン　**19** モレーン
20 砂　**21** 砂丘　**22** ワジ　**23** 塩湖　**24** 裾礁　**25** 堡礁
26 ドリーネ　**27** ウバーレ　**28** タワーカルスト　**29** 鍾乳洞

基本問題1　A フィヨルド　B エスチュアリー　C リアス海岸

基本問題2　D ビュート　E メサ　F ケスタ

標準問題3　③

標準問題4　①カルスト　②ドリーネ　③タワーカルスト
④鍾乳洞

地理の技能・地形図読図（1） p.10～11

1 扇央　**2** 扇端　**3** 自然堤防　**4** 後背湿地　**5** 段丘面
6 段丘崖　**7** 浜堤　**8** 新田　**9** 納屋　**10** トンボロ
11 ドリーネ　**12** ウバーレ　**13** 鍾乳洞

基本問題1　④

基本問題2　(1) 2.5　(2) ④　(3) ④

地理の技能・地形図読図（2） p.12～13

基本問題1　(1)　(2)（略）

標準問題2　①台地　②畑　③水田

発展問題3　(1) ②　(2) ③

② 気候と生態系（1） p.14～15

1 水循環　**2** 海水　**3** 淡水　**4** 地下水　**5** 用水
6 自由地下水　**7** 宙水　**8** 被圧地下水　**9** 地盤沈下
10 灌漑　**11** 水質汚濁　**12** 気候変動　**13** 表層流
14 暖流　**15** 寒流　**16** 潮目　**17** 深層　**18** 深層流
19 海洋の大循環　**20** 気象　**21** 気候　**22** 気候要素
23 気候因子　**24** 熱赤道　**25** 気温の逓減率　**26** 偏西
27 貿易　**28** 亜寒帯低圧帯　**29** ジェット気流　**30** 寒帯前線

基本問題1　①カリフォルニア　②ペルー（フンボルト）
③メキシコ　④北大西洋　⑤ベンゲラ　⑥日本　⑦千島
⑧赤道

標準問題2　A 亜寒帯低圧　B 亜熱帯高圧
C 熱帯収束（赤道低圧）　D 極偏東　E 偏西　F 北東
G 南東（多雨となるところ）①

発展問題3　①c　②b　③g　④f

② 気候と生態系（2） p.16〜17

1 陸地　**2** 海洋　**3** 乾　**4** 雨　**5** 海洋性　**6** 大陸性　**7** 西岸　**8** 不凍港　**9** 東岸　**10** 熱帯低気圧　**11** 植生　**12** 生態系　**13** 熱帯雨　**14** 常緑広葉樹　**15** 照葉樹　**16** 硬葉樹　**17** 針葉樹　**18** ツンドラ　**19** 熱帯季節　**20** サバナ　**21** ステップ　**22** 風化　**23** 腐植　**24** ラトソル　**25** 黒色土　**26** チェルノゼム　**27** ポドゾル　**28** テラローシャ　**29** レグール　**30** テラロッサ

標準問題1　(1) ①ツンドラ　②針葉樹林（タイガ）　③落葉広葉樹林　④サバナ　⑤熱帯雨林　⑥ステップ　⑦プレーリー　⑧温帯林

(2) ア　ポドゾル　イ　ラトソル（フェラルソル）　ウ　黒色土

発展問題2　①深層からの冷たい湧昇流が弱まり，海面水温は高くなる。(「高くなる」が入っていれば正解)

②インドネシア側で海面水温が低くなり，降水量は少なくなる。(「少なくなる」が入っていれば正解)

③インドネシア側で海水温が高くなり，降水量は多くなる。(多くなる) が入っていれば正解)

③ 世界各地の自然と生活（1） p.18〜19

1 ケッペン　**2** 樹林　**3** 無樹林　**4** 高山　**5** 熱帯　**6** 熱帯雨林　**7** サバナ　**8** 乾季　**9** 温帯　**10** 地中海性　**11** 夏　**12** 冬　**13** 温暖湿潤　**14** 西岸海洋性　**15** 亜寒帯　**16** 寒帯　**17** ツンドラ　**18** 凍土　**19** 氷雪　**20** 乾燥帯　**21** ステップ　**22** 降水　**23** 砂漠　**24** 雨温　**25** ハイサーグラフ　**26** 18　**27** −3　**28** 10　**29** 3

基本問題1　(略)

③ 世界各地の自然と生活（2） p.20〜21

1 赤道　**2** 年較差　**3** ラトソル　**4** マングローブ　**5** サンゴ礁　**6** 台風　**7** サイクロン　**8** ハリケーン　**9** 熱帯雨林　**10** スコール　**11** 焼畑　**12** プランテーション　**13** 熱帯季節　**14** 稲　**15** 亜熱帯高圧　**16** サバナ　**17** 日較差　**18** 淡水　**19** 遊牧　**20** 外来河川　**21** オアシス　**22** ワジ　**23** 熱帯収束　**24** サヘル　**25** 乾燥パンパ　**26** ステップ　**27** 黒色　**28** チェルノゼム　**29** グレートプレーンズ　**30** センターピボット

基本問題1　①アタカマ　②サハラ　③ナミブ　④ゴビ

(1) 各大陸の赤道の直下に分布する。

(2) 各大陸の南北回帰線の周辺に分布する。

標準問題2　成因1 A，C　成因2 B，F　成因3 E　成因4 D，G

発展問題3　(例)・熱帯の汽水域に生息するマングローブには多くの生物が生息しており，開発により生態系が崩れる。

・海岸沿いのマングローブが減少すると，熱帯低気圧の波浪や地震の津波から住民を守ってきた防災機能が損なわれる。

③ 世界各地の自然と生活（3） p.22〜23

1 都市　**2** 四季　**3** 亜熱帯高圧　**4** 亜寒帯低圧　**5** 偏西　**6** 硬葉樹　**7** 樹木　**8** 小麦　**9** コートダジュール　**10** リヴィエラ　**11** エーゲ　**12** 保養地　**13** 照葉樹　**14** 稲　**15** 茶　**16** 標高　**17** 梅雨　**18** 台風　**19** ハリケーン　**20** プレーリー　**21** 湿潤パンパ　**22** 北大西洋　**23** 落葉広葉樹　**24** 混合農業　**25** 酪農　**26** タイガ　**27** ポドゾル　**28** トナカイ　**29** 白夜　**30** 極夜　**31** 春小麦　**32** シベリア高気圧　**33** ツンドラ　**34** 永久凍土　**35** ブリザード　**36** 氷床

基本問題1

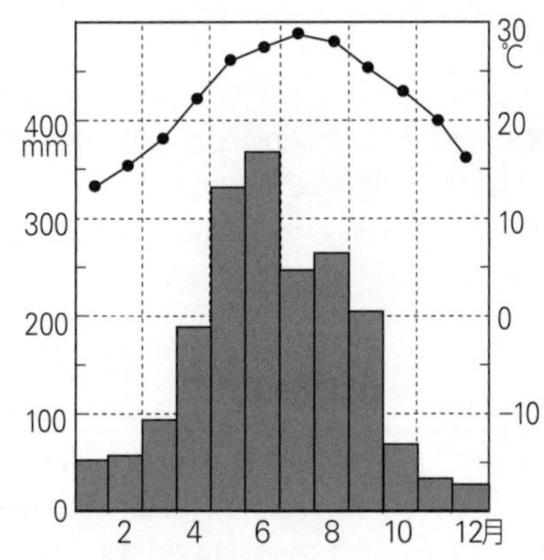

①温　②季節風　③温帯冬季少雨

基本問題2　①コーヒー　②とうもろこし　③じゃがいも　④リャマ　⑤アルパカ

④ 日本の自然環境と防災 p.24〜25

1 弧状列島　**2** 海洋　**3** 大陸　**4** 糸魚川−静岡　**5** 中央　**6** 谷底　**7** 盆地　**8** 盛土　**9** 切土　**10** 氾濫原　**11** 三角州　**12** 治水　**13** 干拓　**14** フェーン現象　**15** 雪崩　**16** 梅雨　**17** ヤマセ　**18** 秋雨　**19** 西高東低　**20** 日本海　**21** 東日本　**22** 局地風　**23** 瀬戸内　**24** 九州　**25** 二期作　**26** 南西諸島　**27** 津波　**28** 火砕流　**29** 火山灰　**30** 地すべり

基本問題1　①糸魚川−静岡　②中央　③日本　④南海
A ユーラシア　B 北アメリカ　C 太平洋　D フィリピン海

標準問題2　①旭川　②金沢　③高松　④那覇　⑤高知　⑥横浜

発展問題3　①津波

②場所：B

理由：浸水想定地域の中心であり，学校や住宅が多く，多くの人の早急な避難が必要である場所だから。

⑤ 地球環境問題（1） p.26～27

1 公害　2 生態系　3 南アメリカ　4 森林火災　5 過放牧
6 過伐採　7 過耕作　8 SDGs　9 国連環境計画
10 越境汚染　11 硫黄酸化物　12 窒素酸化物　13 酸性雨
14 PM2.5　15 長距離越境大気汚染
16 東アジア酸性雨モニタリング　17 オゾン層
18 フロンガス　19 オゾンホール　20 モントリオール
21 光化学スモッグ　22 海洋汚染　23 赤潮
24 マイクロプラスチック

基本問題1　①干ばつ　②人口　③過放牧　④過伐採
⑤食料

基本問題2　①ブラジル　②オーストラリア　③熱　④伐採
⑤人口増加　⑥砂漠　⑦過放牧　⑧過耕作

発展問題3　① A　②中国　③石炭　④北京

⑤ 地球環境問題（2） p.28～29

1 気候変動　2 地球温暖化　3 全球気候モデル
4 気候変動に関する政府間パネル　5 氷床　6 海面水位
7 白化　8 マングローブ　9 生物多様性　10 自然災害
11 高潮　12 干ばつ　13 共有社会経済経路　14 1.4
15 4.4　16 パリ協定　17 産業革命　18 省エネルギー化
19 再生可能エネルギー　20 省エネルギー住宅
21 リサイクル　22 アグロフォレストリー
23 持続可能な開発　24 かけがえのない地球
25 気候変動枠組条約　26 締約国会議　27 京都議定書
28 シチズン・サイエンス

標準問題1　(1) ④
(2)（例）氷床の融解，永久凍土の融解，北極海の海氷の消失など
(3)（氷床の融解の場合）海水面の上昇
（永久凍土の融解の場合）凍土内の植物の遺骸が微生物によって分解されることで，温室効果のあるメタンガスが排出される
（北極海の海氷の消失の場合）海氷上で生活していた動物の生息域が減少するなど，生態系が破壊される。

標準問題2　A　③，④，⑤　C　②　D　①

発展問題3　②

① 農林水産業（1） p.30～31

1 栽培限界　2 寒冷限界　3 乾燥限界　4 耐寒性品種
5 センターピボット　6 棚田　7 労働生産　8 土地生産
9 穀物メジャー　10 スマート　11 焼畑　12 自給的
13 粗放的定住　14 遊牧　15 集約的稲作　16 集約的畑作
17 地中海式　18 混合　19 三圃式　20 酪農　21 移牧
22 園芸　23 トラックファーミング　24 企業的穀物
25 企業的牧畜　26 冷凍船　27 プランテーション
28 商品作物　29 モノカルチャー

標準問題1　①集約的稲作　②園芸　③企業的牧畜
④地中海式　A モンスーン（季節風）　B 集約
C 乾燥パンパ　D 樹木

標準問題2

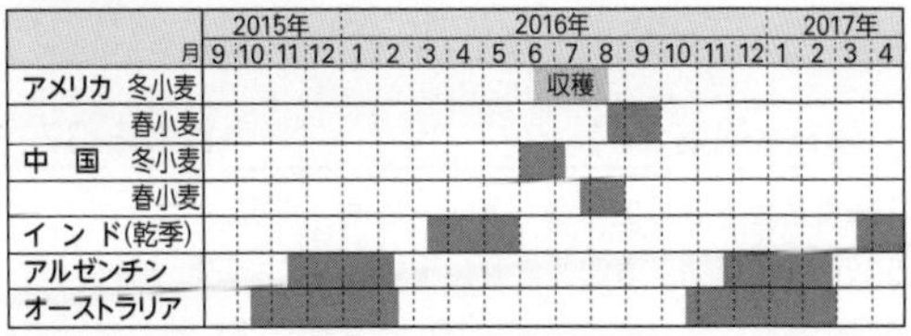

	2015年				2016年												2017年			
月	9	10	11	12	1	2	3	4	5	6	7	8	9	10	11	12	1	2	3	4
アメリカ 冬小麦											収穫									
春小麦																				
中国 冬小麦																				
春小麦																				
インド(乾季)																				
アルゼンチン																				
オーストラリア																				

（読み取れること）
・小麦は北半球が品薄となる冬に南半球で収穫されており，年間を通じて南北両半球のどこかで収穫されている。
・南半球は北半球に比べ，小麦の収穫時期が長い。

発展問題3

	土地生産性	労働生産性
東南アジア	高	低
ヨーロッパ	高	高
アメリカ・カナダ・オセアニア	低	高
サブサハラアフリカ	低	低

① 農林水産業（2） p.32～33

1 付加価値　2 集約　3 粗放　4 都市　5 近郊
6 地域活性化　7 持続可能性　8 企業的　9 労働生産性
10 穀物メジャー　11 多国籍企業　12 ランドラッシュ
13 産油国　14 スマート農業　15 情報通信技術
16 人工知能　17 センターピボット　18 ドローン
19 品種改良　20 ハイブリッド種　21 遺伝子組み換え
22 大豆

基本問題1　センターピボット

標準問題2　①アメリカ　②化学肥料　③食肉
④アグリビジネス

発展問題3　②

発展問題4　（解答例）中国は経済発展に伴い，食肉の消費が増加し，豚などの家畜の飼料となる大豆の需要が増えたため。

① 農林水産業（3） p.34～35

1 用材　2 薪炭材　3 丸太　4 合板　5 パルプ　6 熱帯
7 チーク　8 ラワン　9 亜寒帯　10 生物多様性　11 人工
12 漁　13 養殖　14 水産加工　15 沿岸漁　16 湧昇流
17 潮境　18 沖合漁　19 北西太平洋　20 北西大西洋
21 北東大西洋　22 遠洋漁　23 国連海洋法
24 排他的経済水域　25 海洋保護区　26 持続可能
27 IWC

基本問題1　①3　②針葉樹　③熱帯　④薪炭　⑤用
⑥インド　⑦ロシア　⑧中国

標準問題2　①北西太平洋　②北東大西洋
③南東太平洋（ペルー沖）

発展問題3　(1) ④
(2) (解答例) 中国の人口増加や食生活の変化とともに，養殖業，特に長江沿岸などの内水面における養殖が急増しているため。

① 農林水産業 (4)　p.36〜37

1 栄養不足　**2** 商品作物　**3** 経済格差　**4** 緊急援助
5 政府開発援助　**6** 国連世界食糧計画　**7** 高収量品種
8 緑の革命　**9** ハイブリッド　**10** 人口増加　**11** ネリカ
12 土地生産　**13** 食糧管理　**14** 土地改良　**15** 減反
16 食料自給率　**17** 指定産地　**18** 選択的拡大
19 輸入自由　**20** 高齢　**21** 植林　**22** 木材自給率　**23** 合板
24 沿岸　**25** 排他的経済水域　**26** 沖合　**27** 遠洋　**28** 肉類
基本問題1　遠洋漁業：B　魚介類輸入量：C
基本問題2　A アメリカ　B インド　C ナイジェリア　D 韓国
標準問題3　ア②　イ④　ウ①
発展問題4

A	北陸	米の単作地帯で，米の割合が高いから
B	四国	野菜の割合が高く，輸送園芸が盛んだから
C	北海道	酪農が盛んで，乳用牛の割合が高いから
D	沖縄	産出額が少なく，肉用牛の割合が高いから

② 資源・エネルギー (1)　p.38〜39

1 エネルギー　**2** 化石燃料　**3** 再生可能　**4** 石炭　**5** 石油
6 エネルギー革命　**7** モビリティ　**8** 資源メジャー
9 資源ナショナリズム　**10** 水ストレス
11 バーチャルウォーター　**12** ベースメタル　**13** 貴金属
14 レアメタル　**15** 非金属　**16** オーストラリア　**17** 露天掘り
18 アルミニウム　**19** チリ　**20** カッパーベルト　**21** クロム
22 リチウム　**23** レアアース　**24** e-waste　**25** 都市鉱山
基本問題1　①カラジャス　②イタビラ　③アンシャン
④マウントホエールバック　⑤シングブーム　⑥キルナ
⑦メサビ　⑧チュキカマタ　⑨カッパーベルト　⑩ウェイパ
⑪ニューカレドニア　⑫サドバリ
標準問題2　①石油　②天然ガス　③石炭　④再生可能
発展問題3　(1) A リチウム　B チタン　C タングステン
(2) (解答例) 使われなくなったパソコンやスマートフォン，家電製品などに含まれる貴金属を新たな製品の原料としてリサイクルし有用な資源とすることを都市にある鉱山と見立てて「都市鉱山」と表現している。

② 資源・エネルギー (2)　p.40〜41

1 火力　**2** 石油化学　**3** 石油メジャー　**4** 資源ナショナリズム
5 石油輸出国機構　**6** 第一次石油危機　**7** イラン
8 第二次石油危機　**9** 液化天然ガス　**10** パイプライン
11 シェール　**12** シェール革命　**13** OPEC プラス
14 エネルギー革命　**15** 露天掘り　**16** 中国
17 クリーンコールテクノロジー　**18** 可採年数　**19** バイオマス
20 バイオエタノール　**21** バイオディーゼル
22 カーボンニュートラル
基本問題1　A 石炭　B ウラン　C 石油　D 天然ガス
標準問題2　A 中国　B インドネシア　C オーストラリア
D ロシア　E 日本　F アメリカ　G サウジアラビア
①アパラチア　②ダモダル　③モウラ　④ルール
⑤ガワール　⑥チュメニ　⑦メキシコ　⑧ターチン
発展問題3　(解答例) とうもろこしやさとうきびなどから発酵させてつくるバイオエタノール
油やしや大豆から搾油するバイオディーゼル

② 資源・エネルギー (3)　p.42〜43

1 2次エネルギー　**2** 水力　**3** 火力　**4** 原子力
5 温室効果ガス　**6** 福島第一原発　**7** 再生可能エネルギー
8 小水力発電　**9** 固定価格買取　**10** 太陽光　**11** 風力
12 地熱　**13** エネルギー自給率　**14** 西アジア
15 ベストミックス　**16** 省エネルギー　**17** 電力事業
18 コジェネレーション　**19** 揚水発電
20 スマートグリッド　**21** 循環型社会　**22** 3R　**23** 5R
24 サーキュラーエコノミー
標準問題1　A 日本　B サウジアラビア　C アメリカ
D ロシア　E ブラジル　F ノルウェー　G デンマーク
H フランス
標準問題2　①偏西風　②火山
③ニュージーランド (インドネシア)　④中国　⑤石炭
発展問題3　(1) ①水力　②原子力　③天然ガス　④石炭
⑤石油
(2) (解答例)

発電方法	デメリット
風力発電	時間／季節変動が大きい。風況のよい地点が限られる。騒音
太陽光発電	夜間や曇り，雨の場合は発電が困難。斜面の開発による自然破壊
地熱発電	大型の施設が必要。国立公園など自然保護との両立が難しい
小水力発電	河川の水量や落差が必要。水利権をクリアする必要がある

③ 工業（1）　p.44〜45

1 加工　**2** 家内制手　**3** 軽工業　**4** 産業革命　**5** イギリス
6 工場制機械　**7** 重工業　**8** 炭田　**9** 電気・電子機器
10 情報通信技術　**11** インダストリー 4.0　**12** BRICS
13 ASEAN　**14** 中国　**15** 労働力　**16** 国際分業
17 立地条件　**18** 立地指向　**19** ウェーバー　**20** 原料地
21 消費地　**22** 労働力　**23** 中間財　**24** 集積
25 集積の利益　**26** 立地分散　**27** 石灰石　**28** 水　**29** 下請

基本問題1　①中国　②アメリカ　③日本　④ブラジル
⑤東南アジア　⑥アフリカ

標準問題2　A セメント　原料地　B ビール　消費地
C 製鉄　港湾　D 自動車　集積

発展問題3　（解答例）関連工場が集まることで，輸送費や移動時間が節約されたり，人材・情報の獲得などの利点を生むこと。

③ 工業（2）　p.46〜47

1 毛織物　**2** 綿織物　**3** 炭田　**4** 天然　**5** 化学　**6** 中国
7 ファストファッション　**8** サードイタリー　**9** ミッドランド
10 ルール　**11** ピッツバーグ　**12** 高炉　**13** 銑鋼一貫
14 クリーヴランド　**15** ダンケルク　**16** タラント　**17** ナフサ
18 ヒューストン　**19** 太平洋ベルト　**20** 流れ作業
21 大量生産　**22** モータリゼーション　**23** ハイブリッド
24 企業城下町　**25** 豊田　**26** ヴォルフスブルク
27 デトロイト　**28** ノックダウン　**29** 現地生産
30 自由貿易圏

基本問題1　①ルール　②ロレーヌ　③鉄山　④ダンケルク
⑤フォス　⑥タラント　⑦クリヴォイログ（クリヴィーリフ）

標準問題2　①中国　ウ　②日本　イ　③アメリカ　エ
④インド　ア

発展問題3　（1）①ガソリン　②燃費
（2）①貿易摩擦　②労働力　③市場

③ 工業（3）　p.48〜49

1 垂直　**2** 水平　**3** 輸入代替　**4** 輸出指向　**5** 輸出加工区
6 経済特区　**7** 多国籍企業　**8** 労働力　**9** 為替レート
10 貿易摩擦　**11** ワシントン　**12** サプライチェーン
13 最適な国際分業　**14** 多国籍企業の現地化
15 ワークシェアリング　**16** エシカル　**17** OEM 委託
18 ファブレス　**19** EMS　**20** M & A　**21** タイ　**22** 洪水

標準問題1　①中国　②アメリカ　③タイ　④シンガポール
⑤ベトナム　⑥製造業　⑦商業　⑧ブラジル

標準問題2　④→①→③→②

発展問題3

（メリットの例）
・途上国の豊富で安価な労働力により製造コストを軽減
・輸出加工区や規制緩和など，企業が進出しやすい
・国ごとの特性を活かし，最適な分業体制を確立できる
・現地生産により，為替レートの変動リスクを回避できる
・途上国が経済発展することで，新たな市場が誕生する
（デメリットの例）
・自然災害や紛争などによる部品供給のストップ
・国内産業との競合

③ 工業（4）／④ 第3次産業　p.50〜51

1 知識集約型　**2** シリコンヴァレー　**3** 起業家精神
4 トゥールーズ　**5** バンガロール　**6** 情報通信技術
7 エレクトロニクス　**8** ベンチャー　**9** 産業クラスター
10 人工知能　**11** 多品種少量　**12** インダストリー 4.0
13 四大工業　**14** 基礎素材　**15** 太平洋　**16** 鉄鋼
17 石油危機　**18** 加工組立　**19** 円高　**20** 中国
21 産業の空洞化　**22** 非正規雇用　**23** 外国人労働者
24 98　**25** 住工混在　**26** 大田　**27** 東大阪　**28** 地場
29 燕　**30** 産業遊休地　**31** 価値　**32** 商業形態
33 ペティ＝クラーク　**34** サービス経済　**35** ソサイエティ 5.0
36 GAFA

標準問題1　④

標準問題2

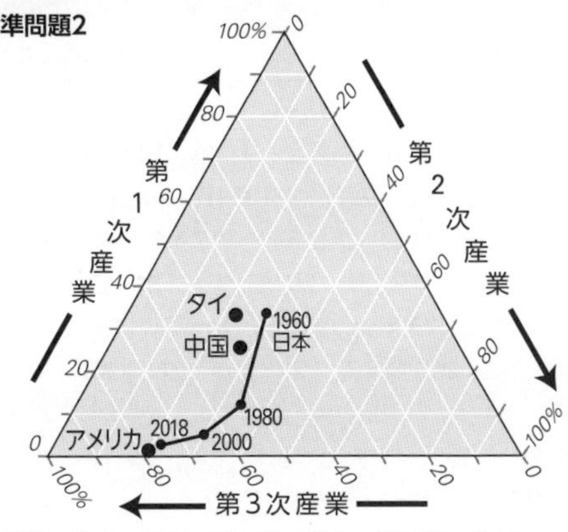

①農業　②上　③サービス業　④左　⑤工業　⑥下

① 交通・通信（1）　p.52〜53

1 時間距離　**2** モータリゼーション　**3** 物流網　**4** 積出港
5 高速　**6** 新幹線　**7** TGV　**8** ICE　**9** ユーロスター
10 モーダルシフト　**11** コンテナ　**12** ライトレール
13 タンカー　**14** ばら積み船　**15** 港湾　**16** ロッテルダム
17 国際河川　**18** 運河　**19** ライン　**20** 旅客　**21** 大型
22 精密　**23** 生鮮　**24** ハブ　**25** ドバイ　**26** LCC
27 工業団地　**28** 流通センター

基本問題1　①パナマ　②マゼラン　③ジブラルタル
④ロンボク　⑤ホルムズ　⑥スエズ

標準問題2　①デトロイト　②ハブ　③航空路線　④ドバイ
⑤仁川

発展問題3　①医薬品　②軽　③付加　④石炭　⑤重
⑥とうもろこし　⑦塩

① 交通・通信（2） p.54〜55

1 情報通信　**2** 光ファイバーケーブル　**3** ICT
4 モバイル通信　**5** 電子商取引　**6** モバイル決済
7 電子マネー　**8** SNS　**9** ナビゲーション　**10** テレワーク
11 eスポーツ　**12** デジタルディバイド　**13** 商圏　**14** 買い物
15 買い回り　**16** 最寄り　**17** 大規模小売店舗
18 プライベート　**19** POS　**20** 無店舗　**21** 高速道路
22 リニア中央新幹線　**23** 第三セクター　**24** 航空　**25** 離島
26 地下鉄　**27** 環状道路　**28** モビリティディバイド
29 コミュニティバス　**30** オンデマンドタクシー

標準問題1　①容易　②発展途上国　③50　④5
⑤ケニア

標準問題2　③

発展問題3（1）A店：最寄り品　B店：買い回り品
C店：最寄り品
（2）店舗名：C
理由：（解答例）生活に必要な食料品や日用品を販売しており，駅の近くにあることから，その地域の住民の利用頻度が高いと考えられるため。

② 貿易・観光（1） p.56〜57

1 貿易　**2** サービス貿易　**3** 垂直　**4** 南北　**5** 特恵関税
6 水平　**7** 国際　**8** 輸出依存度　**9** 中継　**10** 保護
11 貿易摩擦　**12** セーフガード　**13** FTA　**14** EPA
15 知的財産権　**16** ヨーロッパ連合　**17** 東南アジア諸国連合
18 MERCOSUR　**19** TPP　**20** USMCA　**21** 加工
22 輸入自由化　**23** 産業の空洞化　**24** 貿易の黒字
25 対外直接　**26** 対内直接　**27** ODA　**28** NGO
29 NPO

基本問題1　（略）

標準問題2　A フランス　B 中国　C ベトナム
D サウジアラビア　E オーストラリア　F インドネシア

発展問題3　①加工貿易　②輸出　③輸入　④付加価値

② 貿易・観光（2） p.58〜59

1 余暇時間　**2** 観光　**3** バカンス　**4** マスツーリズム
5 リゾート　**6** グリーンツーリズム　**7** 国際観光　**8** 観光産業
9 新型コロナウイルス　**10** 自然環境　**11** SNS
12 オーバーツーリズム　**13** 京都　**14** 周遊
15 レクリエーション　**16** テーマパーク　**17** エコツーリズム
18 インバウンド　**19** ビジット・ジャパン　**20** 観光ビザ
21 ビザなし　**22** 長期休暇　**23** 地域振興
24 ワーケーション

基本問題1　①アイスランド　②ポルトガル　③クロアチア
④ギリシャ　⑤ジョージア　⑥ヨルダン　⑦タイ　⑧カンボジア

標準問題2　ア C　イ D　ウ B　エ A

発展問題3　①バブル　②高く　③ビジット・ジャパン
④観光ビザ　⑤（略）　⑥グリーンツーリズム

① 人口（1） p.60〜61

1 エクメーネ　**2** アネクメーネ　**3** 稲　**4** モンスーンアジア
5 人口爆発　**6** 人口減少　**7** マルサス　**8** 紛争
9 人口支持力　**10** 自然増加率　**11** 出生　**12** 死亡
13 サブサハラアフリカ　**14** 高齢化　**15** 人口ピラミッド
16 年少（幼年）　**17** 生産年齢　**18** 高齢者（老年）
19 人口転換　**20** 富士山　**21** ピラミッド　**22** つぼ
23 正の相関関係　**24** 負の相関関係　**25** 人口置換水準
26 2.1

基本問題1　①

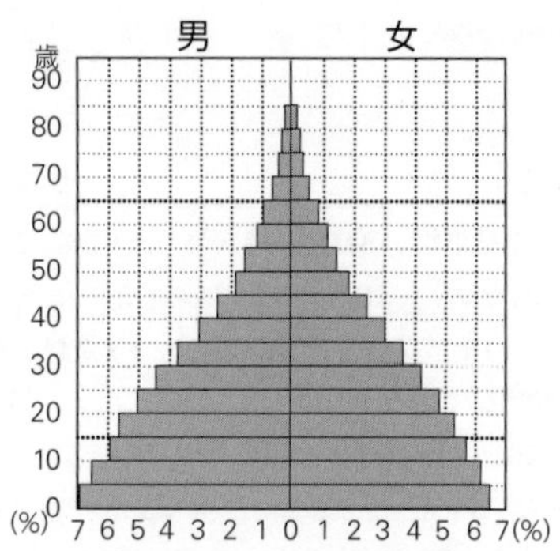

②（合計特殊出生率）高，（乳幼児死亡率）高，
（高齢化率）低

標準問題2

①ウガンダ	②フィリピン	③アルゼンチン	④ドイツ
A 富士山　型	B ピラミッド　型	C 釣り鐘　型	D つぼ　型
ア 多産多死　型	イ 多産少死　型	ウ 少産少死　型	エ 少産少死　型

発展問題3　（解答例）寒帯や乾燥帯，高山帯など，自然条件が厳しく生活しづらい地域は，人口密度が低くなっている。

① 人口（2） p.62〜63

1 自然　**2** 社会　**3** 移民　**4** 経済移民　**5** 華僑　**6** 印僑
7 西ヨーロッパ　**8** 産油国　**9** 難民　**10** 国内避難民
11 多文化　**12** 同化　**13** マイノリティ　**14** 人口ボーナス
15 人口オーナス　**16** 国際貧困ライン　**17** 乳幼児死亡
18 ジェンダー　**19** リプロダクティブ　**20** 7　**21** 14
22 21　**23** 社会保障費　**24** 倍加年数　**25** 潜在扶養
26 団塊　**27** 晩婚　**28** 非婚　**29** ワークライフバランス
30 特定技能

基本問題1　④

標準問題2　A アメリカ　B 日本　C スウェーデン　D 韓国

発展問題3

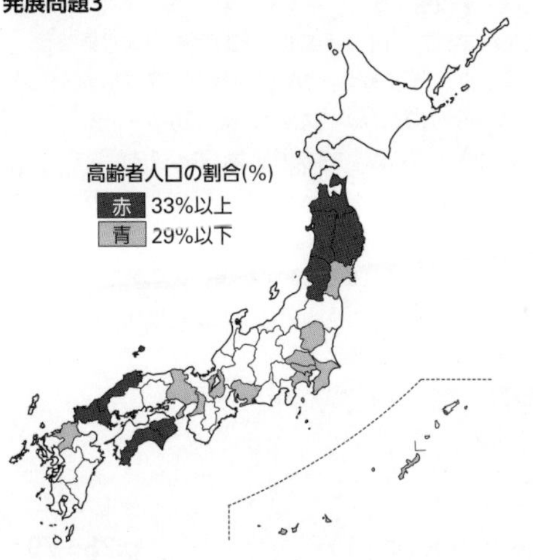

①大都市　②拡大　③宮城　④秋田

② 村落・都市（1）　p.64〜65

1 集落　**2** 川　**3** 扇端　**4** へり　**5** 南　**6** 自然堤防　**7** 丘上
8 河川　**9** 輪中　**10** 環濠　**11** 村落　**12** 社会共同体
13 集　**14** 散　**15** 塊　**16** 列　**17** 路　**18** 街　**19** 門前
20 宿場　**21** タウンシップ　**22** 囲い込み　**23** 砺波
24 条里　**25** 条　**26** 江戸　**27** 新田　**28** 明治　**29** 格子

基本問題1　①B　②C　③A　④D

標準問題2　A②　B②　C①　D③

発展問題3　（解答例）東京近郊の三芳町では，かつては家庭用の熱源に雑木林の薪を使用していたが，電気やガスが普及し，薪の採取場としての価値が低下したため雑木林の開発が進んだ。(75 文字)

地理の技能・地形図読図（3）　p.66〜67

基本問題1　(1)

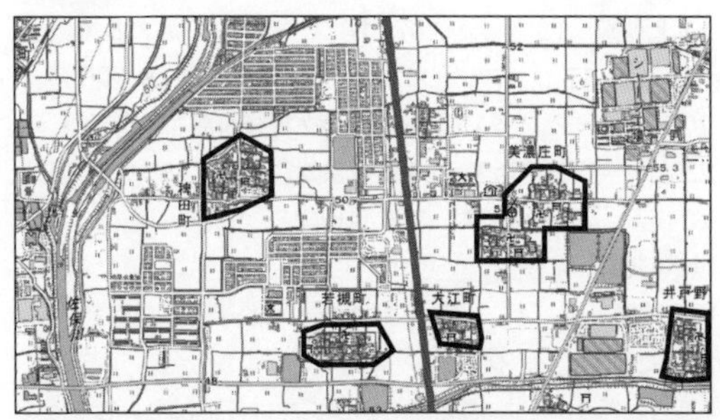

(2) ②

基本問題2　(1) ①，③，⑤

(2) A㋐／イ　B㋑／ア　C㋒／ウ

標準問題3　②

標準問題4　(1)

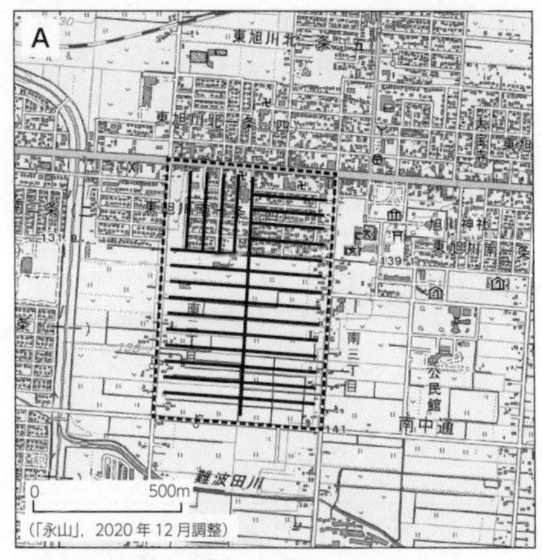

(2)（針葉樹林の地図記号を緑で着色）略，
(役割）防風林としての役割

(3) A 路村　B 散村，タウンシップ

② 村落・都市（2）　p.68〜69

1 政治　**2** 平城京　**3** 交易　**4** 城郭　**5** 城下町　**6** 工業
7 結節点　**8** 中心地機能　**9** 生産　**10** 消費　**11** 複合
12 中枢管理機能　**13** 直交路　**14** 放射直交路
15 放射環状路　**16** 迷路　**17** 中心業務地区
18 都市の内部構造　**19** 大都市　**20** 都市圏
21 ラ=デファンス　**22** 副都心　**23** 衛星　**24** 住宅
25 メトロポリス　**26** メガロポリス　**27** 都市システム
28 首位　**29** 国際金融市場　**30** 世界

基本問題1　A 生産　B 消費　C 消費　D 交易　E 消費　F 消費

標準問題2　⑤

発展問題3　④

地理の技能・地形図読図（4）　p.70〜71

標準問題1　①○　②×　③○　④×　⑤○

標準問題2　②，④，⑥

発展問題3　（解答例）かつては水田が中心だったが，東京への近接性から住宅団地やショッピングセンター，物流倉庫が立地した。一方で水害対策として大規模な貯水池を設けている。(73 文字)

② 村落・都市（3） p.72〜73

1 発展途上国　**2** 社会基盤　**3** プライメートシティ
4 インフォーマルセクター　**5** スラム　**6** ストリートチルドレン
7 スプロール　**8** インナーシティ　**9** ヒートアイランド
10 NGO　**11** 再開発　**12** ジェントリフィケーション
13 都市の持続性　**14** フライブルク　**15** 三大都市圏
16 東京　**17** ニュータウン　**18** 人口のドーナツ化　**19** 郊外
20 ロードサイド　**21** 買い物難民　**22** 人口の都心回帰
23 都市再生　**24** コンパクトシティ　**25** ライトレール
26 観光資源　**27** ワイン　**28** 合掌造り　**29** Iターン
30 テレワーク

基本問題1

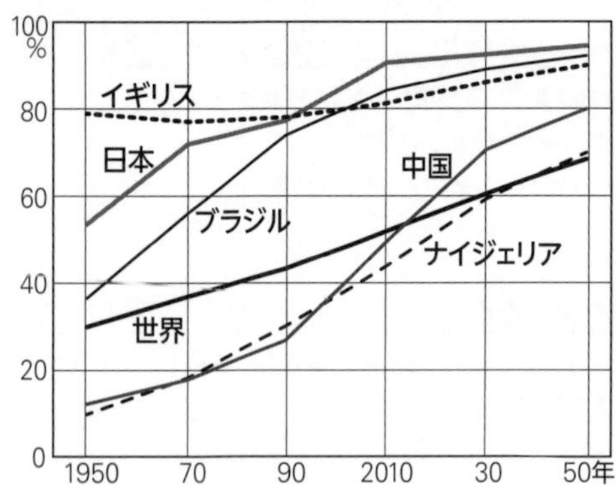

標準問題2　①60.4　②アジア　③イギリス　④日本
⑤タイ　⑥1990　⑦スラム　⑧交通渋滞
発展問題3　①タイ　②ナイジェリア　③日本　④アメリカ

① 生活文化と言語・宗教（1） p.74〜75

1 着物　**2** 和食　**3** 年中行事　**4** 生活文化　**5** 伝統文化
6 生活文化の商品化　**7** 大衆文化　**8** 地域資源
9 リノベーション　**10** イヌイット　**11** 毛織物　**12** サリー
13 アオザイ　**14** 絹　**15** 洋服　**16** 工業
17 ファストファッション　**18** 民族衣装　**19** 小麦　**20** 米
21 いも類　**22** キャッサバ　**23** 肉類　**24** 香辛料
25 ファストフード　**26** 郷土料理　**27** 高床式住居
28 日干しれんが　**29** 針葉樹林帯　**30** バリアフリー住宅
基本問題1　①木綿　②麻　③毛　④皮革
⑤羊毛（フェルト）　⑥石灰岩　⑦木材　⑧日干しれんが
標準問題2　A 米　B キャッサバ　C とうもろこし
標準問題3　②

① 生活文化と言語・宗教（2） p.76〜77

1 民族　**2** 国民国家　**3** ベルギー　**4** フランス　**5** スリランカ
6 公用語　**7** 母語　**8** インド=ヨーロッパ　**9** シナ=チベット
10 アフロ=アジア　**11** 漢字文化　**12** 英語　**13** 世界宗教
14 キリスト教　**15** 正教会　**16** カトリック　**17** プロテスタント
18 イスラーム　**19** スンナ（スンニ）派　**20** シーア派
21 仏教　**22** 上座仏教　**23** 大乗仏教　**24** 民族宗教
25 ぶどう　**26** バングラデシュ　**27** イスラエル
28 食物禁忌　**29** 牛　**30** 日曜礼拝
基本問題1　①イスラーム　②キリスト教　③仏教
標準問題2　①ゲルマン　②カトリック　③正教会
④アフロ=アジア　⑤大乗
発展問題3　①アメリカ　②ブラジル　③タイ
④インドネシア

② 国家とその領域（1） p.78〜79

1 国家　**2** 主権　**3** 領域　**4** 国民　**5** 君主国　**6** 共和国
7 単一国家　**8** 連邦国家　**9** ナショナリズム　**10** 多民族国家
11 領土　**12** 領海　**13** 領空　**14** 南沙（スプラトリー）
15 民族問題　**16** 難民　**17** 少数民族　**18** 先住民族
19 言語集団　**20** スコットランド　**21** 国境　**22** 領土問題
23 多文化主義　**24** 国際司法裁判所　**25** 沖ノ鳥　**26** 択捉
27 日本標準時子午線　**28** 北方領土　**29** 日ソ共同宣言
30 日韓基本条約
標準問題1　(1) A ①　B ②　C ③
(2) D スイス・東ティモール　E 南スーダン
標準問題2　A ②　B ③　C ①
発展問題3　①受入　②発生　③シリア　④アラブの春
⑤ミャンマー

② 国家とその領域（2） p.80〜81

1 排他的経済水域　**2** 海洋国家　**3** 外航海運　**4** シーレーン
5 内航水運　**6** 水産資源　**7** 鉱産資源　**8** レアアース
9 レアメタル　**10** メタンハイドレート　**11** 海底熱水鉱床
12 北極圏　**13** 北極海航路　**14** スヴァールバル　**15** 南極圏
16 氷床　**17** サンフランシスコ平和　**18** 南極　**19** 昭和
20 アルゼンチン　**21** 国際連合　**22** 持続可能な開発目標
23 国連平和維持活動　**24** 安全保障理事会　**25** 常任理事国
26 拒否　**27** 総会　**28** 拠出（分担）
基本問題1　A
標準問題2　（グラフ）B,（線）実線,（北極海の変化）②
発展問題3　(1) ④
(2)（解答例）日本は北部や西部において他国と近接するため，排他的経済水域を200海里で設定することができないが，ニュージーランドは周辺に接する国が少ないため。(73文字)

① 現代世界の地域区分／① 中国（1） p.82～83

1 単位地域 **2** 等質地域 **3** 機能地域 **4** ヨーロッパ連合
5 東南アジア諸国連合 **6** G7 **7** G20
8 北大西洋条約機構 **9** 購買力平価 **10** UNDP
11 人間開発指数 **12** 新型コロナウイルス **13** 世界の工場
14 毛沢東 **15** 計画経済 **16** 人民公社 **17** 文化大革命
18 改革開放 **19** 生産責任 **20** 郷鎮 **21** 経済
22 経済技術 **23** 人口減少 **24** 一人っ子 **25** 民工潮
26 都市 **27** 漢 **28** 少数
基本問題1 （略）
標準問題 2 A 廈門 B 汕頭 C 深圳 D 珠海 E 海南
ア北京 イ天津 ウ青島 エ上海 オ西安 カ武漢
キ重慶 ク広州
発展問題3 ①富士山 ②一人っ子 ③男子 ④過保護
⑤釣り鐘 ⑥少子

① 中国（2） p.84～85

1 ヒマラヤ **2** チベット **3** ゴビ **4** 黄砂 **5** 黄河 **6** 大陸
7 海洋 **8** チンリン=ホワイ **9** 小麦 **10** 稲 **11** 園芸作物
12 二期 **13** ハイブリッド **14** 茶 **15** 鉄鋼
16 大同（タートン） **17** 大慶（ターチン） **18** レアアース
19 レアメタル **20** 改革開放 **21** 上海（シャンハイ）
22 武漢（ウーハン） **23** 石油 **24** 西部 **25** 中部
26 電子決済 **27** 貿易摩擦 **28** 外貨準備高
29 アジアインフラ投資 **30** 一帯一路
基本問題1 (1)（略） (2) A 綿花 B 茶
(3) C チンリン＝ホワイ 年降水量 1000
標準問題 2 ①とうもろこし ②アメリカ ③ブラジル
④肉類
発展問題3 (1) 民工潮
(2) ア都市 イ都市 ウ農村 エ都市

② 朝鮮半島 p.86～87

1 テベク **2** リアス **3** モンスーン **4** シベリア **5** 三寒四温
6 オンドル **7** キムチ **8** 朝鮮 **9** ハングル **10** 儒教
11 韓国併合 **12** 朝鮮 **13** 38 **14** 日韓基本 **15** キリスト
16 ブロードバンド **17** 電子決済 **18** eスポーツ
19 さつまいも **20** 輸入自由化 **21** 漢江の奇跡
22 アジア NIEs **23** アジア通貨危機 **24** 財閥系
25 コンテンツ **26** 一極集中 **27** ソウル大都市圏
28 合計特殊出生率 **29** 加工貿易 **30** ハブ港湾
基本問題1 ①モンスーン ②東京 ③シベリア気団
④札幌
標準問題 2 ①ソウル ②テジョン ③ポハン
④ウルサン ⑤プサン ⑥コジェ ⑦ファンジュ
発展問題3 (1) A アメリカ B 日本 C 中国
(2)（解答例）1990 年では貿易相手国の 1 位と 2 位はアメリカと日本であったが，2020 年には中国が 1 位となり，アメリカは 2 位を維持しているが，日本の割合は減少している。(73 文字)

③ 東南アジア p.88～89

1 香辛料 **2** タイ **3** 華僑 **4** 印僑 **5** 多民族 **6** 国民統合
7 フィリピノ **8** ブミプトラ **9** プレート **10** 三角州
11 メコン **12** えび **13** モンスーン **14** 雨 **15** 乾
16 焼畑 **17** 棚田 **18** 緑の革命 **19** 商品 **20** 強制栽培
21 アグリビジネス **22** 輸入代替 **23** 輸出指向
24 アジア NIEs **25** 輸出加工区 **26** ドイモイ
27 トランスミグラシ **28** 東南アジア諸国 **29** 大メコン
30 トライアングル
基本問題1 （着色略）
①（上座）仏教 ② 95 ③イスラーム ④ 61 ⑤イスラーム
⑥ 87 ⑦キリスト教 ⑧ 90 ⑨キリスト教 ⑩ 99
基本問題2 作物①コーヒー ②ココやし ③油やし
写真① C ② B ③ A
発展問題3 ①○ ②× ③○ ④×

④ 南アジア p.90～91

1 ヒマラヤ **2** ガンジスデルタ **3** レグール **4** モンスーン
5 熱帯雨林 **6** サバナ **7** 人口支持力 **8** 乳幼児死亡
9 人口抑制 **10** インド＝ヨーロッパ **11** ヒンディー
12 ヒンドゥー **13** イスラーム **14** カースト **15** ヴァルナ
16 ジャーティ **17** カシミール **18** バングラデシュ
19 パンジャブ **20** 緑の革命 **21** 高収量 **22** 白い革命
23 商品作物 **24** 綿花 **25** 茶 **26** 繊維 **27** 経済自由化
28 自動車 **29** ICT **30** バンガロール **31** SAARC
32 SAFTA **33** 印僑
基本問題1 B
標準問題2 ①
発展問題3 ①英語 ②インターネット ③バンガロール
④カースト

⑤ 西アジア・中央アジア p.92～93

1 文明の十字路 **2** 乾燥帯 **3** オアシス **4** 灌漑
5 カナート **6** センターピボット **7** 内陸河川 **8** 放牧
9 カラクーム **10** 綿花 **11** カザフステップ **12** メッカ
13 コーラン（クルアーン） **14** アッラー
15 ムハンマド（マホメット） **16** 礼拝 **17** スンナ **18** シーア
19 アラビア **20** ペルシャ **21** 少数民族 **22** クルド
23 トルコ **24** ペルシャ **25** 液化天然ガス（LNG）
26 石油メジャー **27** OPEC（石油輸出国機構）
28 石油危機 **29** 淡水化施設 **30** BTC パイプライン
31 パレスチナ **32** 湾岸 **33** 難民

34 独立国家共同体　35 上海協力機構
標準問題1　(1) ①スンナ　②シーア　③キリスト
④ユダヤ
(2) ②
発展問題2　(1) B
(2) ①○　②×　③×　④○　⑤○

⑥ 北アフリカ・サブサハラアフリカ　p.94～95

1 サブサハラアフリカ　2 新期造山　3 大地溝帯　4 砂漠
5 外来河川　6 マグレブ　7 なつめやし　8 熱帯　9 自給的
10 植民地　11 ベルリン　12 アフリカの年　13 アラブ
14 イスラーム　15 アラビア　16 公用　17 スワヒリ
18 キリスト　19 アニミズム（精霊信仰）　20 エネルギー
21 レアメタル　22 移民　23 出稼ぎ労働者　24 ダイヤモンド
25 銅　26 プランテーション　27 カカオ　28 コーヒー
29 茶　30 モノカルチャー　31 アラブの春　32 PKO
33 AU
基本問題1　（着色略）
①フランス　②イギリス　③ベルギー　④エチオピア
発展問題2
(1) A 銅　B ダイヤモンド　C 銅　D カカオ豆
E コーヒー豆　F 茶
(2)（解答例）
・一つに依存していると市場価格の変動に左右されやすい。
・1 次産品は未加工のまま輸出されるため工業化が進まず，利益となる付加価値を生み出しにくい。
・鉱産資源は枯渇のおそれがある。

⑦ ヨーロッパ（1）　p.96～97

1 ECSC　2 EC　3 EU　4 マーストリヒト　5 東欧
6 イギリス　7 ユーロ　8 市場統合　9 シェンゲン
10 越境通勤者　11 バカンス（長期休暇）
12 インド＝ヨーロッパ　13 ゲルマン　14 ロマンス（ラテン）
15 スラブ　16 言語島　17 キリスト　18 カトリック（旧教）
19 プロテスタント（新教）　20 正教会　21 バルカン
22 少数言語　23 ガストアルバイター　24 ピレネー
25 構造平野　26 ケスタ　27 フィヨルド　28 モレーン
29 海洋性　30 北大西洋　31 偏西　32 不凍　33 白夜
34 大陸性　35 混合　36 専門分化　37 地中海式　38 園芸
39 共通農業
基本問題1　（着色略）③
発展問題2　(1) A 小麦　B ぶどう　C オリーブ
(2)（解答例）地中海性気候の特徴である，夏季の高温で乾燥した気候に適したオリーブやコルクがしなどの樹木作物の栽培と，冬季の降水を利用した小麦栽培を組み合わせた農業。

⑦ ヨーロッパ（2）　p.98～99

1 北海　2 パイプライン　3 火力　4 水力　5 原子力
6 風力　7 太陽光　8 脱炭素　9 スマートグリッド
10 ルール　11 ライン　12 ユーロポート　13 臨海工業地帯
14 ブルーバナナ　15 共通通商　16 ユーロスター
17 フランクフルト　18 国際河川　19 財政赤字　20 労働力
21 外国人労働者　22 難民　23 イギリス　24 リサイクル
25 ユーロリージョン
基本問題1　(1) A トゥールーズ　B マルセイユ
C ロッテルダム　D ミュンヘン　E ミラノ
F バーミンガム　G マンチェスター　H グラスゴー
(2) ブルーバナナ
標準問題2　①ノルウェー　②デンマーク　③ベルギー
④スペイン　⑤ギリシャ　⑥ウクライナ
A スイス　B ユーゴスラビア　C ギリシャ　D 財政赤字
発展問題3　A ③　B ①　C ④　D ②

⑧ ロシア　p.100～101

1 ヨーロッパロシア　2 シベリア　3 寒極　4 タイガ
5 永久凍土　6 東西冷戦　7 独立国家共同体　8 多民族国家
9 スラブ　10 キリル　11 正教会（ロシア正教）
12 イスラーム　13 大統領　14 市場経済　15 チェルノゼム
16 小麦　17 混合農業　18 国営農場　19 ダーチャ
20 コンビナート　21 天然ガス　22 ハイテク工業団地
23 パイプライン　24 ノルドストリーム　25 トルコストリーム
26 ウラジオストク　27 北極海　28 経済特区　29 自由港
30 シベリア・ランドブリッジ
基本問題1　②
標準問題2　（着色略）①
発展問題3　(1) A 石油　B 天然ガス　C 金
D ダイヤモンド
(2) ①石油　②パイプライン　③ノルド

⑨ アングロアメリカ（1）　p.102～103

1 ロッキー　2 アパラチア　3 中央平原　4 ミシシッピ
5 カナダ楯状地　6 ツンドラ　7 亜寒帯　8 温暖湿潤
9 熱帯　10 500　11 西岸海洋性　12 地中海性
13 プレーリー　14 グレートプレーンズ　15 ブリザード
16 トルネード　17 ハリケーン　18 ネイティヴアメリカン
19 フランス　20 イギリス　21 開拓前線
22 インディアン居留地　23 WASP　24 奴隷
25 ヒスパニック　26 双子都市　27 セグリゲーション
28 多民族社会　29 民族のサラダボウル　30 多文化主義
基本問題1　(1) ① A　② C　③ B　④ D
(2) ④
標準問題2　②
標準問題3　(1) ①イギリス　②ケベック　③フランス

④多文化
(2) ①アフリカ　②奴隷　③ヒスパニック　④アジア
⑤太平洋（もしくは西）

⑨ アングロアメリカ（2）　p.104～105

1 100　**2** 春小麦　**3** 冬小麦　**4** 酪農　**5** コーン
6 コットン　**7** センターピボット　**8** 企業的農業
9 フィードロット　**10** 穀物メジャー　**11** アグリビジネス
12 遺伝子組み換え　**13** スマート農業　**14** ドローン
15 シェール革命　**16** フロストベルト　**17** 37　**18** サンベルト
19 先端技術　**20** シリコンヴァレー　**21** 基軸通貨
22 バイオテクノロジー　**23** GAFA　**24** 自由貿易
25 NAFTA　**26** 貿易赤字　**27** 保護主義　**28** USMCA
29 起業　**30** 留学生
基本問題1　A 500　B 春小麦　C 冬小麦
D とうもろこし　E 酪農　F 綿花
標準問題2　(1) ①シアトル　②サンフランシスコ
③ロサンゼルス　④ヒューストン　⑤シカゴ　⑥ピッツバーグ
⑦ボストン　A シリコンヴァレー　B シリコンプレーン
(2) G) Google　A) Amazon　F) Facebook (meta)　A) Apple（※ Amazon と Apple は順不同）
(3) ②
(4) ①五大湖　②重工業　③ 37　④航空宇宙
⑤先端技術

⑩ ラテンアメリカ　p.106～107

1 アンデス　**2** アマゾン　**3** パタゴニア　**4** セルバ
5 セラード　**6** アタカマ　**7** 大土地所有　**8** プランテーション
9 農地改革　**10** 穀物メジャー　**11** ポルトガル　**12** スペイン
13 メスチソ　**14** ムラート　**15** ファベーラ　**16** 首位都市
17 銅　**18** リチウム　**19** 鉄鉱石　**20** 重化学　**21** 航空機
22 水力　**23** バイオエタノール　**24** カーボンニュートラル
25 アマゾン横断　**26** ブラジルの奇跡　**27** MERCOSUR
28 USMCA　**29** エコツーリズム　**30** マチュピチュ
基本問題1　コーヒー④　カカオ②　バナナ①　綿花③
標準問題2　A 正　B 誤　C 誤　D 正
標準問題3　②
発展問題 4　(1)

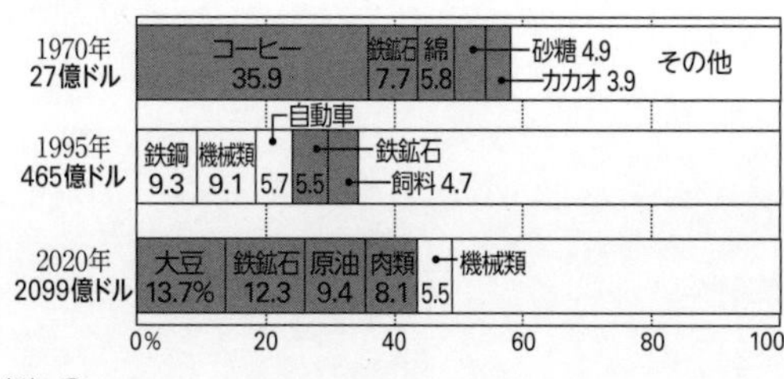

(2) ③

(3)（解答例）　国内の豊富な鉱産資源を背景に工業化が進み，工業製品の輸出が増加したが，中国の工業化や経済発展に伴う需要増により 1 次産品の輸出額および割合が増えている。(75 文字)

⑪ オーストラリア／⑫ ニュージーランドと島嶼国　p.108～109

1 侵食平野　**2** グレートディヴァイディング　**3** 砂漠
4 掘り抜き井戸　**5** フィードロット　**6** レアメタル
7 ゴールドラッシュ　**8** 露天掘り　**9** 植民地　**10** アボリジナル
11 白豪主義　**12** 多文化主義　**13** 外国語　**14** 港湾都市
15 大都市　**16** 政治都市　**17** アジア　**18** ケアンズグループ
19 アジア太平洋経済協力　**20** CPTPP
21 グレートバリアリーフ　**22** ワーキングホリデー
23 サンゴ礁　**24** フィヨルド　**25** 酪農
26 再生可能エネルギー　**27** マオリ　**28** 公用語化
基本問題1　(1) ①グレートディヴァイディング
②大鑽井（グレートアーテジアン）　③ 250　④ 500
A ダーウィン　B アリススプリングズ　C パース
D メルボルン　E キャンベラ　F シドニー
(2) う
標準問題2　（着色略）
(1)（解答例）比較的降水量の多い北部では牛が，少ない南部では羊が，大鑽井盆地の地下水を利用して飼育される。(46 文字)
(2) ①露天　②積出　③ 1 次産品　④西
⑤ポートヘッドランド　⑥ダンピア　⑦東
⑧ニューカッスル　⑨ポートケンブラ
(※⑤と⑥，⑧と⑨は順不同)
発展問題3　④

① 現代日本に求められる国土像　p.110～111

基本問題1　①a　②b　③a　④b　⑤a　⑥a　⑦b
標準問題2　(1) ①　(2) ③
(3) ① 2　② 2　③郊外　④モータリゼーション　⑤高齢
⑥インフラ
(4)（解答例）1990 年の出入国管理法の改正で日系ブラジル人の就労が認められ，製造業従事者として多数来日したが，景気で雇用状況が変化するため増減が生じている。(72 文字)
発展問題3　③

基本問題 1　世界の陸地と海洋の地形に関する下の文中の①～⑧に，適する語句や整数を答えなさい。

世界の陸地はユーラシア，アフリカ，北アメリカ，南アメリカ，（　①　），南極の六大陸と，多くの島々からなっており，地球の表面積に占める割合は（　②　%）である。陸地は，起伏の小さい平野・盆地・高原と，起伏の大きい山脈・山地に分けられる。一方，海洋は地球表面積の（　③　%）を占めている。海洋の特に広い部分は（　④　）と呼ばれ，太平洋，（　⑤　），インド洋，北極海，南極海からなる。海底の大部分は平坦だが，山脈のように長く連なる（　⑥　）や，弧状で深くくぼんでいる（　⑦　）がみられる。大陸沿岸部には，水深が浅く平坦で，全海底面積の8%を占める（　⑧　）がある。

①	② %	③ %	④	⑤
⑥	⑦	⑧		

標準問題 2　次の世界のプレート境界を示す図について，次の問いに答えなさい。

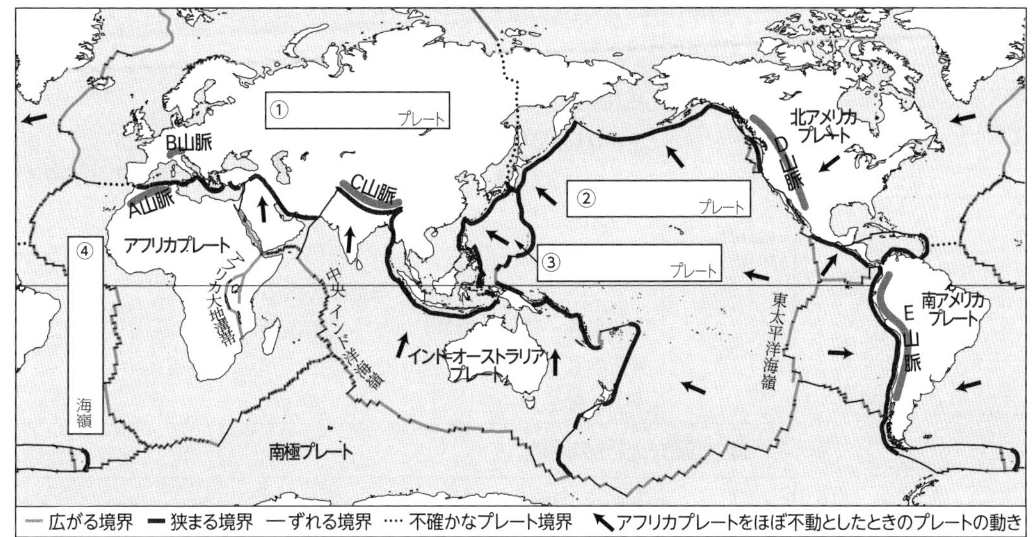

(1) 空欄①～④に適するプレートと海嶺の名称を記入しなさい。

(2) 図中の「狭まる境界」を赤線でたどりなさい。また，図の「狭まる境界」に沿ってみられるA～Eの山脈について，名称を記入しなさい。

A　山脈	B　山脈	C　山脈
D　山脈	E　山脈	

(3) プレート境界に位置する島として適当なものを次の①～④から全て選びなさい。

①アイスランド島　②ニュージーランド南島　③ハワイ島　④マダガスカル島

発展問題 3　外的営力と内的営力の違いについて，次の用語を使って75字以内で説明しなさい。

（用語）　火山活動　小地形　大地形　堆積作用　地殻変動

																									25
																									50
																									75

◆第1章　自然環境◆　教科書p.12～15

① 地形（2）

解答欄	
1	
2	
3	
4	
5	化
6	
7	
8	
9	火山
10	火山
11	
12	
13	発電
14	
15	造山帯
16	造山帯
17	山脈
18	
19	山脈
20	
21	
22	
23	

3　地震と火山

プレートの動きと地震	地震…地殻(ちかく)変動や火山活動に伴い，地下にたまったひずみが限界に達して，地下の岩石などが破壊されて発生 (例)(　1　)の地震…プレートの狭(せば)まる境界付近に多い (　2　)でおこる地震…プレート内の(2)が動く
地震による災害	(1)の地震…岩盤の破壊の規模が大きく，広範囲に強い揺れ →巨大な(　3　)が発生 (例)スマトラ島沖地震，東北地方太平洋沖地震 (2)でおこる地震…震源が比較的浅く，(　4　)地震とよばれる (例)兵庫県南部地震，熊本地震 ※地下水位の高い地域…振動によって地盤が(　5　化)のおそれ (例)旧河道，(　6　)
プレートの動きと火山	火山…(　7　)が地表に噴出(ふんしゅつ)してできた地形 →(1)付近や，(　8　)に分布
火山地形と火山の恵み	火山噴火で溶岩(ようがん)・火砕物(かさいぶつ)・火山ガスを噴出 →(7)の粘性によって地形や噴出物が変化 (例)(　9　火山)…粘性が低く，流れやすい溶岩が積み重なってできたなだらかな火山 (　10　火山)…粘性が高く，溶岩や火砕物の噴出が多い円錐(えんすい)形の火山 火山災害…噴石，降灰(こうはい)，(　11　)，溶岩流などが原因で発生 大量の(　12　)が上空に噴出…日射を遮断(しゃだん)→気温低下 火山活動の恵み…(　13　発電)，温泉など

4　造山運動と世界の陸地

新期造山帯	中生代(ちゅうせいだい)以降に(　14　)を受け，地形の起伏(きふく)が大きい地域 (例)(　15　造山帯)…ユーラシア大陸南部をのびるように分布 (　16　造山帯)…太平洋を囲むように分布
古期造山帯	古生代に(14)を受けた地域 起伏が小…中生代以降，(14)をほとんど受けず →長期間の侵食でなだらかな山地や丘陵に (例)(　17　山脈)，アパラチア山脈 起伏が大…新生代に(　18　)で隆起，または氷河の影響 (氷河の影響を受けた例)(　19　山脈)
安定陸塊	先カンブリア時代に(14)を受け，古生代以降は(14)を受けない地域 (例)(　20　)…先カンブリア時代にできた岩石が露出した地域 (　21　)…(20)が古生代以降に海面下となり，土砂が水平に堆積(たいせき)して，その後，陸地となった地域 (　22　)…ほぼ水平の硬い地層に沿ってできた平野 (　23　)…やわらかい地層が侵食され，硬い地層が残り，崖と緩斜面が交互に並ぶ地形

標準問題1　次の世界の火山と地震の分布中にあるA～Iの火山・地震について，それぞれの発生がどの要因によるものか，教科書p.10の世界のプレート境界の分布図も参考にして記入しなさい。

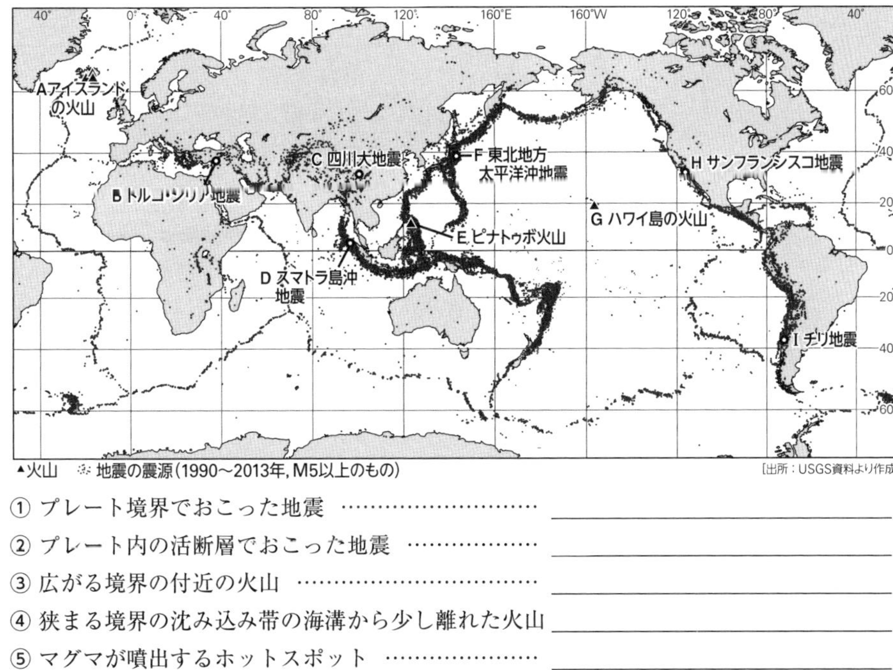

▲火山　地震の震源(1990～2013年，M5以上のもの)　[出所：USGS資料より作成]

① プレート境界でおこった地震 ………………………… ＿＿＿＿＿＿＿＿

② プレート内の活断層でおこった地震 ……………… ＿＿＿＿＿＿＿＿

③ 広がる境界の付近の火山 ………………………………… ＿＿＿＿＿＿＿＿

④ 狭まる境界の沈み込み帯の海溝から少し離れた火山 ＿＿＿＿＿＿＿＿

⑤ マグマが噴出するホットスポット ………………… ＿＿＿＿＿＿＿＿

標準問題2　世界の陸地に関する下の文章を読み，次の各問いに答えなさい。

世界の陸地は形成された時期によって，安定陸塊，古期造山帯，新期造山帯の三つに分けられる。安定陸塊は最古の陸地で，先カンブリア時代の基盤が露出している(　①　)と，古生代以降の堆積物がのっている(　②　)があり，様々な地形がみられる。古期造山帯は古生代の(　③　)によって形成され，その後の侵食で低くてなだらかな起伏になるのに対し，新期造山帯は(　④　造山帯)とアルプス＝ヒマラヤ造山帯からなり，中生代末期から新生代にかけての(③)によって形成された高くて険しい山地である。

(1) 上の文中の空欄①～④にあてはまる語句をそれぞれ答えなさい。

①	②	③	④　造山帯

(2) 上の文中の下線部に関して，安定陸塊でみられる地形について述べた文として最も適当なものを，次の①～④のうちから一つ選びなさい。

① ケスタは一方が急崖，他方が緩斜面をなす地形で，ロンドン盆地やパリ盆地でみられる。
② 構造平野は長期間の河川の堆積作用によって，水平な地層が削り出されてできる平野である。
③ 卓状地は，先カンブリア時代の造山運動で陸地となり，大規模な鉄鉱石の産地がみられる。
④ 楯状地は，新生代以降に土砂が水平に堆積し，陸地となった地形である。

発展問題3　プレート境界でおこる地震と，活断層が動くことによりおこる地震の特徴と被害について，次の用語を用いて説明しなさい。

(用語)　震源　広い範囲　津波　建物倒壊

プレート境界でおこる地震は，
活断層が動いておこる地震は，

◆第1章　自然環境◆　教科書p.16～19

①地形（3）

番号	解答欄
1	
2	
3	谷
4	平野
5	
6	
7	
8	川
9	
10	
11	
12	湖
13	
14	状
15	状
16	
17	
18	集落
19	
20	
21	

5　河川がつくりだす地形

河川のはたらき		（　1　）…外的営力で侵食された土砂（どしゃ）を，河川が下流に運搬・堆積（たいせき）させてできた平野。日本では，多くが（　2　）の規模
山地の河川		傾斜の急な山地…河川の侵食などで深い（　3　谷）に 河川の堆積作用…谷が土砂で埋まる→河川沿いに（　4　平野）ができる
扇状地の地形と生活	地形	山地から平野に…運搬作用が弱まり，土砂が堆積 →ゆるやかな平坦地が扇（おうぎ）状に形成 上流から（　5　），（　6　），（　7　）に分けられる ※(5)から(6)で河川が伏流（ふくりゅう）→（　8　川）になることも →伏流した水は(7)で湧出（ゆうしゅつ）
	生活	(6)に畑・果樹園が，(7)には水田や集落がみられる →現在は(6)にも居住地が広がる
氾濫原の地形と生活	地形	(7)より下流…河川がS字状に（　9　）する （　10　）…河川の増水で，河道の両側に砂が多く堆積してできた微高地（びこうち） →(10)の背後は，水はけの悪い（　11　）に （　12　湖＝河跡湖（かせきこ））…屈曲が大きくなった河川が大雨で直線的につながり，旧河道の一部が切り離され形成 ※氾濫原…河川によりできた地形で，(1)の扇状地と三角州の間に分布
	生活	(10)上に集落や畑，道路が，(11)は水田に利用 →現在は(11)にも工場や住宅地が建てられる
三角州の地形と生活	地形	河口付近…運搬作用が弱まり，砂や（　13　）が堆積 →三角州の海岸線の形は異なる (例)ミシシッピ川…（　14　状），ナイル川…（　15　状）
	生活	治水（ちすい）技術の発展…水田が広がる 水上交通の要衝で，周辺水域の埋め立てで都市化が進行 河口付近…洪水や（　16　）による浸水被害の危険 地震の揺れが大で，地下水の汲（く）み上げによる（　17　）も発生
河川と水害対策		（　18　集落）…洪水対策で，集落全体が堤防で囲まれた集落 (例)木曽三川の合流地帯
台地と低地の生活	台地	斜面や崖に囲まれた平坦な高台で，日本では浅海底（せんかいてい）の平坦面の隆起により形成 （　19　）…河川沿いに形成された階段状の地形 （　20　）…起伏があり，山地ほど高くないもの
	低地	古くから水田に利用。台地周辺の崖や段丘崖（がい）では樹林が多い 崖下…（　21　）がみられる

基本問題1　氾濫原を示した下の図中の地形A～Cの名称を，それぞれ答えなさい。

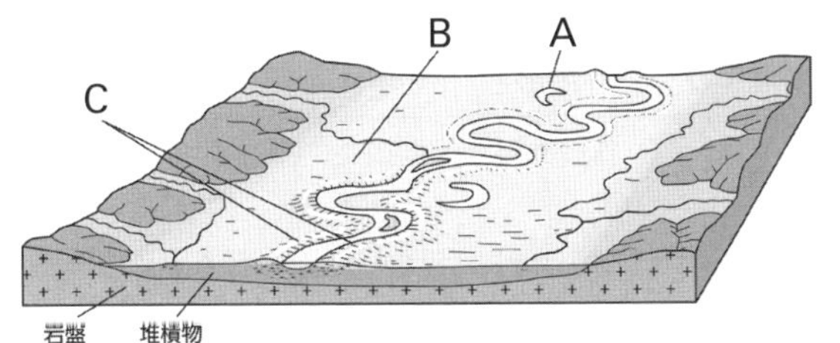

A
B
C

基本問題2　三角州について答えなさい。

(1) 写真D，Eに適する三角州の種類の名称を，それぞれ答えなさい。

D　　　　状三角州	E　　　　状三角州

(2) 三角州は，川が運んできた砂や泥が堆積して成長していく。沿岸流が弱い場合にできやすい形は写真D，写真Eのどちらだろうか。記入しなさい。

写真

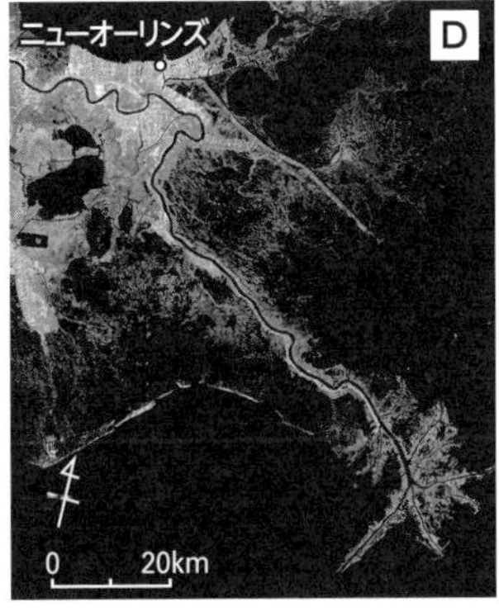

標準問題3　人々の生活の場は，自然の特性を生かして形成されていることがある。右の図は，日本の河川の上流から下流にかけての地形を模式的に示したものであり，下の**ア～ウ**の文は，図中の地点P～Rにおける典型的な地形と土地利用の特徴について述べたものである。P～Rと**ア～ウ**の正しい組み合わせを，①～⑥のうちから一つ選べ。

〔大学入学共通テスト 2018年 試行調査〕

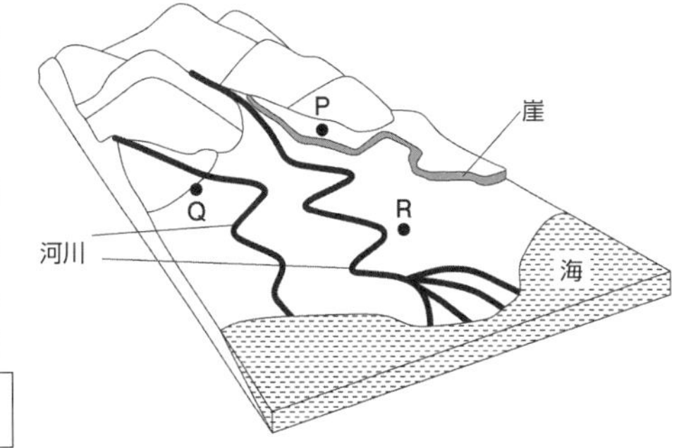

ア　河川近くの砂などが堆積した微高地は古くからの集落や畑などに，河川から離れた砂や泥の堆積した水はけの悪い土地は水田などに利用されてきた。

イ　３地点の中では形成年代が古く，平坦な地形で水が得にくいため開発が遅れる傾向があり，用水路の整備に伴い水田や集落の開発が進んだ。

ウ　砂や礫が堆積して形成された土地で，地下にしみ込んだ伏流水が湧き出しやすく，水が得やすいため集落が形成されてきた。

	P	Q	R
①	ア	イ	ウ
②	ア	ウ	イ
③	イ	ア	ウ
④	イ	ウ	ア
⑤	ウ	ア	イ
⑥	ウ	イ	ア

発展問題4　天井川と水無川（みずなし）の特徴について説明した文の空欄①～③を答えなさい。

①
②
③

天井川とは，扇状地や土砂の運搬量が多い河川に（　①　）を築くと，(①) 内に砂礫が大量に堆積して，川底の標高が周辺の（　②　）と比べて高くなった河川をいう。

水無川とは，扇状地の（　③　）などの水がしみこみやすい地形で，普段は水が流れていないが，大雨時に増水すると水が流れる河川である。

◆第1章　自然環境◆　教科書p.20～23

① 地形（4）

1　海岸
2
3　海岸
4
5
6
7
8
9
10
11
12　海岸
13
14
15
16
17
18
19
20　砂漠
21
22
23
24
25
26
27
28
29

6　海岸にみられる地形

波がつくる海岸の地形	（　1　海岸）…山地や台地の沿岸で岩盤が露出，波の侵食で（　2　）などが発達 （　3　海岸）…波や沿岸流などで土砂が運搬・堆積して形成 （　4　）…陸地から海に突き出す （　5　）…入江をふさぐように土砂が細長く堆積 （　6　＝ラグーン）…（5）にふさがれた入江 （　7　）…陸繋砂州（＝　8　）でつながった沖合の島
離水海岸の地形	離水…土地の隆起・海面低下→海面下のところが水面上にあらわれること （　9　）…浅く平らな海底が離水してできた平野 （　10　）…海岸線に沿って，波が土砂を打ち上げてできた高まり （　11　）…（2）の下にある平らな海底が離水してできた階段状の地形
沈水海岸の地形	沈水…土地の沈降，海面上昇で，陸地が海面下に沈むこと （　12　海岸）…山地の谷が沈水し，岬と入江が連続して入り組んだ海岸 （　13　）…氷河で侵食されたU字谷が沈水した入り江 （　14　＝三角江）…湾や入江が海に向かってラッパ状に開く

7　さまざまな環境で形成される地形

寒冷地域の地形	積雪が融けずに厚みと密度を増し，自らの重みで氷河として流動 氷河┌大規模に陸地をおおう（　15　＝大陸氷河） 　　　└山岳地域の（　16　＝谷氷河） （　17　＝圏谷）…スプーンでえぐったように削られた谷 （　18　）…斜面に3方向以上で削り，鋭くとがった山頂 U字谷（氷食谷）…氷河で侵食された谷 （　19　）…氷河で侵食された土砂が運搬→氷河縁辺部で堆積
乾燥地域の地形	岩石砂漠，礫砂漠，（　20　砂漠）に分類 →（20砂漠）には，風によって堆積した（　21　）がみられる （　22　＝涸れ川）…大雨時に，一時的に川となる （　23　）…水の蒸発で，塩分濃度が上昇する内陸の湖沼
サンゴ礁の地形	造礁サンゴにより，石灰質の骨格とその破片が積み重なり形成 （　24　）…陸地を縁取る形で分布 （　25　＝バリアリーフ）…陸地とサンゴ礁の間に礁湖をもつ 環礁…サンゴ礁だけが環状につながる
カルスト地形	降水や地下水が長い年月をかけて石灰岩を溶食した地形 地表…小さな窪みの（　26　），（26）が連合した（　27　），石灰岩が岩塔となった（　28　） 地下…水が浸透して石灰岩を溶かすと（　29　）が発達することもある

基本問題 1 沈水海岸を示した下の図A～Cの地形の名称を，それぞれ答えなさい。

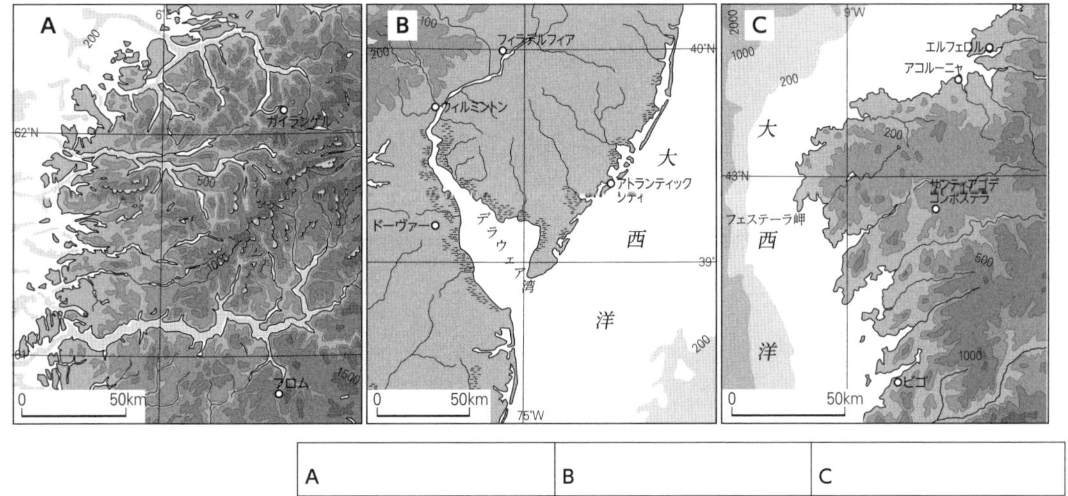

A	B	C

基本問題 2 構造平野にみられる特徴的な下の図中のD～Fの地形の名称を，それぞれ答えなさい。

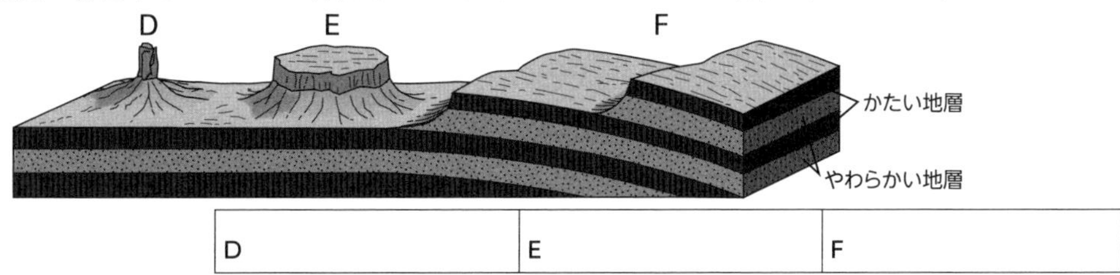

D	E	F

標準問題 3 さまざまな環境で形成される地形について述べた文として最も適当なものを，次の①～④のうちから一つ選びなさい。

① 最終氷期が終わり気候が温暖化すると，ヨーロッパ北部や北アメリカ北部の氷床が約7000年前にほぼ融け，海面は120mほど低下した。

② サンゴ礁には，陸地を縁取るような形でサンゴ礁が分布する堡礁（ほしょう），陸地とサンゴ礁の間に礁湖をもつ裾礁（きょしょう），サンゴ礁だけが環状につながる環礁がある。

③ 日本の海岸平野では，水はけのよい浜堤（ひんてい）上は畑や住宅に，浜堤の間の低地は水田に利用するなど，土地利用の工夫がみられる。

④ 氷河によって侵食された土砂は下流に運ばれ，氷河の縁辺部で堆積してカールという高まりを形成する。

標準問題 4 下の図を参考にして，石灰岩地域にみられる地形を説明した文の空欄①～④を答えなさい。

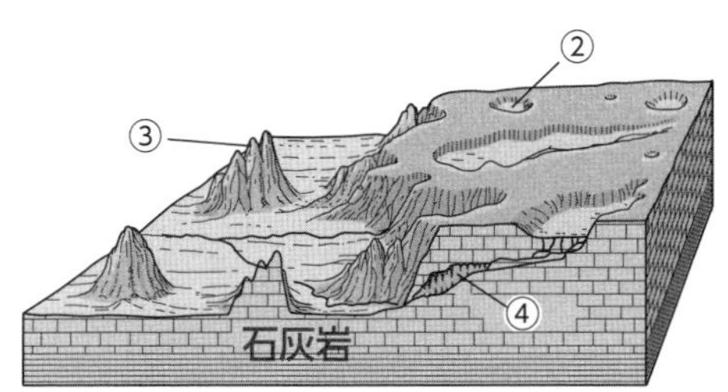

石灰岩は酸性の水に溶けやすいことから，この地域には雨水や地下水などにより溶食した（ ① 地形）が発達する。地表には（ ② ）とよばれる小さな窪みができ，さらに溶食が進むと石灰岩が塔状に残った（ ③ ）がつくられる。地下に水が浸透して石灰岩を溶かすと（ ④ ）が発達する。

① 地形	②	③	④

◆ 第1章　自然環境 ◆　　教科書p.24～29

地理の技能・地形図読図（1）

1 ……

2 ……

3 ……

4 ……

5 ……

6 ……

7 ……

8 ……

9 ……

10 ……

11 ……

12 ……

13 ……

扇状地の地形を読む	養老山地から濃尾平野に出たところ…扇状地を形成 ※小倉谷の扇状地…扇頂[A付近]→(　1　)[県道付近] →(　2　)[養老鉄道～津屋川間の集落]
氾濫原の地形を読む	小貝川…氾濫原を蛇行して流れる→明治時代に河川改修 ※改修前の小貝川沿い (　3　)が形成…住宅や畑が広がる (　4　)…(3)の背後にあり，水田が広がる
河岸段丘の地形を読む	片品川…何段にもわたる(　5　)をもつ河岸段丘を形成 ※(5)…沼田の中心市街地に広がる →南と西には，標高差50m前後の(　6　)が発達[等高線の間隔が狭い]
海岸平野の地形を読む	九十九里平野…海岸線とほぼ平行に(　7　)が数列伸びる →(7)上に，(　8　)開発で成立した(8集落)と， 漁業用の小屋が起源の(　9　集落)
陸繋島の地形を読む	函館山…もともとは島→沿岸流による土砂の堆積→陸繋島に ※市街地…陸繋砂州(＝　10　)に広がる
カルスト台地の地形を読む	秋吉台…石灰岩のカルスト台地→大小さまざまな凹地の(　11　) と(11)が連合した凹地の(　12　)が多数 ※(　13　)…カルスト台地の地下に発達

基本問題1　下の**図1**は，高知県南東部のある地形を示した地形図である。この図から読み取れることを述べた文として**適当でないもの**を，次の①～④のうちから一つ選びなさい。

① 海岸段丘がみられ，上位段丘面と比べて，下位段丘面の形成された時代が新しい。

② 海岸沿いの低地には田が，斜面には果樹園が，段丘面上は畑が分布する傾向にある。

③ 下位段丘面の海岸沿いの道路に水準点が，上位段丘面に電波塔が複数みられる。

④ 上位段丘面と下位段丘面の間には，ゆるやかな傾斜の段丘崖がみられる。

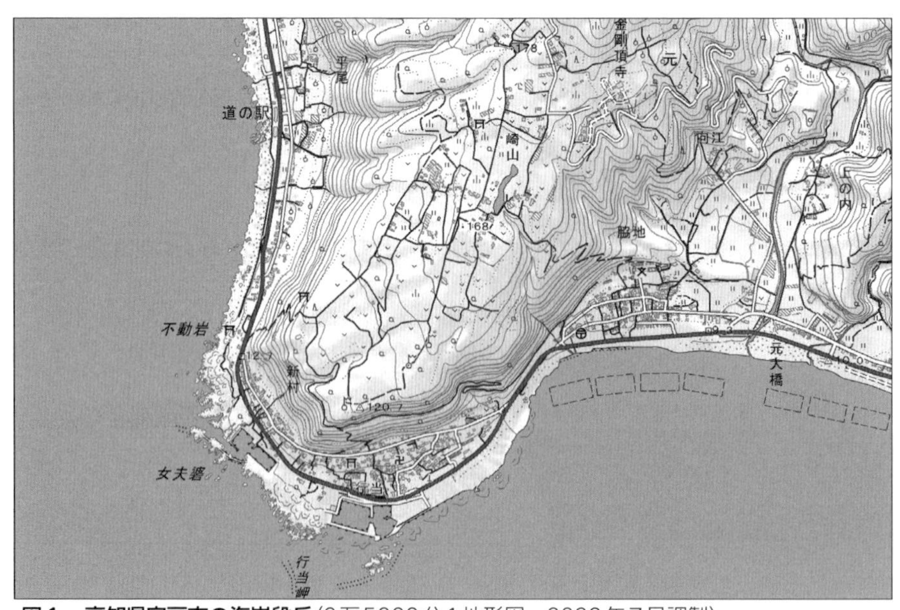

図1　高知県室戸市の海岸段丘（2万5000分1地形図，2022年7月調製）

基本問題 2　下の**図2**は，観光地としても有名な天橋立(あまのはしだて)周辺の地理院地図である。この地図を読み取り，次の問いに答えなさい。

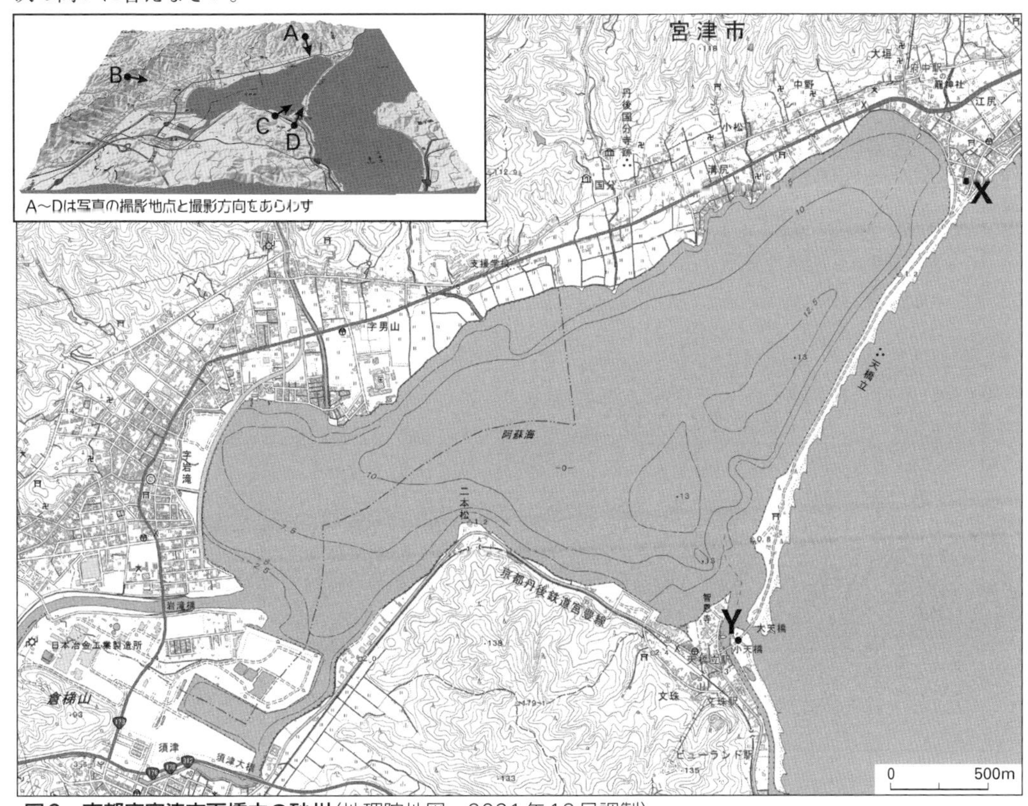

図2　京都府宮津市天橋立の砂州(地理院地図，2021年12月調製)

(1) 図の天橋立の砂州上の地点**X－Y**間の直線距離を定規で測り，地図中のスケールを利用して実際の長さを計算し，数値で答えなさい。

［　　　　km］

(2) 次の写真は，左上の立体地形図の地点**A～D**のいずれかから矢印の方向に撮影したものである。地点**B**に該当するものを，写真①～④のうちから一つ選びなさい。　(共通テスト2021年 地理Bを改変)

［　　　　］

(3) 天橋立について述べた文として**適当でないもの**を，次の①～④のうちから一つ選びなさい。

［　　　　］

① 海岸線の護岸工事で沿岸流による土砂供給量が減少し，砂を人工的に投入する養浜事業が行われた。
② かつて阿蘇海は湾の一部であったが，砂州の発達に伴い，潟湖(ラグーン)となった。
③ 砂州によって，台風の接近による高潮や，地震による津波の人的・物的被害の危険性は軽減している。
④ 南から北へ流れる沿岸流により，大量の土砂が運搬・堆積され，砂州が形成された。

◆ 第1章　自然環境 ◆　　教科書p.24～29

地理の技能・地形図読図（2）

基本問題 1　次の東京都八丈島の地形図について，以下の作業を行いなさい。

(1) 図中のすべての計曲線を赤色でたどりなさい。　(2) A－Bの断面図を作成しなさい

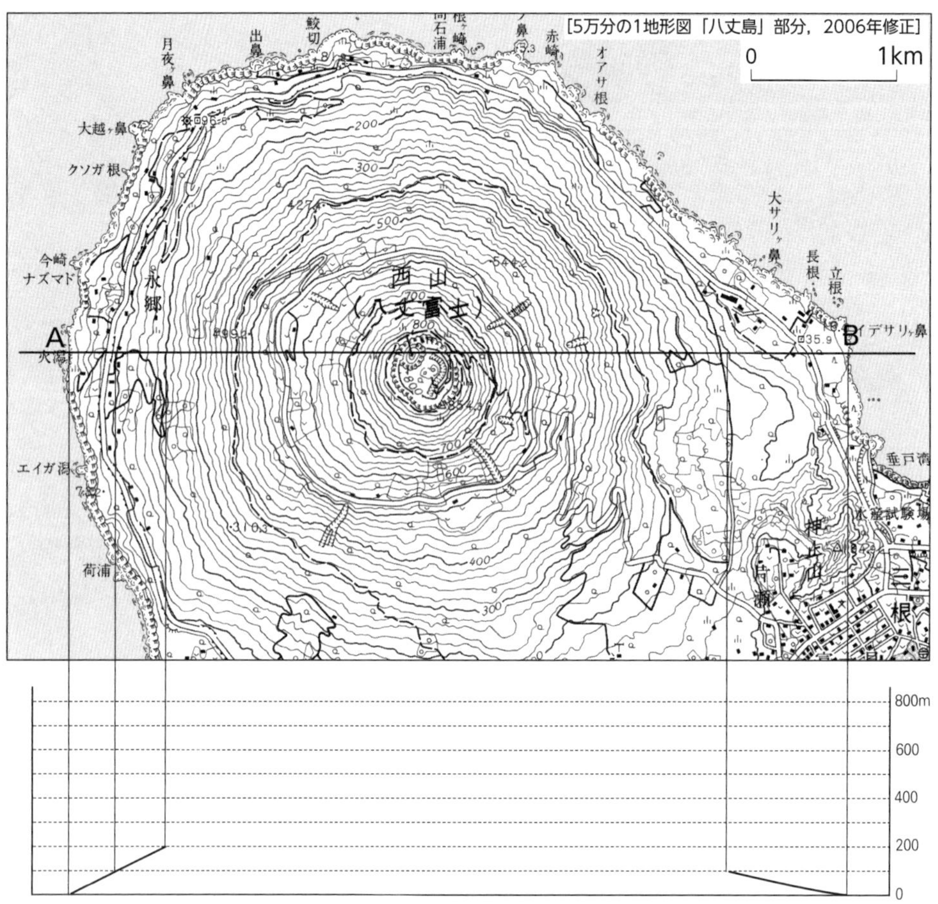

標準問題 2　右の起伏に陰影をつけた地形図を参照して，下の文の空欄①～③に適する語句を記入しなさい。

> 右の地図は千葉県の下総（しもうさ）台地に広がる（　①　）の地形を示している。等高線間隔のせまいところが，低地と(①)を区切る崖であり，おもに樹木におおわれている。新井，宝米（ほうめ）などの集落は，この崖に沿った標高10m未満の低地に分布する。台地の上面は標高が30m以上で，おもに（　②　）に利用されているのに対し，低地はおもに(　③　)に利用されている。

①	②	③

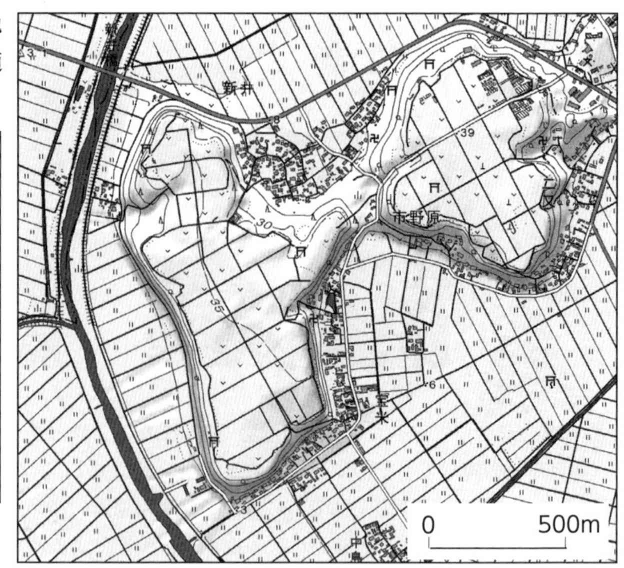

図1　千葉県多古町の地形(2万5000分1地形図，2022年調製)

発展問題3　スミさんは，甲府盆地の古くから氾濫の多い河川として知られる御勅使川(みだいがわ)の扇状地を歩き，地域の土地利用について住民から話を聞いた。次の**図2**は，2008年発行の2万5000分1地形図(一部改変)に，1916年発行の2万5000分1地形図に描かれた石積みの堤防の分布を重ねたものである。

(センター試験2020年 地理AB問題を改変)

図2

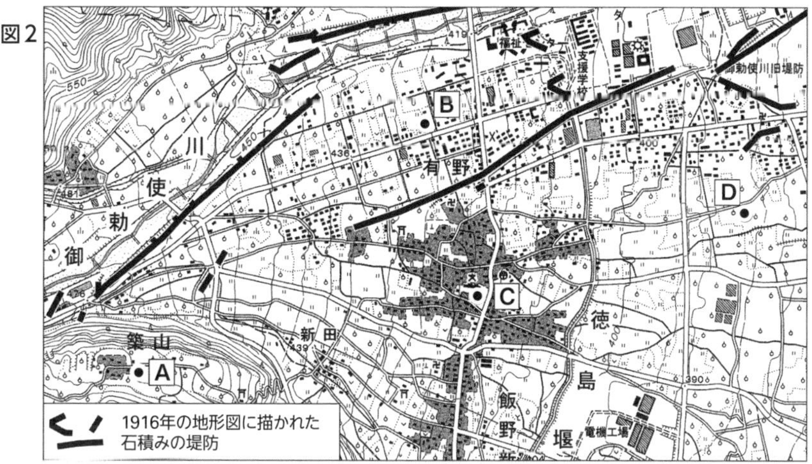

(1) 下の①～④は，**図2**中の**A**～**D**のいずれかの地点における土地利用の特徴について，まとめたものである。**D**の特徴を説明した文として最も適当なものを一つ選びなさい。

① 1916年ごろには御勅使川の河道に位置していたが，直線的な道路が整備されるなど開発が進み，住宅や農地がみられるようになった。

② かつては水を得にくい土地だったが，用水路である徳島堰(とくしまぜぎ)から地形の高低差を利用して水を引くことにより，果樹栽培が広くみられるようになった。

③ 扇状地よりも高い位置にあり，住宅や農地は，かつてたびたび発生した御勅使川の氾濫の被害を免れてきた。

④ 古くからの集落であり，等高線に沿うように延びる主要道路に面して，公共施設がみられる。

(2) **図2**と，下の**図3**の地理院地図の地形分類図を参照して，御勅使川の扇状地について述べた文として**適当でないもの**を，次の①～④のうちから一つ選びなさい。

① 現在における御勅使川の河道は複数の堰(せき)が設置されるなど，人工的に整備されている。

② この地域で果樹園の土地利用が広くみられるのは，土砂が厚く堆積しているためである。

③ 御勅使川における旧河道の水量を集中させるため，**図2**に見られるように石積みの堤防は不連続になっている。

④ 御勅使川の旧河道は網状で，当時の川幅は600m以上あった。

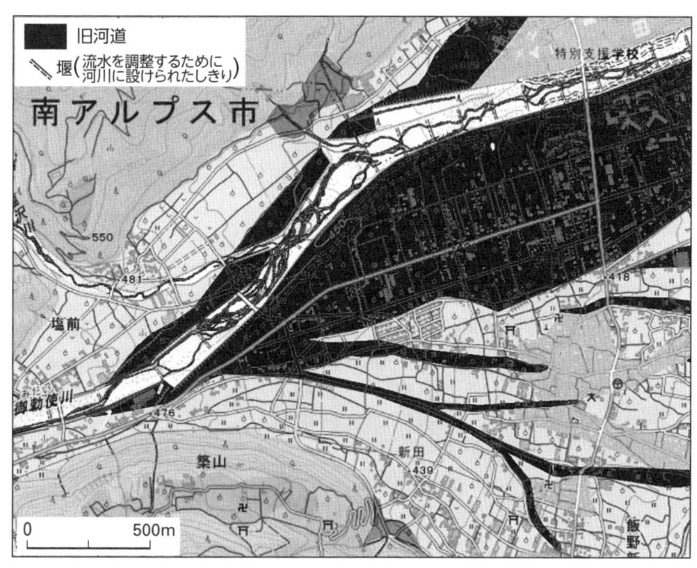

図3　御勅使川の旧河道(地理院地図・地形分類図)

◆ 第1章　自然環境 ◆　　教科書p.30 ～ 35

② 気候と生態系（1）

1 ……
2 ……
3 ……
4 ……
5 ……
6 ……
7 ……
8 ……
9 ……
10 ……
11 ……
12 ……
13 ……
14 ……
15 ……
16 ……
17 …… 循環
18 ……
19 ……
20 ……
21 ……
22 ……
23 ……
24 ……
25 ……
26 …… 風
27 …… 風
28 ……
29 ……
30 ……

1　水の循環と利用

水の利用	地球上には14億km³の水が存在→地球的な水の流れを（　1　）という 塩分が高い（　2　）：約96.5%。塩分が低い（　3　）：約3.5% 水として存在する淡水の量：約1.7%。大部分が（　4　） 人間が利用する水…（　5　）。農業用水，工業用水などに分類
地下水の利用	地表面近くの浅いところには（　6　）や局地的に（　7　）が存在 不透水層に挟まれた（　8　）…水質はよいが利用には深く掘る必要 過度の使用で水位低下や（　9　），井戸水の塩水化が生じる
水の利用をめぐる課題	乾燥地域で降水の不足，乾燥化の進行で水不足が深刻化 （　10　）による過度の水利用によって地盤沈下や地下水が枯渇(こかつ) ダムや運河の建設による下流地域での水不足→国際問題へ発展 衛生環境の整備：工場や生活排水による河川や湖沼(こしょう)の（　11　）

2　海洋の循環

海流の役割	海流…風の力や水温，塩分の違いにより生じる海水の流れ 海流の変化…（　12　）など地球環境の変化を考える手がかりとなる
表層流による循環	風の影響を受けて循環(じゅんかん)する，水平的な海流…（　13　＝吹送流(すいそうりゅう)） （　14　）…低緯度から高緯度へ流れる　(例) メキシコ湾流 （　15　）…高緯度から低緯度へ流れる　(例) ペルー海流 沿岸では下層の大気が冷(ひ)やされ海霧(うみぎり)が発生しやすい （　16　）…暖流と寒流の境目。豊かな漁場が発達
深層流による循環	（　17　循環＝熱塩循環）…深海までおよぶ長い時間スケールの水循環 ※塩分が高くなって沈み込んだ海水は（　18　）となる （　19　）…(13)と(18)による地球規模の循環

3　大気の大循環と気候

気候要素と気候因子	（　20　）…刻々と変化する大気の状態 （　21　）…ある地域で長年にわたり繰り返される大気の平均的状態 （　22　）…気温・風・降水量・湿度など （　23　）…緯度・標高・海陸分布・地形・海流など
気温の分布	世界の年平均気温…（　24　）を軸に，高緯度になるほど低く，等温線は緯度にほぼ平行 気温の日較差(にちかくさ)・年較差…海岸部で小さく，内陸部で大きい （　25　）…標高が高くなると一定の割合で気温は低下する
大気の大循環	風…高気圧から低気圧に向かって吹く 赤道付近…熱帯収束帯(しゅうそくたい)，中緯度…亜熱帯高圧帯ができる 高緯度に向かった西寄りの（　26　風） 低緯度に向かって東寄りの（　27　風）が吹く 中緯度…(26風)と極偏東風がぶつかって上昇気流がおきる →（　28　）が生まれる 亜熱帯高圧帯と(28)の境界…（　29　）が対流圏上層を蛇行(だこう) →（　30　）が発達

基本問題1 教科書p.32を参考にして，次の世界図にある①〜⑧の海流名を記入しなさい。また，図中の暖流の矢印について赤で着色しなさい。

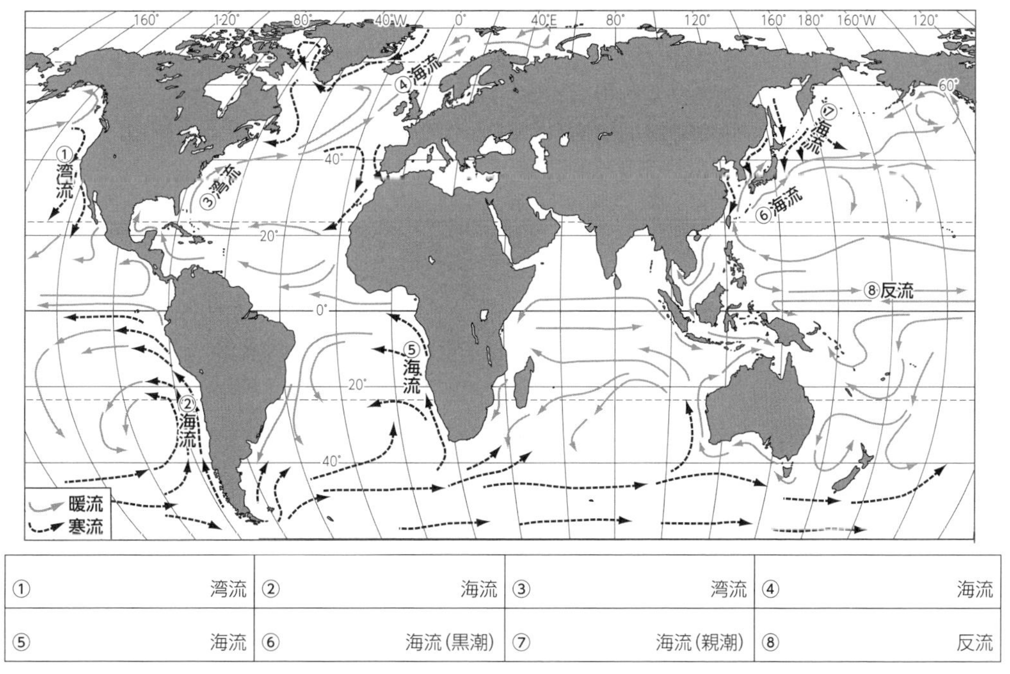

① 湾流	② 海流	③ 湾流	④ 海流
⑤ 海流	⑥ 海流(黒潮)	⑦ 海流(親潮)	⑧ 反流

標準問題2 教科書p.35図4を参考にして，右の大気の大循環のA〜Gに入る気圧帯や風の名称を記入しなさい。また，上昇気流が発生し多雨となるところは，凡例①，②のうちのどちらか答えなさい。

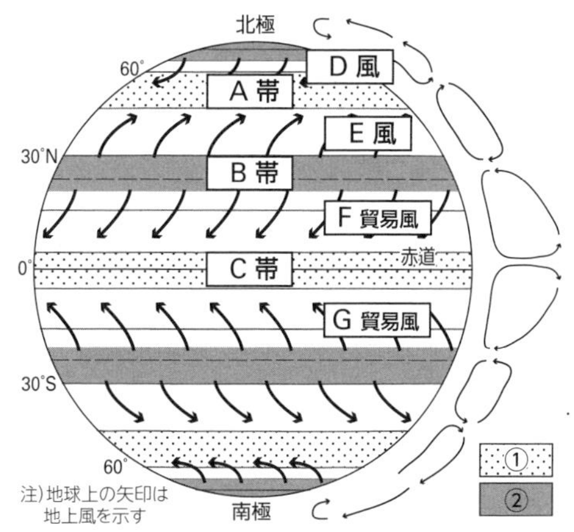

A 帯	B 帯
C 帯	D 風
E 風	F 貿易風
G 貿易風	多雨となるところ

発展問題3 下の図「国・地域別にみた水ストレス度」からわかることを説明した文章の①〜④にあてはまる国名を，語群a〜gより選んで記入しなさい。

【語群】 a中国　bインド　cリビア　dアルジェリア　eブラジル　fカナダ　g日本

水ストレス度80%以上の高い国には，干ばつのリスクの高い（①_____）や，降水量は多いが人口も多い（②_____）がある。降水量が多い（③_____）も10〜20%の水ストレスがあり，これは食料の輸入依存度の高さが水の指標に影響したものである。降水量は多くないが，寒冷で蒸発量の少ない（④_____）は水ストレスが10%未満と低くなっている。

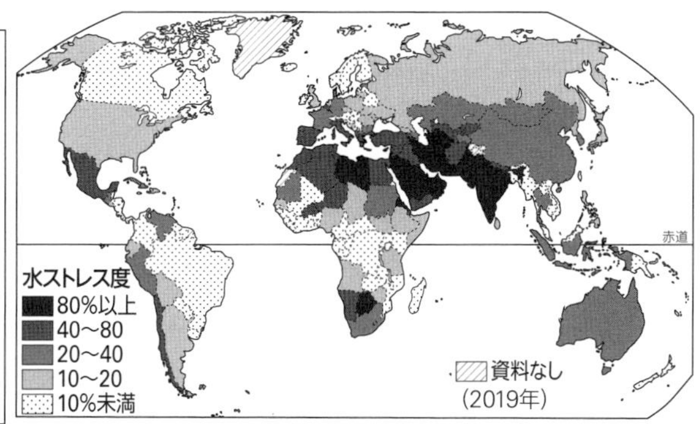

◆ 第1章　自然環境 ◆　　教科書p.36～39

② 気候と生態系（2）

1 ……………………

2 ……………………

3 ……………………季

4 ……………………季

5 ……………………気候

6 ……………………気候

7 ……………………気候

8 ……………………

9 ……………………気候

10 ……………………

11 ……………………

12 ……………………

13 ……………………林

14 ……………………林

15 ……………………林

16 ……………………林

17 ……………………林

18 ……………………

19 ……………………林

20 ……………………

21 ……………………

22 ……………………作用

23 ……………………作用

24 ……………………

25 ……………………

26 ……………………

27 ……………………

28 ……………………

29 ……………………

30 ……………………

4　気候の地域性

季節風（モンスーン）…南アジアや東南アジアの気候に大きな影響を与える

冬には（　1　）から（　2　）へ乾燥した風→（　3　季）

夏には(2)から(1)へ湿った風→（　4　季）

気候の地域性		
	（　5　気候）	気温の年較差：小。大気が温まりにくく冷めにくい。湿潤
	（　6　気候）	気温の年較差：大。夏の気温が高く冬の冷え込みが厳しい。乾燥。大陸内部の地域
	（　7　気候）	ユーラシア大陸の西岸では，風上を流れる暖流の影響で，冬は比較的温和で年間を通じて湿潤。ノルウェーの北西岸では冬季に海氷に閉ざされない（　8　）もみられる
	（　9　気候）	ユーラシア大陸の東岸では，季節風による気温や降水量の年較差が大。季節変化が大。（　10　）の影響も受けやすい

5　植生と土壌

（　11　）…ある地域に生育する植物集団

（　12　）…自然環境と生物が相互に影響しあって構成する空間的なまとまり

植生の変化	気温に着目	（　13　林＝多雨林）…常緑広葉樹やつる植物など多様な植物が密集 （　14　林），落葉広葉樹林…熱帯雨林の高緯度側に分布。(14林)は保水力が高く夏の降水に対応した（　15　林）と葉が硬く乾燥に強い（　16　林）がある 混合林…さらに高緯度地域に分布。広葉樹にモミやカラマツなどが混在 （　17　林）…高緯度地域に分布する，トウヒやマツなどのタイガ （　18　）…森林限界をこえて，夏にコケ類や地衣類などが生える
	降水量に着目	（　19　林＝雨緑樹林）…熱帯の短い乾季のある地域にみられる （　20　＝サバンナ）…乾季が長い地域。草原に丈の低い樹木が混在 有刺灌木林や（　21　）を経て砂漠になる
土壌		（　22　作用）…地表の岩石や火山灰などが太陽の熱，水，動植物，微生物などの働きによって細かく分解される （　23　作用）…動植物の遺骸などが微生物に分解され有機物になる
成帯土壌		（　24　＝フェラルソル）…赤黄色。南米・アフリカの熱帯地域にみられる 腐植が流出し，酸化した鉄やアルミニウムが残存。肥沃度は低い （　25　）…黒色。温帯の降水量が少ない地域にみられる。風化が進まないため栄養分に富む （　26　）は腐植が厚く蓄積した肥沃な土壌で，世界的な穀倉地帯を形成 （　27　）…灰白色。寒冷地域にみられる。分解が進まず腐植が酸性化，水分が鉄やアルミニウムを下層へ移動させる。土壌は耕作に不向き
間帯土壌		ブラジル南部の（　28　）やインドのデカン高原の（　29　）…玄武岩に由来 粘土質で水はけがよく，カルシウムやマグネシウムなどミネラルに富む 地中海沿岸の（　30　）…石灰岩が風化し赤色 水はけがよいため果樹栽培に向く

標準問題1　次の図は，北アメリカ大陸や南アメリカ大陸について，緯度，経度による植生の地域的変化をあらわした図である。図について，次の問いに答えなさい。

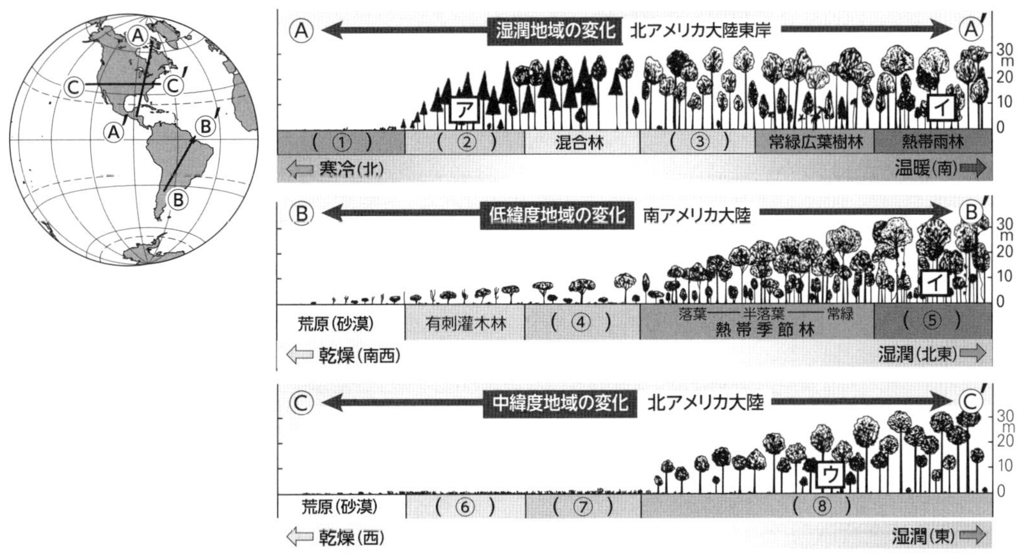

(1) 図の①～⑧の地域にあてはまる植生を答えなさい。

①	②	③	④
⑤	⑥	⑦	⑧

(2) 気候や植生と密接に関係して生成される土壌を，成帯土壌とよぶ。下の表は，図の**ア**～**ウ**の地域に分布する成帯土壌と，その性質についてまとめたものである。土壌名を記入しなさい。

ア	寒冷地域で有機物の分解が進まない。灰白色で耕作に不向き
イ	熱帯地域で風化により腐植が流出し鉄やアルミニウムが残る。赤黄色で肥沃度が低い
ウ	温帯の降水量の少ない地域で，熱や水による風化が進まず栄養分に富んだ土壌になる

発展問題2　次の赤道付近の太平洋の断面図「平年の状態」「エルニーニョ現象の状態」「ラニーニャ現象の状態」を参考にして，エルニーニョ現象とラニーニャ現象がおきたときの①～③の変化を説明しなさい。

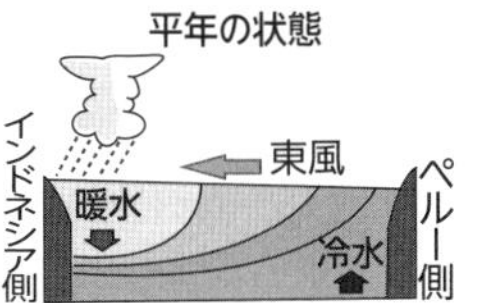

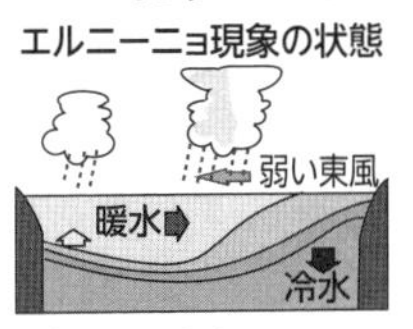

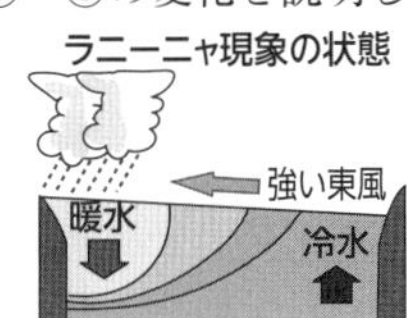

① エルニーニョ現象時のペルー側の海域の海面水温の変化

② エルニーニョ発生時のインドネシア側(太平洋西部)の降水量の変化

③ ラニーニャ発生時のインドネシア側(太平洋西部)の降水量の変化

◆第1章　自然環境◆　教科書p.42～45

③ 世界各地の自然と生活（1）

1 ________
2 ________ 気候
3 ________ 気候
4 ________ 気候
5 ________ 気候
6 ________ 気候
7 ________ 気候
8 ________
9 ________ 気候
10 ________ 気候
11 ________
12 ________
13 ________ 気候
14 ________ 気候
15 ________ 気候
16 ________ 気候
17 ________ 気候
18 ________
19 ________
20 ________ 気候
21 ________ 気候
22 ________
23 ________ 気候
24 ________ 図
25 ________
26 ________
27 ________
28 ________
29 ________

1　世界の気候区分

気候区分：世界の気候を特定の基準に従って分類したもの

　　　植生の分布に着目したドイツの学者（　1　）の気候区分がよく知られる

森林がある（　2　気候）…森林の特徴と気温の違いで熱帯・温帯・亜寒帯に区分

森林のない（　3　気候）…少雨を要因とする乾燥帯，低温を要因とする寒帯に区分

　→低緯度でも低温になる山地などは（　4　気候）に区分されることもある

ケッペンの気候区分						
	樹林あり	A（　5　気候）	Af		（　6　気候）	年中高温多雨
			Am		弱い乾季のある熱帯雨林気候	年中高温多雨，弱い（　8　）がある
			Aw		（　7　気候）	年中高温，強い(8)がある
		C（　9　気候）	Cs		（　10　気候）	温暖で，（　11　）に乾燥，冬に降水
			Cw		温帯冬季少雨気候	温暖で，（　12　）に乾燥，夏に降水
			Cf	Cfa	（　13　気候）	夏高温多湿，冬寒冷
				Cfb Cfc	（　14　気候）	年中適度の降水，(11)に冷涼，冬暖かい
		D（　15　気候）	Df		亜寒帯湿潤気候	年中降水多く湿潤，夏高温
			Dw		亜寒帯冬季少雨気候	(12)に降水少なく，夏に高温多湿
	無樹林	E（　16　気候）	ET		（　17　気候）	夏（　18　）が融け，冬氷雪がおおう
			EF		氷雪気候	年中（　19　）がおおう
		B（　20　気候）	BS		（　21　気候）	短期間にまとまった（　22　）
			BW		（　23　気候）	(22)少なく，極度に乾燥

グラフ化による気候区の判定

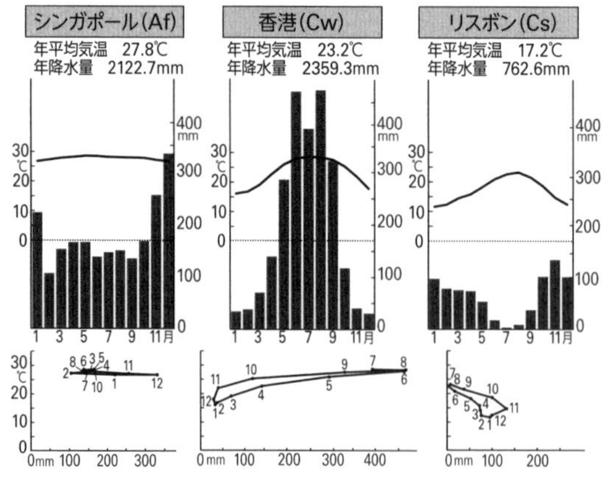

　左図のような月平均気温を折れ線グラフ，月降水量を棒グラフであらわす（　24　図）や月降水量と月平均気温を縦横の軸にとり，線で結んだ（　25　）により気候の状況を可視化できる。

　まず，グラフの最暖月と最寒月の気温や，どの時期に雨季と乾季があるかに注目する。すると最寒月の値が（　26　）℃以上なら熱帯，（　27　）℃以上18℃未満なら温帯と判定することができる。さらに香港（ホンコン）のように冬季少雨で最多雨月降水量が最少雨月降水量の（　28　）倍以上ならw型，リスボンのように夏季少雨で最多雨月降水量が最少雨月降水量の（　29　）倍以上ならｓ型と判定できる。

基本問題1 教科書p.42図1を参考にして，次の気候帯の地域を着色しなさい。

熱帯雨林気候(Af)…赤　砂漠気候(BW)…黄　地中海性気候(Cs)…緑　温暖湿潤気候(Cfa)…黄緑　亜寒帯冬季少雨気候(Dw)…紫

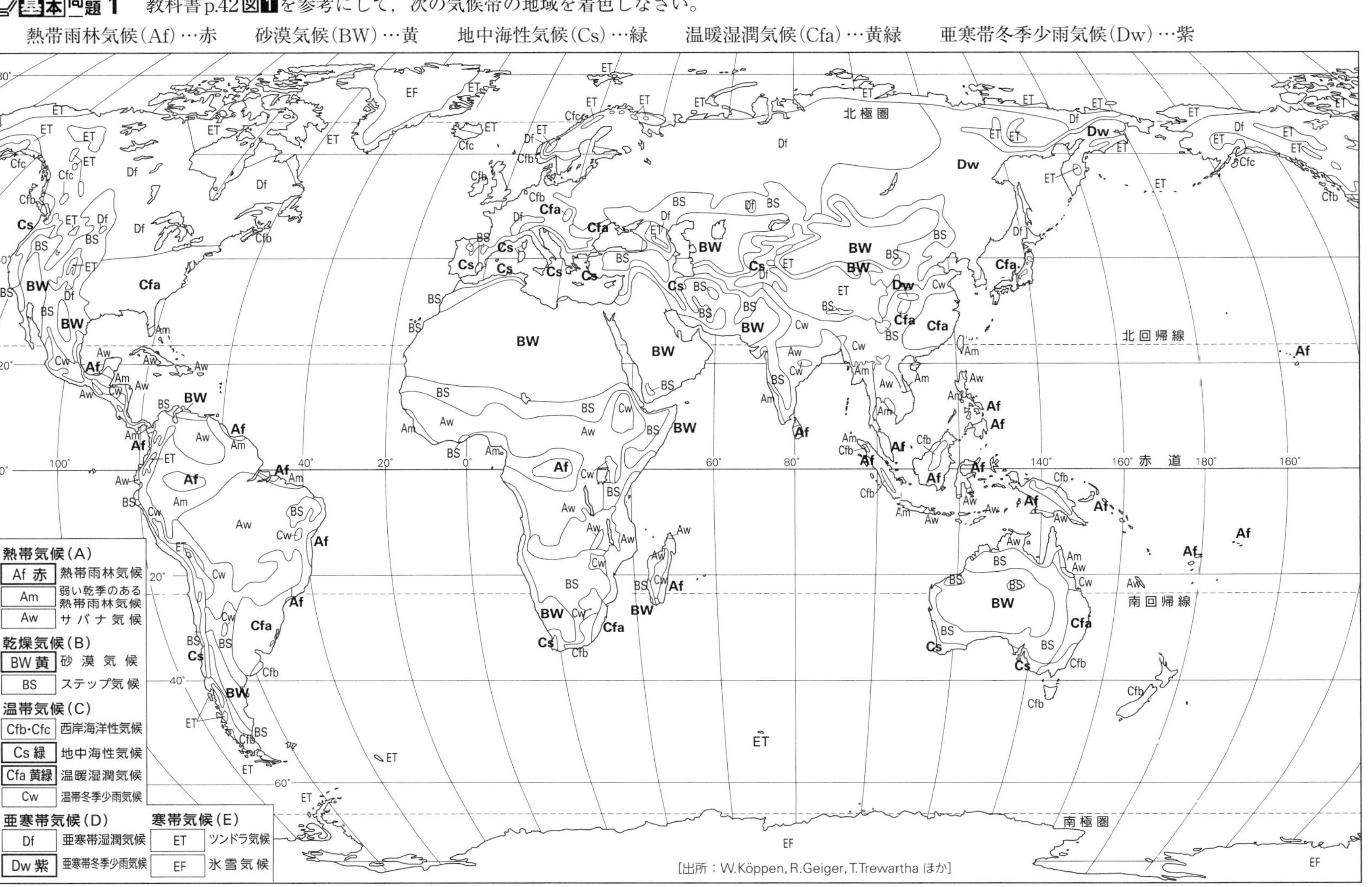

◆第1章　自然環境◆　　教科書p.46～49

③世界各地の自然と生活（2）

2　熱帯の自然と生活

熱帯(A)の気候環境　（　1　）を中心に東南アジア，アフリカ，南アメリカに広く分布

1年を通じて高温で気温の（　2　）が小さい

土壌は，残された鉄分が酸化した肥沃(ひよく)度の低い赤黄色の（　3　＝オキシソル）

河口部の汽水(きすい)域では（　4　）が発達

水温が20～30℃の浅瀬には（　5　）が広がる

熱帯低気圧は水温27℃以上の海域で発生→太平洋北西部で（　6　），インド洋や南太平洋で（　7　），アメリカ大陸周辺で（　8　）とよばれる

熱帯雨林気候(Af)	分布…赤道直下 高温多湿。さまざまな樹種が密に生育する（　9　）が広がる 局所的に（　10　）とよばれる突発的な風が吹くと豪雨が発生 農村では自給的な（　11　農業），輸出向けの（　12　）開発
弱い乾季のある熱帯雨林気候(Am)	分布…Afに隣接する地域 アジアでは季節風（モンスーン）の影響で多雨になるところもある 弱い乾季があり，植生は（　13　林）へと移行 アジアでは（　14　）の二期作や三期作
サバナ気候(Aw)	分布…Af周辺の南北回帰線内 （　15　帯）の影響を受けて強い乾季あり 長草(ちょうそう)草原と疎林(そりん)からなる（　16　）が広がり，バオバブやアカシアなどの樹木が点在

3　乾燥帯の自然と生活

乾燥帯(B)の気候環境　陸地面積の4分の1以上を占める

日中は高温となり，夜間は冷え込むため，気温の（　17　）が大きい

サウジアラビアやアラブ首長国連邦…水を得るため，海水の（　18　化）を進める

牛，馬，ラクダ，羊，山羊(やぎ)などの家畜を飼育しながら，牧草や水を求めて住居を移動する（　19　）がみられる

砂漠気候(BW)	降水量より蒸発量が多く極度に乾燥。植物はほぼ育たない （　20　）沿いや地下水が湧(わ)くところには（　21　）があり，集落を形成する場合もある 降雨時のみ水流がみられる（　22　＝涸(か)れ川）は古くからの交通路
ステップ気候(BS)	分布…BW周辺 夏に（　23　帯）の影響を受けて，短い雨季あり サハラ砂漠の南縁にあたる（　24　）では砂漠化が進行 モンゴル～中央アジア，アルゼンチンの（　25　）は，丈(たけ)の短い草原の（　26　）が広がり，土壌は肥沃な（　27　土） ウクライナ～カザフスタンにかけての（　28　）が広がる地域は，小麦栽培が盛ん アメリカの（　29　）では，移動式スプリンクラーである（　30　）を使い，小麦やとうもろこしを栽培

1 ……
2 ……
3 ……
4 ……
5 ……
6 ……
7 ……
8 ……
9 ……
10 ……
11 ……農業
12 ……
13 ……林
14 ……
15 ……帯
16 ……
17 ……
18 ……化
19 ……
20 ……
21 ……
22 ……
23 ……帯
24 ……
25 ……
26 ……
27 ……土
28 ……
29 ……
30 ……

基本問題 1　右の図中の砂漠①～④の名称を答えなさい。また，熱帯と乾燥帯の分布をみて，下の(1)(2)の気候区がどのように分布しているか，記述しなさい。

①	砂漠
②	砂漠
③	砂漠
④	砂漠

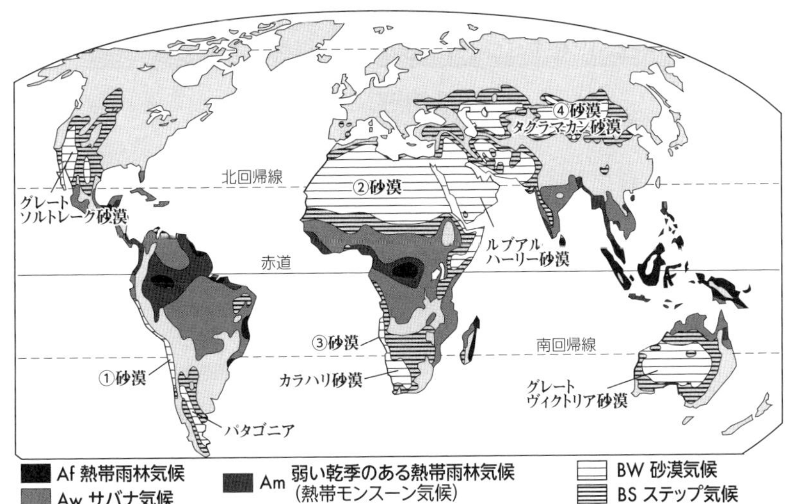

(1) 熱帯雨林気候(Af)の分布

(2) 砂漠気候(BW)の分布

標準問題 2　下の世界の砂漠A～Gが形成された主な要因として最も ふさわしいものは，次の成因1～4のどれだろうか。砂漠の位置(緯度や隔海度)や，山脈や海流との関係を参考にしながら，分類しなさい。

成因1　亜熱帯高圧帯の影響を受けている ……………………
成因2　大陸内部にある ……………………………………………
成因3　卓越風に対して山脈の風下にある ……………………
成因4　沿岸を寒流が流れている ………………………………

【世界の砂漠】

A　サハラ砂漠　　B　タクラマカン砂漠　　C　グレートヴィクトリア砂漠　　D アタカマ砂漠
E　パタゴニア　　F　ゴビ砂漠　　G　ナミブ砂漠

発展問題 3　次の**図1**は，熱帯の汽水域に生息する樹木の生息域の変化を，世界の地域別にあらわしている。特に東南アジアでは，海岸沿いに**写真2**のようなえびの養殖池の開発が進み，生息面積の減少が著しい。この樹木の総称名を必ず入れ，開発が進むことでおこる環境問題について記述しなさい。

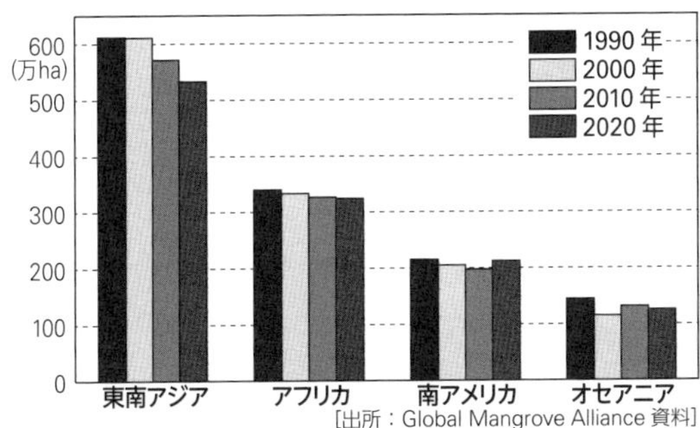

図1　汽水域に生息する樹木の生息面積の変化

写真2　海岸線に広がるえびの養殖池(ベトナム)

◆第1章　自然環境◆　　教科書p.50～55

③ 世界各地の自然と生活（3）

1
2
3 帯
4 帯
5 風
6
7 作物
8
9
10 海岸
11 海
12
13
14
15
16
17 前線
18
19
20
21
22 海流
23
24
25
26
27
28
29
30

4　温帯の自然と生活

温帯(C)の気候環境

古くから人間活動の中心地として発達した（　1　）と分布が重なる

適度な気温と降水に恵まれ，（　2　）の変化がある

地中海性気候(Cs) 分布…地中海沿岸，中緯度の大陸西岸（豪州南西端，アメリカ合衆国太平洋側，チリ中部など）	夏は（　3　帯）により降水量少，冬は（　4　帯）と（　5　風）の影響で降水量多。耐乾性のオリーブやコルクがしなどの（　6　）が多い。ぶどうや柑橘類などの（　7　作物）の栽培が盛ん 冬は主食用の（　8　）を生産。夏の晴天を活かし，フランスの（　9　）やイタリアの（　10　海岸），ギリシャの（　11　海）一帯はバカンスを楽しむ（　12　）となる
温帯冬季少雨気候(Cw) 分布…大陸東岸，南米やアフリカのAwから続く大陸内部	アジア：夏に海からの季節風で多雨，冬は大陸からの季節風で極端な少雨。カシやシイなどの（　13　）が多く，夏の多雨を活かした（　14　）や綿花を栽培。中国南東部やインド北東部は栽培に高温多湿が欠かせない（　15　）の世界的産地 南米・アフリカ：サバナ気候と同じ理由で雨季・乾季があらわれるが，緯度と（　16　）が高いため気温が低く，温帯となる
温暖湿潤気候(Cfa) 分布…北海道以外の日本，中緯度の大陸東岸（中国東部，北アメリカ東部，アルゼンチン東部，豪州東岸など）	夏は蒸し暑く，冬は寒い。東アジアでは季節風や（　17　前線）の影響で，夏の降水量は多い 夏～秋にかけて熱帯低気圧〈東アジアでは（　18　），アメリカでは（　19　）〉の影響が大きい。東アジアでは稲作，アメリカの（　20　）やアルゼンチンの（　21　）など比較的降水量の少ない草原地帯では小麦やとうもろこしを栽培
西岸海洋性気候(Cfb,Cfc) 分布…緯度45～60度の大陸西岸（ヨーロッパ西部，カナダ西岸，ニュージーランドなど）	暖流の流れる海洋からの（5風）の影響で四季を通じて温和 ヨーロッパでは（　22　海流）が高緯度まで北上する影響で，冬の冷え込みは厳しくない ブナやナラなど（　23　）が多い。ヨーロッパでは古くから作物の栽培と家畜の飼育を組み合わせた（　24　）が発達。作物が栽培できない冷涼な地域は（　25　）が営まれる

5　亜寒帯と寒帯の自然と生活

亜寒帯(D)と寒帯(E)の気候環境

亜寒帯：北緯50～70度に分布。冬は長く寒さが厳しい一方，夏は比較的温暖
植生は北部で（　26　）が広がり，南部は針葉樹・広葉樹の混合林
土壌は灰白色で酸性の（　27　）。北部は農業に適さず（　28　）や馬の遊牧

寒帯：北極海周辺と南極大陸や高山に分布。寒さが厳しいため無樹林
極圏では，夏：太陽が沈まないか，沈んでも暗くならない（　29　）
冬：太陽が地平線上にあらわれない（　30　）

気候区・分布	特徴
亜寒帯湿潤気候(Df) 分布…ユーラシア大陸北部の西側，北アメリカ大陸北部	降水量の季節変化が小さく，低温のため蒸発散量が少ない 暖流や寒帯前線の影響で湿潤 ロシア南西部や東ヨーロッパでは（ 31 ）の栽培や酪農(らくのう)
亜寒帯冬季少雨気候(Dw) 分布…ユーラシア大陸北部の東側	冬は（ 32 ）の勢力圏内のため降水少 オイミャコン付近は居住地としては最も低い気温を記録 農業には適さず，畜産業や林業中心 シベリア鉄道沿線には鉱工業都市もある
ツンドラ気候(ET) 分布…北極海沿岸	最暖月の平均気温が0～10℃。低木やコケ植物，地衣類(ちい)が生育。（ 33 ）とよばれる大地の土壌は（ 34 ）で，夏は一部が融(と)けて湿地となる
氷雪気候(EF) 分布…グリーンランド内陸と南極大陸	最暖月でも気温が0℃以下。（ 35 ）とよばれる強い暴風雪が続き，（ 36 ＝大陸氷河）が広がる 資源の開発拠点や南極の観測基地以外に居住地はない

31 ……………
32 ……………
33 ……………
34 ……………
35 ……………
36 ……………

基本問題1 表のコワンチョウ（中国）の気候値をもとにして，雨温図を作成しなさい。さらに，説明文の①～③を記入し，この地点の気候区分について判定しなさい。

都市名	1月	2月	3月	4月	5月	6月	7月	8月	9月	10月	11月	12月	全年
コワンチョウ（中国，広州市）	*13.8*	15.5	18.3	22.5	26.0	27.9	**28.9**	28.6	27.4	24.5	20.1	15.9	22.4
	50.9	54.4	96.2	193.3	330.1	**364.6**	242.5	270.2	202.3	67.3	37.4	*34.3*	1943.5

上段：月別平均気温(℃)，下段：月別平均降水量(mm)，1991-2020年 観測値

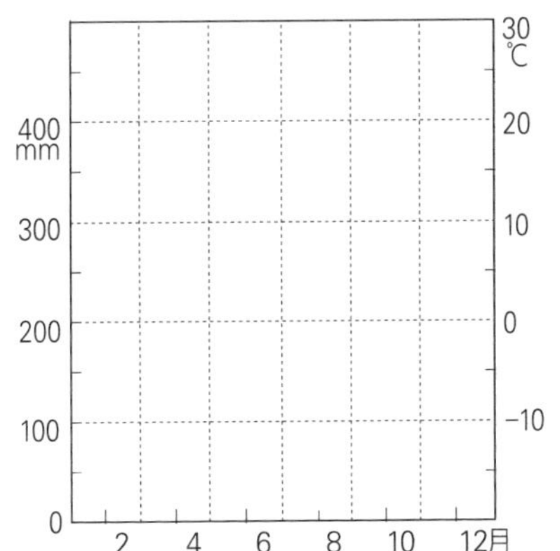

コワンチョウは，最寒月が－3℃以上18℃未満であることから（ ① 帯）であると判断できる。夏季に降水量が多くなる理由は，海から吹く（ ② ）であり，最多雨月の降水量が，冬季の最少雨月降水量の10倍以上のあるため，（ ③ 気候）と判定できる。

① 帯	②
③ 気候	

基本問題2 アンデス山脈のエクアドルでの高度帯別の土地利用について，①～③にあてはまる作物を語群より選びなさい。また，ここで飼育される家畜④，⑤を答えなさい。

【語群】 コーヒー　オリーブ　じゃがいも　とうもろこし

①
②
③

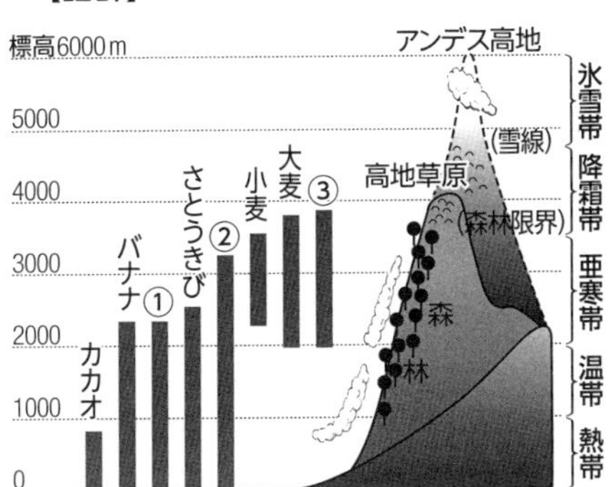

おもに乗用・運搬用に利用

④

毛は光沢をもち衣料原料になる

⑤

◆ 第1章　自然環境 ◆　　教科書p.58～63

④ 日本の自然環境と防災

1
2　プレート
3　プレート
4　構造線
5　構造線
6　平野
7
8
9
10
11
12
13
14
15
16　前線
17
18　前線
19
20　型
21　型
22
23　型
24　型
25
26　型
27
28
29
30

1　日本の地形

なりたち	かつてはユーラシア大陸の一部→日本海が拡大して（ 1 ）を形成 （ 2 プレート）…ゆっくり移動。沈み込む部分では海溝やトラフをつくる （ 3 プレート）…圧縮される力が加わり，地殻(ちかく)変動や火山活動が活発
地質と地形	（ 4 構造線）…東北日本と西南日本の境 （ 5 構造線）…西南日本の外帯(がいたい)（太平洋側）と内帯(ないたい)（日本海側）の境
山地や丘陵地の利用	高く険(けわ)しい山地と急勾配(こうばい)の河川が多い。林業や斜面を活(い)かした農業。 （ 6 平野）や（ 7 ）には集落が生まれる 高原野菜の栽培やスキー場などの開発も進む 土を盛り地盤面を高くする（ 8 ）や地面を削り地盤面を低くする（ 9 ）により平坦化して宅地造成 →土砂災害，地面の沈下や液状化のおそれなど自然災害の影響
平野の利用	人口が集中。河川の氾濫(はんらん)→（ 10 ）や（ 11 ）に大きな被害 川の流路変更や堤防，遊水池の整備など（ 12 ）を行う 利用できる土地の拡大のため（ 13 ）や埋め立て→大都市圏の発達

2　日本の気候

各季節の特徴	春…天気が周期的に変化。日本海側に（ 14 ）により高温の南風が吹き込み，山沿いで（ 15 ）が発生 夏…初夏に（ 16 前線）が日本付近を北上し（16）になる。夏には小笠原気団の勢力強。太平洋高気圧が張り出すと猛暑。オホーツク海気団の勢力が強まると東北地方の太平洋側で（ 17 ）が吹き冷夏(れいか) 秋…（ 18 前線）が南下して長雨 台風の接近・上陸→河川氾濫(はんらん)や高潮(たかしお)による浸水被害 冬…（ 19 ）の気圧配置。日本海側では雪が多くなる
各気候区の特徴	（ 20 型）…降雪が多い。豪雪地帯では軒先に雁木(がんぎ) （ 21 型）…夏や秋に降雨多く，冬は晴天。赤城(あかぎ)おろし，六甲(ろっこう)おろし，伊吹(いぶき)おろしなど（ 22 ）が吹く地域は特に乾燥 南海型…千葉～九州の太平洋沿岸地域。前線や台風の影響で降雨が多い （ 23 型）…山地にはさまれ，1年を通じて降水量が少ない （ 24 型）…九州西部。梅雨前線の影響が強く雨が多い。風水害の影響を受けやすい。比較的温暖なため一部では（ 25 ）も行われる （ 26 型）…奄美(あまみ)大島以南。一年中高温多湿

3　日本の自然災害と防災

地震…建物の倒壊や山崩れ。（ 27 ）が発生する場合もある
火山活動…（ 28 ）の発生。（ 29 ）による農作物や交通機関の被害
集中豪雨…山地では土石流や（ 30 ）などの土砂(どしゃ)災害。川沿いでは洪水(こうずい)。外水(がいすい)氾濫と内水(ないすい)氾濫。近年は内水氾濫が頻発(ひんぱつ)し，道路の冠水や地下街の浸水被害も発生

基本問題1　教科書p.58図❷を参考にして①～④の名称を答えなさい。またプレート名A～Dを答え，プレートの境界を青線で記入しなさい。

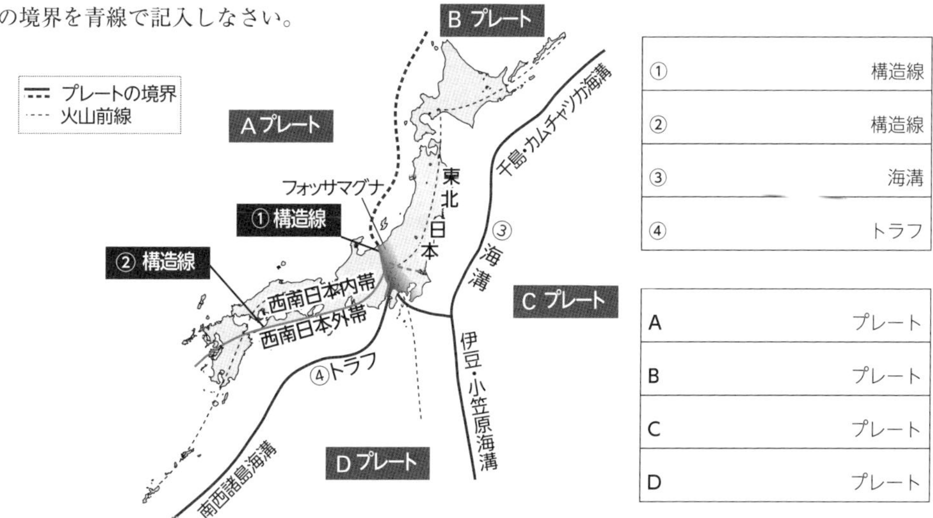

①	構造線
②	構造線
③	海溝
④	トラフ

A	プレート
B	プレート
C	プレート
D	プレート

標準問題2　次の①～⑥の雨温図は，地図中の都市のものである。雨温図の特徴を読み取り，それぞれどの都市にあたるか，記入しなさい。

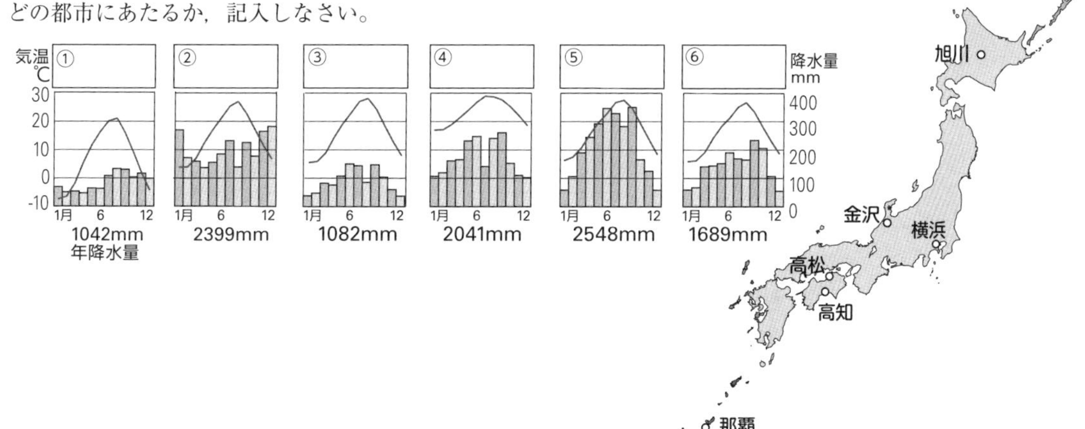

発展問題3　次のハザードマップと避難施設の写真より，災害時の避難について考えなさい。

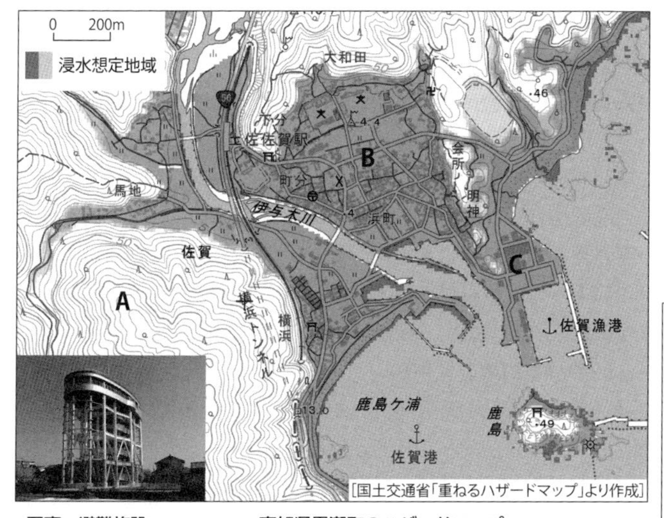

写真　避難施設　　高知県黒潮町のハザードマップ

① このハザードマップと写真の避難施設はどのような災害を想定しているか答えなさい。

② 左下の写真の避難施設を建設する場所は地図中A～Cのどこがよいか。またその理由を書きなさい。

場所：

理由：

◆第1章　自然環境◆　　教科書p.64～67

⑤ 地球環境問題（1）

1
2
3
4
5
6
7
8
9
10
11
12
13
14
15　条約
16　ネットワーク
17
18
19
20　議定書
21
22
23
24

1　環境問題に関する大観

自然環境と人間生活	産業革命以降の急速な工業化や人口増加に伴う過度の土地利用 →大気汚染や水質汚濁などの（　1　），気温上昇，砂漠化
森林面積の減少	森林の機能…光合成，雨水の蓄積，土壌保全，土砂災害防止 →多様な（　2　）や快適な居住環境を守る役割 森林伐採による熱帯林減少…アフリカや（　3　） 乾燥などによる（　4　）…アメリカ，オーストラリア，シベリア
砂漠化の進行	砂漠化→食料不足，水不足，貧困の原因にもなる 人為的要因…（　5　）[家畜飼育]，（　6　）[薪炭材採取] （　7　）[農業]などの許容限度をこえた人間の活動 自然的要因…気候変動による干ばつ・乾燥化 乾燥地域は地表面積の約41％を占め，20億人以上が生活
SDGsと環境問題	2015年国連「持続可能な開発サミット」 17の目標（　8　）[持続可能な開発目標]を採択 →（　9　＝UNEP）などによる国連森林戦略計画

2　越境する汚染

工業化に伴う汚染	工場から排出された汚染物質は国境をこえる…（　10　） →解決には国際的な取り組みが必要
大気汚染の影響	大気汚染の原因物質…工場や自動車から排出される（　11　＝SOx）や（　12　＝NOx）→降水や雲，霧などに取り込まれ（　13　）や酸性霧に 影響…土壌や湖沼の酸性化で生物減少，コンクリートの建物や彫像の融解など世界各地で被害 偏西風や季節風によって微小粒子である（　14　）が国境をこえる →健康被害…呼吸器疾患や循環器系への影響 対策…欧州では1979年に（　15　条約）採択による排出規制 東・東南アジアは（　16　ネットワーク）に参加，観測網を整備
成層圏のオゾン層と対流圏のオゾン	上空の成層圏に広がる（　17　）…有害な紫外線を吸収 (17)の破壊…冷蔵庫の冷媒やスプレー中の（　18　）が原因 →化学反応により(17)を破壊→（　19　）の出現（南極上空） 対策…1987年の(17)保護の（　20　議定書）採択で，フロンを規制 対流圏では，工場や車から排出される(12) →紫外線が当たり光化学オキシダントが発生→（　21　）の原因 →目の痛みや呼吸困難などの健康被害，農作物の生育不良
海洋汚染	廃棄物による（　22　）…富栄養化や酸素不足 →（　23　）や青潮の発生 プラスチックゴミの海洋汚染…微小な（　24　）が海流で世界に拡散 →摂食を通し体内に蓄積，食物連鎖で生態系へ影響

基本問題 1　教科書p.64 ～ 65を参考にして，右の図の空欄①～⑤に適する語句を語群より選びなさい。

【語群】 食料　過伐採
過放牧　干ばつ　人口

①
②
③
④
⑤

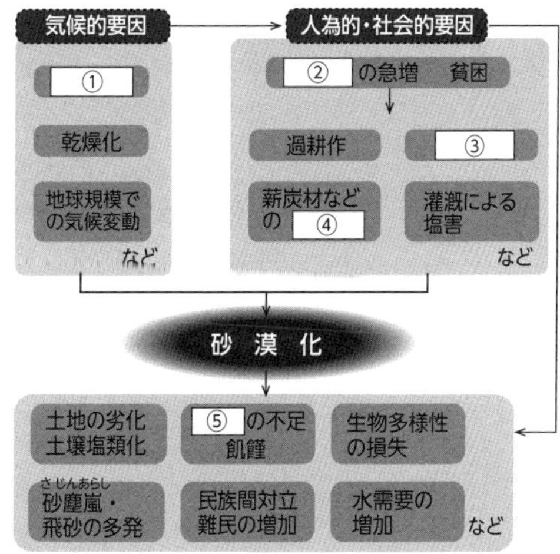

基本問題 2　教科書本文やp.64図**2**とp.65図**4**をみて，次の空欄①～⑧に適する語句を記入しなさい。

図2「世界の森林面積の変化」を見ると，森林面積の減少が最も大きい国は（　①　）で，次いで（　②　）である。気候は，両国ともに国土の大部分が（　③　帯）に属している。（①）で森林が減少している主な原因は，木材の（　④　）である。アフリカも多くの国で森林が減少しており，ここも木材の（④）による減少が多いと考えられるが，今後の（　⑤　）に伴う過度の土地利用は，さらなる森林の減少を引きおこすおそれがある。

図4「世界の乾燥地域における土地劣化面積と要因」は（　⑥　化）の人為的要因を地域別にみたもので，内訳をみると，オセアニアやアフリカの土壌劣化の主な原因は（　⑦　）であり，北米は（　⑧　）である。

①	②	③　　帯	④
⑤	⑥　　化	⑦	⑧

発展問題 3　次の図は2003 ～ 05年，もしくは2016 ～ 18年の東・東南アジアの都市における大気中の二酸化硫黄（SO_2）濃度の観測値を示したものである。この図を参考にして，下の空欄①～④に適する語句を記入しなさい。

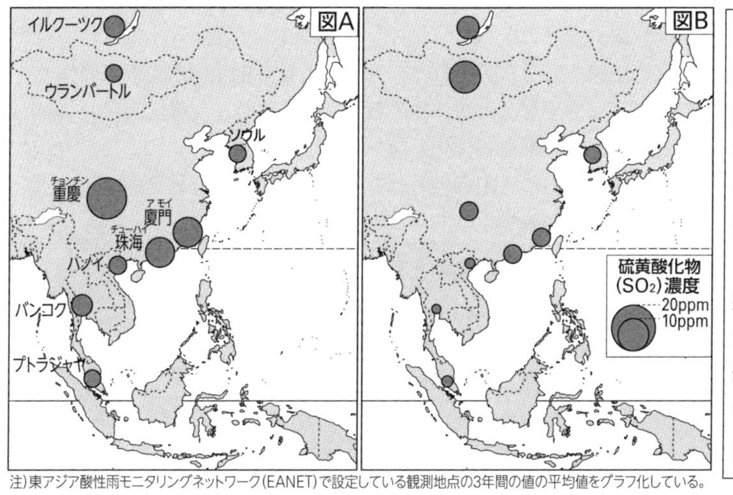

注）東アジア酸性雨モニタリングネットワーク（EANET）で設定している観測地点の3年間の値の平均値をグラフ化している。

2003 ～ 05年のSO_2濃度を示したのは，図（　①　）であり，この時期は（　②　）の急速な経済成長に伴い，（②）各地で大気汚染が深刻になった。これは，（②）がエネルギー源の多くを（　③　）から得ているからである。当時の（②）では，大気汚染が深刻になり，2008年に開催された（　④　）オリンピックでも大気汚染は大きな課題となった。現在は大気汚染への対策が進み，状況は改善してきている。

① 図	②	③	④

◆第1章　自然環境◆　　　　教科書p.68～73

⑤地球環境問題（2）

3　地球温暖化の現状

気候変動と地球温暖化	自然的要因による（　1　）が繰り返され平均気温は変化 自然的要因では説明できない（　2　）が懸念（けねん）されている
地球の平均気温の変化	地上気温の観測値と，（　3　）のシミュレーションにより気候変動の要因の解析が（　4　＝IPCC）によって続けられている
生態系への影響	地球温暖化→氷の融解，海面水位の上昇，異常気象 ・グリーンランドや南極での（　5　＝大陸氷河）の融解が進む ・海水の膨張（ぼうちょう）と(5)・氷河から融け出た水による（　6　）の上昇 ・海水温の上昇によるサンゴの（　7　現象） ・急激な水位上昇による（　8　）の水没で（　9　）の消失
人間生活への影響	温暖化による気温や海水温の上昇→（　10　）へのリスク上昇 ・低平なサンゴ礁（しょう）の島々で（　11　）による浸水被害 ・気候変化による（　12　）や水温上昇→水の安定利用が困難

4　地球温暖化への対策

温暖化シナリオ	IPCC第6次評価報告書による21世紀末までの五つのシナリオ SSP（＝　13　）シナリオ ・ただちに対策→気温上昇を約（　14　）℃に抑制 ・対策なし　　→平均気温は約（　15　）℃上昇
国際的な取り組み	温室効果ガスの排出量を削減する取り組み →排出量：中国，アメリカ，インドが世界の約半分を占める ・（　16　）（2016年発効）では気温上昇を（　17　）の前と比べて2℃以下に抑える数値目標設定→国際的な合意 ・発展途上国は技術が未発達で，自力での目標達成は困難
緩和策と適応策	地球温暖化対策の二つの分類 ①緩和策：温室効果ガスの排出量を抑制 ・自動車，住宅，工場などの（　18　）と（　19　）の導入 →太陽光発電，高断熱素材を活用した（　20　） ・資源や製品の（　21　） ②適応策：暮らしのあり方や産業構造を変化，自然災害への備え ・ぶどうや米などの農作物の栽培地域の移動，品種改良 ・林業と農牧業を一体化し自然との調和をはかる（　22　） 緩和策と適応策を組み合わせて，温暖化対策と経済発展を両立 →（　23　）の実現

新しい視点　**環境問題への国際協力とシチズン・サイエンス**

環境問題への国際協力の歴史

1972年　国連人間環境会議の行動目標「（　24　＝Only One Earth）」
→(9)の保護，大気・海洋汚染の防止

1992年　（　25　）の制定→温暖化対策の国際交渉の場（　26　＝COP）を設定

1997年　（　27　）の採択（先進国に削減義務，発展途上国にはなし，米不参加）

2015年　(16)→史上初の先進国・発展途上国に区別なく行動を義務づけ
→科学者と市民が共同して科学の成果を生み出す（　28　）の試み

1 ……

2 ……

3 ……

4 ……

5 ……

6 ……

7 ……現象

8 ……

9 ……

10 ……

11 ……

12 ……

13 ……

14 ……

15 ……

16 ……

17 ……

18 ……

19 ……

20 ……

21 ……

22 ……

23 ……

24 ……

25 ……

26 ……

27 ……

28 ……

標準問題1　地球温暖化により上昇する気温（予測）が地域により異なることを表した次の図と教科書p.69図**4**を参考にして，問いに答えなさい。

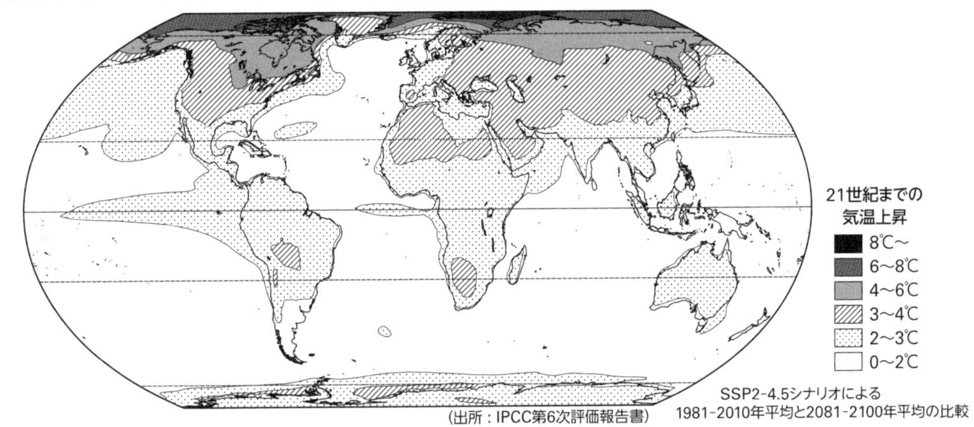

(1) 気温変化が6℃以上の場所はおもにどのような場所か，次の①～④より一つ選びなさい。

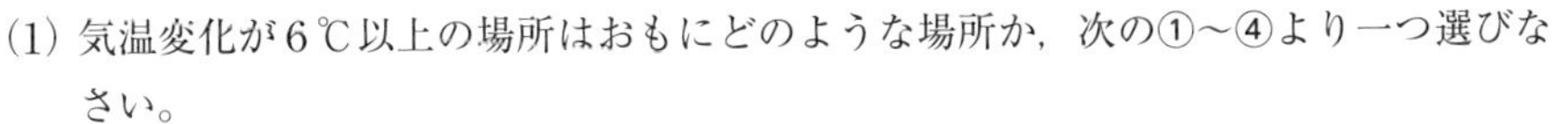

①赤道上　②現在温帯が分布している場所　③内陸部　④北半球の北極圏

(2) 2100年までの気温上昇予測が6℃以上の場所でおこることが予想されるおもな影響を書きなさい。

(3) (2)で答えた内容について，それらが原因となっておこると考えられる環境問題を書きなさい。

標準問題2　次の①～⑤の地球温暖化対策を教科書p.71図**4**にならって，A［適応策＋・緩和策－］，B［適応策－・緩和策－］，C［適応策＋・緩和策＋］，D［適応策－・緩和策＋］のいずれかに分類し，右の図中に記号を書き込みなさい。

① 自動車のアイドリングストップ　② 敷地内緑地の実施
③ ハザードマップの整備
④ 高波・高潮・津波に備えた海岸保全施設の質的向上
⑤ クールビズ・ウォームビズの実施

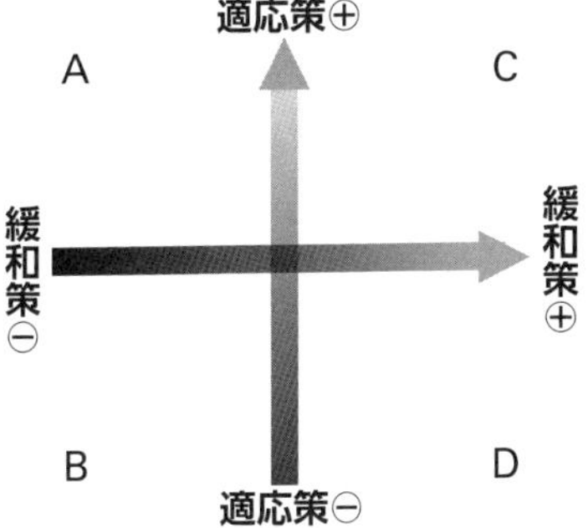

発展問題3　世界の二酸化炭素排出量割合の変化について，次のグラフのⓐ，ⓑは1995年か2020年のいずれかであり，A～Cはアメリカ合衆国，中国，EU（28か国）のいずれかである。2020年のアメリカ合衆国に該当する組合せを，下の①～⑥より一つ選びなさい。

① ⓐ・A　② ⓐ・B　③ ⓐ・C　④ ⓑ・A　⑤ ⓑ・B　⑥ ⓑ・C

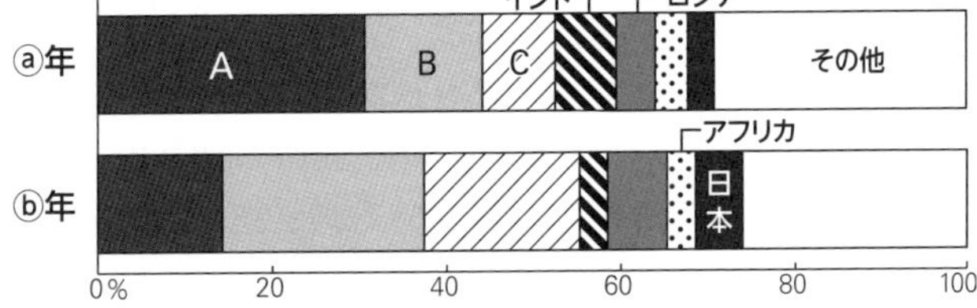

◆ 第2章　資源と産業 ◆　　教科書p.74～79

① 農林水産業（1）

1 ＿＿＿＿
2 ＿＿＿＿
3 ＿＿＿＿
4 ＿＿＿＿
5 ＿＿＿＿
6 ＿＿＿＿
7 ＿＿＿＿性
8 ＿＿＿＿性
9 ＿＿＿＿
10 ＿＿＿＿農業
11 ＿＿＿＿農業
12 ＿＿＿＿農業
13 ＿＿＿＿農業
14 ＿＿＿＿
15 ＿＿＿＿農業
16 ＿＿＿＿農業
17 ＿＿＿＿農業
18 ＿＿＿＿農業
19 ＿＿＿＿農業
20 ＿＿＿＿
21 ＿＿＿＿
22 ＿＿＿＿農業
23 ＿＿＿＿
24 ＿＿＿＿農業
25 ＿＿＿＿業
26 ＿＿＿＿
27 ＿＿＿＿農業
28 ＿＿＿＿
29 ＿＿＿＿経済

1　農業の諸条件

農業の自然条件と社会条件	自然条件	気温，降水量，土壌，地形など （　1　）…各農作物を栽培できる限界 (例)（　2　）…低温で栽培が困難 （　3　）…降水量が少なく畑作が困難 【工夫】米・小麦…（　4　）の開発 降水量が少ない…（　5　）などによる灌漑農業 傾斜地…（　6　）→文化的景観に
	社会条件	農作物の輸送距離，時間，費用，生産地の地代など
農業と生産性	労働時間や労働者当たりの（　7　性）と単位面積当たりの（　8　性） →粗放的な農業は（7性）が，集約的な農業は（8性）が高い	
技術革新と農業	技術革新…（7性）や（8性）が向上 アメリカ・カナダ…家族経営の農業→（　9　）などの企業的農業 （　10　農業）…GNSSやロボット技術で，省力化と高品質化をはかる	

2　社会の発展と農業の変化

伝統的農業	（　11　農業）…熱帯・温帯地域でみられる持続可能な（　12　農業） →定住して畑作を行う（　13　農業）に転換する地域も
	（　14　）…必要な水と草を求めて，家畜とともに移動する牧畜 ※アジアの人口密度が高い地域の農業…労働集約的 (例)降水量が多い地域…（　15　農業） 降水量が比較的少ない地域…（　16　農業）
商業的農業	（　17　農業）…高温乾燥に強い樹木作物と冬季の小麦栽培などを組み合わせた農業で，二圃式農業から発展 地域によってオリーブなどの樹木，柑橘類を栽培 （　18　農業）…家畜飼育と作物栽培を組み合わせた農業 →3年周期で耕作する（　19　農業）から発展 （　20　）…飼料作物・牧草を栽培→乳牛を飼育→乳製品を生産 ※（　21　）…アルプスの山岳地帯で盛ん （　22　農業）…市場出荷を目的に野菜・果物・花卉などを集約的に栽培する農業で，大都市周辺で発達 ※輸送園芸（＝　23　）…アメリカのフロリダなど （　24　農業）…小麦・とうもろこし・大豆などを，大型機械で大規模に栽培する農業→（8性）は低く，（7性）が高い （　25　業）…広大な放牧地や，フィードロットをもつ牧場で，肉牛・羊を大規模に飼育 →（　26　）の就航で，肉類の長距離輸送が可能に （　27　農業）…熱帯やその周辺地域で，果物・嗜好品・工芸作物などの（　28　）を大規模栽培 ※（　29　経済）…（28）栽培が経済の根幹→自給用穀物の供給が不足

標準問題1　次の世界の農業地域区分図の分布と解説文を参考にして，凡例にある①～④の農業を記入しなさい。また，解説文中の空欄A～Dに適切な語を記入しなさい。

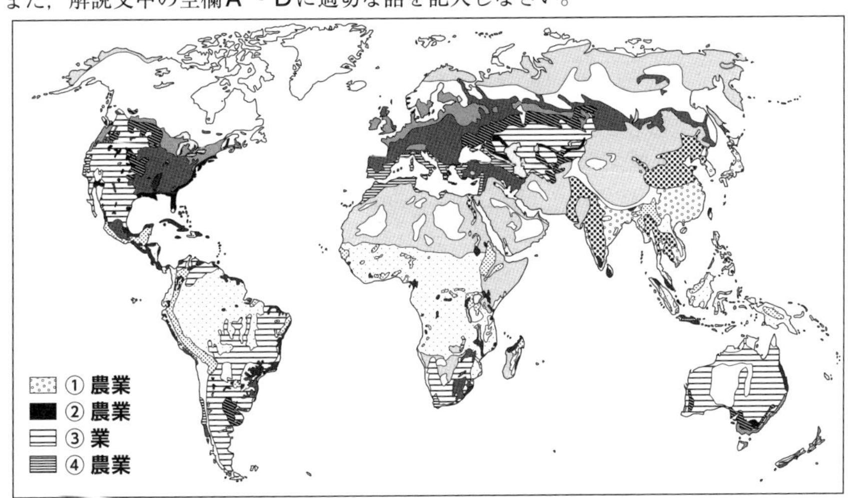

【解説文】

① **農業**：この地域は（ A ）の影響で降水量が多く，人口密度の高いアジアの人々を養う。

② **農業**：市場出荷を目的に野菜や果物，花卉などを（ B 的）に栽培する農業で，大都市周辺に発達する。

③　**業**：アメリカの西経100度以西や，アルゼンチンの（ C ）やパタゴニアなどにみられる。

④ **農業**：高温乾燥に強いぶどう，オリーブ，コルクがしなどの（ D 作物）と，冬季の降水を利用した小麦栽培や，羊や山羊の家畜飼養を組み合わせた農業が行われる。

①　　　　農業	②　　　　農業	③　　　　業	④　　　　農業
A	B　　　　的	C	D　　　　作物

標準問題2　教科書p.79図13の「**小麦カレンダー**」をみて，下の表にそれぞれの収穫の時期を青色で塗り，世界的にみた小麦の収穫時期の特徴として読み取れることを記述しなさい。

	2015年				2016年												2017年			
月	9	10	11	12	1	2	3	4	5	6	7	8	9	10	11	12	1	2	3	4
アメリカ　冬小麦										収穫										
春小麦																				
中　国　冬小麦																				
春小麦																				
イ ン ド(乾季)																				
アルゼンチン																				
オーストラリア																				

◎ 読み取れること

発展問題3　農業の生産性について，右図と教科書p.75の本文を参考にして，表の空欄に「高」「低」を記入しなさい。

	土地生産性	労働生産性	特　徴
東南アジア			限られた農地で稲作や野菜などを集約的に栽培する
ヨーロッパ			市場出荷用に合理的に機械化や肥料投下を進め，栽培する
アメリカ・カナダ オセアニア			広大な農地に大型機械を導入して穀物を栽培する
サブサハラアフリカ			耕地が限られ，機械化や肥料投下なども進んでいない

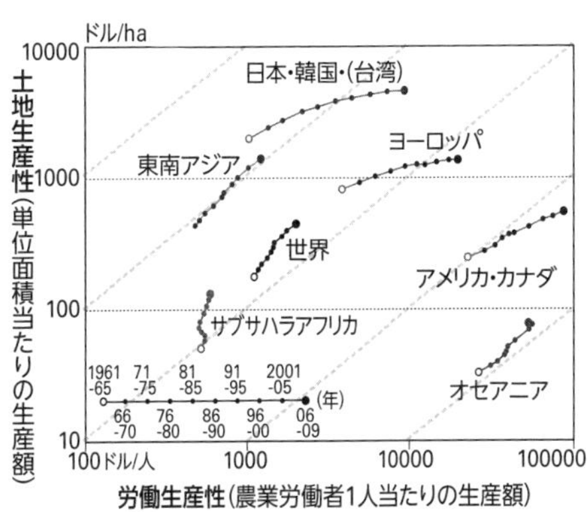

地域別にみた土地生産性と労働生産性

◆第2章　資源と産業◆　教科書p.80～83

① 農林水産業（2）

1 ………………

2 ………………的

3 ………………的

4 ………………農業

5 ………………農業

6 ………………

7 ………………

8 ………………農業

9 ………………

10 ………………

11 ………………

12 ………………

13 ………………

14 ………………

15 ………………

16 ………………

17 ………………灌漑

18 ………………

19 ………………

20 ………………

21 ………………品種

22 ………………

新しい視点　都市とその周辺で営まれる農業

都市からの距離と農業	市場に近い	輸送費：安，地代：高→狭い土地で（　1　）の高い作物を生産する（　2　的）な経営
	市場に遠い	輸送費：高，地代：安→広大な土地で大量の農作物を生産する（　3　的）な経営
都市化と農業	都心部…アーバンファーミングが普及しつつある 都心に近い地域…農地から住宅・工業用地に転換 ※住宅地の近く…園芸農業など（　4　農業）を維持	
都市の拡大と農業	都市近郊…消費地へ野菜・果物・花卉(かき)類などを供給する（　5　農業） ※農業技術の発展…農作物の（1）を高める	
農業の6次産業化	6次産業…第1次産業で生産される1次産品を，生産地で加工・調理して（1）を高め，第2次産業を発展。製品化したものを，地元で販売して第3次産業を発展 （1）の創出…（　6　）や雇用の創出 ＋ 農業の（　7　）を高める	

3　グローバル化・技術革新と農業

アグリビジネスの発展	アメリカ・オーストラリアなど…（　8　農業）を広く行う ※アグリビジネス 農作物の生産，流通，販売，品種改良，開発，肥料・農薬・農業機械の販売，食品加工などの多角化で収益を拡大した農業関連産業 徹底的な合理化とコスト管理→（　9　）を高める （　10　）…穀物の流通・販売などに特化した商社 →（　11　）としての存在感を強める （　12　）…中国や西アジアの（　13　）の企業が，東ヨーロッパやアフリカで農地を借りたり，買収したりして穀物を生産する農業投資
ICT化による変化	（　14　）…農業に（　15　＝ICT）や（　16　＝AI）を取り入れる →（9）や利益を高め，農業の（7）にも貢献 （　17　灌漑）…土中における保水量のデータと降水量の予測値 →作物栽培に必要な散水量と時間を提案 （　18　）…肥料を与えたり，農薬散布を行ったり，収穫時期を判断するなどの試み
バイオテクノロジーによる変化	農作物の（　19　）…厳しい自然条件の克服(こくふく)と収穫量増加のため （例）春小麦の登場 （　20　）…人工交配により，高収量化と品質の均一化を実現 （　21　品種）…ある生物から取り出した遺伝子を操作して，再び細胞中に組み込む →除草剤への耐性や害虫への抵抗性を高める 日本では（21作物）を原材料にした食品に表示義務がある （例）（　22　），とうもろこし，綿花，菜種

基本問題 1 右の写真は，アメリカのワシントン州の農地を撮影したものである。この写真に示された灌漑方式の名称を，カタカナで答えなさい。

標準問題 2 穀物と多国籍企業に関する下の文章の空欄①〜④にあてはまるものを，語群からそれぞれ一つずつ選びなさい。

【語群】 アメリカ　イギリス　韓国　アグリビジネス　化学肥料　キャッサバ　穀物メジャー　食肉　天然ゴム　有機肥料　ランドラッシュ

世界各国の農家が生産した穀物は，主に（　①　）に本拠地をもつ多国籍企業を介して，世界の消費地に届けられる。これらの企業は，基本的には国際的な流通を担う商社であるため，穀物取引それ自体からの利益率は低い。そこで，利益率を高めるため多角的な経営を行い，（　②　）の生産，種子の開発・販売，農産物の加工・販売から農業機械の製造，（　③　）の生産・流通・加工など，（　④　）として重要な役割を担っている。

①	②	③	④

発展問題 3 農業の立地には，地域の自然条件と市場からの距離が重要な要因となる。市場からの距離と農業地域の形成を説明した仮想のモデルに関する次の条件と下の説明文を読んで，空欄**ア**にあてはまるものを，右の図中の①〜④のうちから一つ選びなさい。

〔共通テスト2021年 地理B問題を改変〕

【条件】
- 市場が一つだけ存在する。
- 自然条件はどこも同じで，生産にかかる費用は一定である。
- 作物を市場に運ぶ輸送費は距離に比例する。
- 農地面積当たり収益は，作物の販売価格から生産にかかる費用と輸送費を引いて求める。

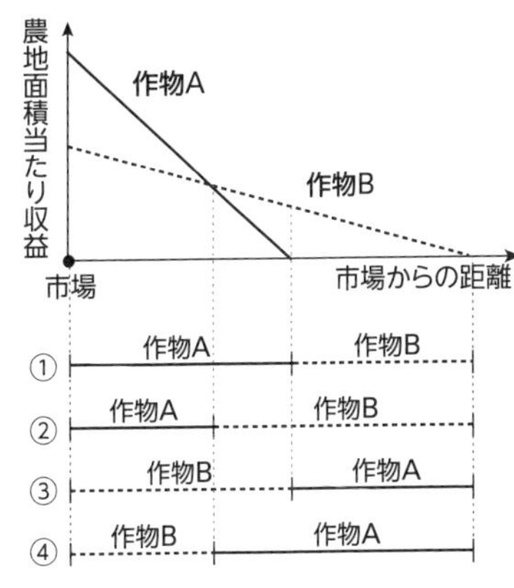

グラフは，横軸に市場からの距離を，縦軸に作物別に見込める農地面積当たり収益を示したものである。作物Aは作物Bより輸送費が多くかかるが，市場での販売価格は高い。より収益の高い作物が選択されるならば，横軸の線上で生産される作物の分布は（　**ア**　）のようになる。

発展問題 4 右のグラフは中国の大豆の生産と輸入の推移をあらわす。1990年代後半から，大豆の輸入が急激に増加している背景について，説明しなさい。

中国の大豆生産と輸入の推移

◆第2章　資源と産業◆　教科書p.85～87

① 農林水産業（3）

番号	解答
1	
2	
3	
4	
5	
6	林
7	材
8	材
9	林
10	
11	林
12	業
13	業
14	業
15	業
16	
17	
18	業
19	漁場
20	漁場
21	漁場
22	業
23	条約
24	
25	
26	
27	

4　林業

林業と用材		世界の森林面積…約40億ha〔陸地面積の約3割〕 林業…森林資源を活用して，木製品の原材料となる（　1　）や，燃料としての（　2　）など，林産物を生産する産業 用材…家具や建築材料になる（　3　）や製材品，薄くスライスした木の単板を重ね合わせた（　4　），紙の原料となる（　5　）など
	樹種	東南アジアなどの（　6　林）…常緑広葉樹が多い （例）（　7　材）…高級家具，内装 （　8　材）…合板に加工→コンクリートの型枠など
	樹種	カナダ・ロシアなどの（　9　林＝冷帯林）…針葉樹が多い →建築資材や（5）の原料
持続可能な森林開発		森林…（　10　）の保全のために重要な役割→経済発展により（1）の需要が増加 →天然林を伐採→（　11　林）が増加 東南アジアやロシアなど…（3）の輸出規制を強化

5　水産業

水産業の発展	水産業…海などで魚介類を捕獲する（　12　業），魚介類を育てる（　13　業），食料品などに加工する（　14　業）で構成 海に接した国・地域…古くから（　15　業）を行う
漁業の発達	栄養分が多い海域…好漁場 （例）大陸棚・バンク，（　16　）が上昇する海域， 寒流と暖流が接する（　17　） 中型船を利用する（　18　業）を行う漁場 （例）日本付近の（　19　漁場） ボストン沿岸～ニューファンドランド島の（　20　漁場） スカンディナヴィア半島～北海の（　21　漁場）
回遊魚と漁業	回遊魚…海水温の変化や繁殖行動により，広い海域を移動 →大型船による（　22　業）が行われる
漁業の動向	1982年：国際連合で（　23　条約）を採択 条約署名国…200海里の（　24　＝EEZ）を設定 1990年代～…（13業）による漁獲量が増加→世界の漁獲量の半分以上に 食生活や食文化…（13業）が支える （例）長江沿岸の淡水魚，アドリア海沿岸でのまぐろ蓄養，マングローブでのえび養殖
海洋資源の保護と利用	1993年…（10条約）が発効→各国で（　25　）を設定 ※SDGsにも（　26　）な開発に向けた保全と利用が明記 かつお・まぐろなどの回遊魚…漁獲規制 鯨…（国際捕鯨委員会＝　27　）の協定で商業捕鯨を禁止 →日本は2019年に（27）を脱退，日本近海に限り商業捕鯨を再開

基本問題 1 教科書p.85の本文や図1「世界の森林分布と木材の生産量」と，次のグラフを参考にして，世界の林業に関する下の文章の空欄①～⑧にあてはまるものを答えなさい。

木材生産量 39.7億m^3（2019年）

アメリカ	インド	中国	ブラジル	ロシア	カナダ	その他
11.6	8.9	8.6	6.7	5.5	3.7	

木材輸出量 3.02億m^3

ロシア	カナダ	ニュージーランド	ドイツ	スウェーデン	その他
16.3	11.9	8.1	6.0	6.0	

木材輸入量 2.66億m^3

中国	アメリカ	オーストリア	ドイツ	スウェーデン	その他
27.1	9.1	4.3	4.3	3.1	

世界には，陸地の約（　①　割）を占める約40億haの森林がある。森林の分布は気候を反映しており，亜寒帯気候北部には同一樹種からなる純林の多い（　②　林）が，熱帯にはさまざまな樹種が混在する（　③　林）が広く分布する。用途別にみると，インドやアフリカの国々では（　④　材）の割合が木材生産量の大半を占め，カナダやロシア，北ヨーロッパの国々では，（　⑤　材）の占める割合が多い。

木材の伐採量の上位3か国はアメリカ，（　⑥　），中国である。木材輸出量をみると，（　⑦　）やカナダなどの（②林）が広がる国が多く，建築資材やパルプの原料として輸出されている。木材の輸入量は，経済発展によって需要が増加している（　⑧　）が最も多い。

①　　　割	②　　　林	③　　　林	④　　　材
⑤　　　材	⑥	⑦	⑧

標準問題 2 次の表は，教科書p.86図2「世界の漁場分布と漁区別漁獲量」にある漁場の特徴をまとめたものである。空欄①～③にあてはまる漁場名を答えなさい。

漁場名	特徴	おもな魚種
①　　　漁場	漁獲量世界最大 黒潮の日本海流と親潮の千島海流が潮境を形成	さけ・たらなどの寒海魚 いわし・さば などの暖海魚
②　　　漁場	北海，アイスランド沿岸～フランス沿岸 大陸棚が広くドッガーバンクなどの浅い海域が分布	にしん・たら
③　　　漁場	海水が深層から湧き上がる湧昇流がプランクトンを多く含むため好漁場となっている	アンチョビー（飼料・肥料用のフィッシュミールに加工）

発展問題 3 右のグラフは，おもな国の漁獲量の推移をあらわしている。

(1) グラフの推移を参考に，次の①～④のうちから**誤っているもの**を一つ選びなさい。

① インドネシアでは，沿岸で輸出用のえびの養殖池の開発が進み，漁獲量が増加している。

② ペルー沖では，エルニーニョ現象により湧昇流が弱くなると漁獲量が減少するため，年による変動が大きい。

③ 国土の西半分が海に面するノルウェーでは，古くから寒海魚のたらやにしんなどの漁業がさかんに行われてきた。

④ 日本の漁獲量は，遠洋漁業と沖合漁業の衰退に加え，輸出の拡大により，最盛期の3分の1に減少している。

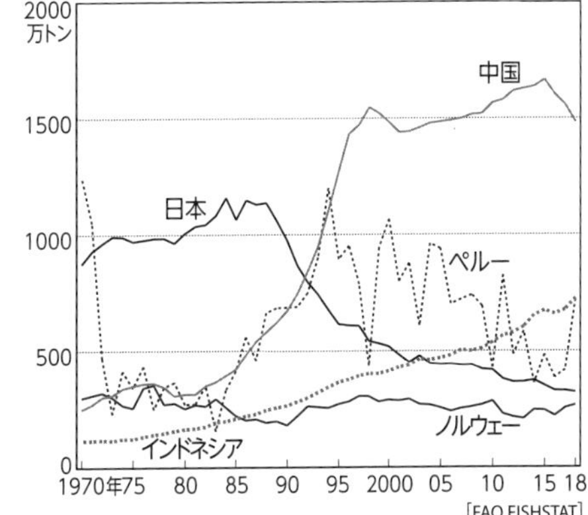

(2) グラフ中の中国の漁獲量が1990年以降に急激に増加している理由について記述しなさい。

◆第2章　資源と産業◆　教科書p.88～91

①農林水産業（4）

1 ______
2 ______
3 ______
4 ______
5 ______
6 ______
7 ______
8 ______
9 ______ 米
10 ______
11 ______ 米
12 ______ 性
13 ______ 制度
14 ______
15 ______ 政策
16 ______
17 ______
18 ______ 政策
19 ______ 化
20 ______ 化
21 ______
22 ______
23 ______
24 ______ 漁業
25 ______
26 ______ 漁業
27 ______ 漁業
28 ______

6　食料問題

偏在する食料	計算上　世界人口〔約78億人〕を養える食料を生産 実際　9人に1人の割合で（　1　）に苦しむ人々がいる （1）…アジアやアフリカでみられ，サブサハラアフリカで深刻 〔背景〕アフリカ…（　2　）の栽培に依存， 自給用穀物の生産量が少ない インド・中国…国内での（　3　）が大きく，人口総数も多い
食料問題への対策	国際社会…食料危機による無償の（　4　）を行う 栄養不足が慢性化する地域…（　5　＝ODA）などの2国間援助， 国際機関を通した継続支援 （例）（　6　＝WFP）の学校給食プログラム 農業技術の未発達な地域…土地生産性・労働生産性を高める取り組み （例）インフラ整備，（　7　）の導入 〔東南アジア・南アジア〕「（　8　）」や（　9　米）の導入 →生産性が上昇 〔サブサハラ〕自然災害・紛争・（　10　）など…発育不全の子供が増加→（4）と継続的支援が不可欠 日本…（6）を通した支援と（　11　米）の栽培を支援

日本を知る　日本の農林水産業とその課題

米・小麦の動向		日本…狭い農地→集約的で（　12　性）の高い農業
	米と小麦	第二次世界大戦後…（　13　制度）による全量買い上げ その後…（　14　）・圃場整備・機械化→生産性向上 米の完全自給〔1967年〕，米の（　15　政策）〔1971～2018年〕 ※小麦…輸入に依存し，（　16　）が低迷
野菜・果樹・畜産物の動向		野菜14品目…（　17　）を市町村単位で設定→出荷量が安定 果樹・畜産物…（　18　政策）→生産量が増加 農業経営の厳しさと収益改善 1991年…牛肉・オレンジの（　19　化） 農業担い手の（　20　化）と兼業化 現在…農畜産物の特化，産地のブランド化，農薬の削減 →収益構造を高める努力を進める
林業の動向		第二次世界大戦後…針葉樹の（　21　）が推奨→人工林が多い 木材輸入の全面自由化〔1964年〕…（　22　）が2002年まで減少 近年…（　23　）の国産化が進み，（22）は上昇→国産材利用の推進
水産業の動向		漁業従事者の9割近く…個人経営で，（　24　漁業）に従事 漁獲量の4割以上…（　25　＝EEZ）内で操業される（　26　漁業） （　27　漁業）…各国による（25）の設定で衰退→公海などで漁を継続 国内消費量…魚介類が（　28　）を下回る

基本問題 1　右の図は，日本の漁業別漁獲量と魚介類輸入量の推移を示したものであり，**A**～**E**は沿岸漁業，遠洋漁業，沖合漁業，海面養殖業，魚介類輸入量のいずれかである。遠洋漁業と魚介類輸入量に該当するものを，図中の**A**～**E**からそれぞれ一つずつ選びなさい。

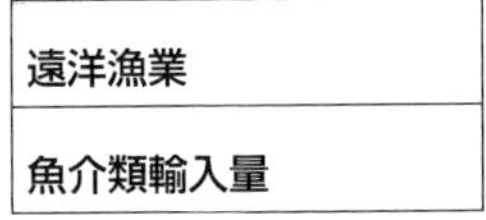

遠洋漁業	
魚介類輸入量	

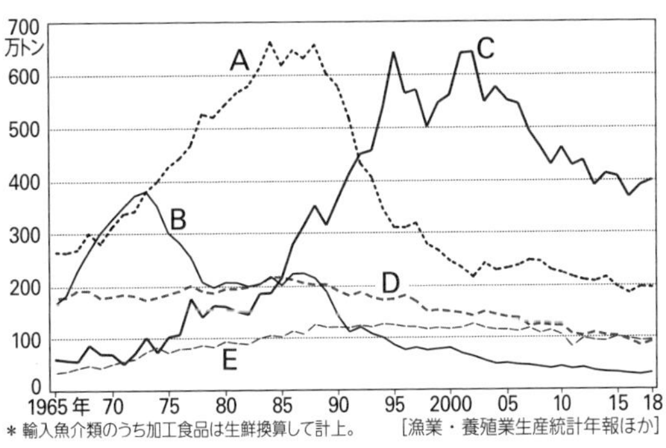

＊輸入魚介類のうち加工食品は生鮮換算して計上。　〔漁業・養殖業生産統計年報ほか〕

基本問題 2　世界各国の食料事情や保健衛生事情には大きな差異がある。右の表の**A**～**D**は，アメリカ・インド・韓国・ナイジェリアのいずれかの国における穀類自給率，１人１日当たり供給栄養量（熱量），５歳未満児死亡率を示したものである。表中の**A**～**D**に最もあてはまる国を，それぞれ一つずつ記入しなさい。

	穀類自給率〔%〕	1人1日当たり供給栄養量(熱量)〔kcal〕	5歳未満児死亡率〔‰〕＊
A	128	3,782	6.5
B	114	2,533	34.3
C	80	2,572	117.2
D	25	3,420	3.2

統計年次は2018・2019年のいずれか。
＊生存出生児1,000人当たりの死亡数。『世界国勢図会』により作成

A	B
C	D

標準問題 3　世界の食料問題に関する下の文**ア**～**ウ**の下線部(a)・(b)の正誤を判定し，(a)のみ正しい場合は①を，(b)のみ正しい場合は②を，(a)・(b)ともに正しい場合は③を，(a)・(b)ともに誤っている場合は④を記入しなさい。

ア	イ	ウ

ア　(a)国連世界食糧計画（JICA）は，食料援助を通して途上国などの食料の緊急事態に対処する事を目的に設立された。また，西アフリカ稲作開発協会（現在のアフリカ稲センター）が開発した(b)ネリカ米は，アフリカでの食料増産につながる品種として普及が進められている。

イ　世界全体でみると，(a)食料生産量の増加を上回るペースで人口が増加しており，世界では(b)３人に１人の割合で栄養不足に苦しむ人々がいる。

ウ　農業技術が未発達な地域では，インフラの整備や(a)高収量品種の導入などで，土地生産性と労働生産性を高めようとしている。一方，サブサハラアフリカでは，近年(b)５歳未満の過体重割合が世界の他地域と比較して高い傾向がみられる。

発展問題 4　下の表は，日本における地域別の農業産出額の割合と総額（2020年）をまとめたものである。表中の**A**～**D**に最もあてはまる地域を，次の地域群から選び，選んだ理由も簡潔に答えなさい。

【地域群】　北海道　　北陸　　四国　　沖縄

	米	野菜	乳用牛	肉用牛	農業産出額
A	60.4%	13.4%	2.5%	1.6%	4142億円
B	12.4	36.6	3.8	3.7	4103
C	9.5	16.9	39.3	7.6	12667
D	0.5	14.0	4.0	21.8	910

農業産出額の割合は，その地域の全国の産出額に占める割合を示す
（出所：生産農業所得統計2020）

A	
B	
C	
D	

◆第2章　資源と産業◆　教科書p.92～95

②資源・エネルギー（1）

1 　　　　資源
2
3 　　　　資源
4
5
6
7
8
9
10
11
12
13
14
15 　　　　鉱物
16
17
18
19
20
21
22
23
24
25

1　社会の発展と資源の利用

さまざまな資源	水資源，生物資源，（　1　資源），鉱物資源に大別 枯渇性資源…埋蔵に限りがある（　2　） （　3　資源）…太陽光，潮汐，風，間伐材，食品廃棄物など
資源の利用の発達	科学技術の進歩…有用な資源の拡大 （　4　）…産業革命以降 （　5　）…20世紀以降→熱源用，動力用として用途が広がる 天然ガスの利用拡大 （　6　）…エネルギー利用の急激な変化→輸送技術の革新により （　7　）が高まる
持つ国と持たざる国	鉱物資源の偏在→国際的取引が活発 「持つ国」→採算性次第で「持たざる国」へ 「持たざる国」…外貨によって資源を輸入する国　(例)日本 途上国には外貨不足により輸入困難な国もある （　8　）による支配…途上国では（　9　）の動きが高まる
水資源	（　10　）…水需給の逼迫の程度 （　11　）…原産国から消費国への食料の輸出量を水に換算

2　世界の鉱産資源

開発と発展		（　12　）…鉄，銅，亜鉛，鉛など （　13　）…金，銀 （　14　）…産出量が少なく，品位のよいものが得にくい金属 （　15　鉱物）…石灰石，粘土，硫黄，ダイヤモンド，石英など
鉄鉱石		あらゆる産業で鉄は不可欠の基礎素材 産出…（　16　），ブラジル，中国が全産出量の７割 （　17　）による大規模な鉱山開発 (16)は北西部で産出…西海岸の港から輸出 輸入…アジア：(16)，ブラジルから ヨーロッパ：(16)，ブラジル，カナダ，スウェーデンから
非鉄金属	ボーキサイト	（　18　）の原料…熱帯，中国，インドで生産 精錬に多量の電気が必要→電力が豊富で安価な国で生産→近年はボーキサイト産出国でも生産増加
	銅鉱石	アンデス山脈に鉱床が多い （　19　）…1国で世界の３分の１を生産 アフリカの（　20　）もかつては重要な産地 →採掘権は(8)が握る
レアメタル		レアメタル…産出量の少ない希少金属。鉄などに混ぜて強度向上 ステンレス用の（　21　）や燃料電池用の（　22　） 偏在性：大→安定供給のための備蓄，鉱山開発，リサイクル推進 （　23　）…レアメタルのうち17種類の希土類金属 （　24　）…使わなくなった電子機器類の廃棄物 回収が進み，再利用へ。（　25　）ともよばれる

基本問題1　教科書p.94図2とp.95図4の世界の鉱山の分布図を参考にして，下の図の①～⑫に適する鉱山名あるいは鉱山地帯の名称を記入しなさい。

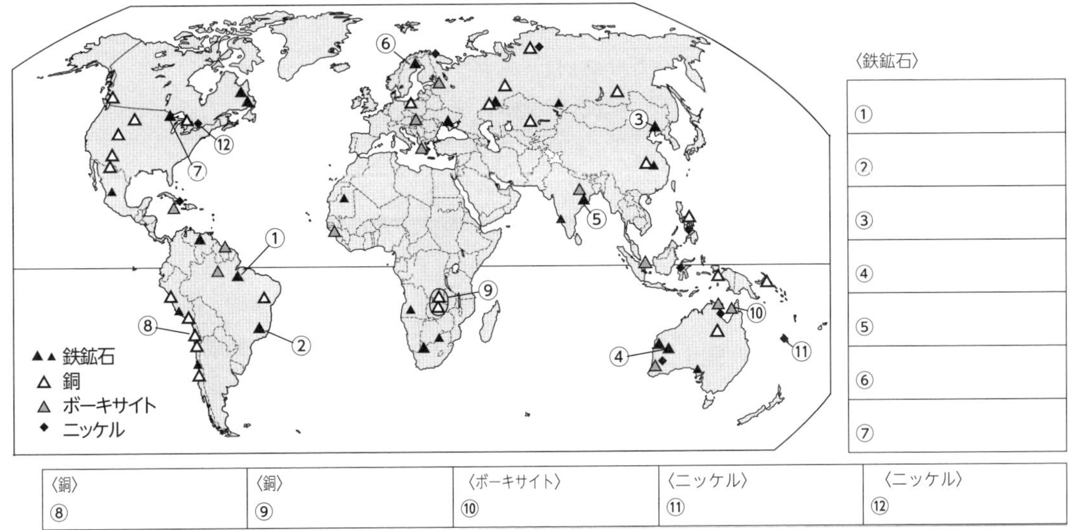

〈鉄鉱石〉
①
②
③
④
⑤
⑥
⑦

〈銅〉	〈銅〉	〈ボーキサイト〉	〈ニッケル〉	〈ニッケル〉
⑧	⑨	⑩	⑪	⑫

標準問題2　右のグラフは，世界のエネルギー資源の消費の推移を示している。下の文章の空欄中にあてはまる語句を記入しなさい。

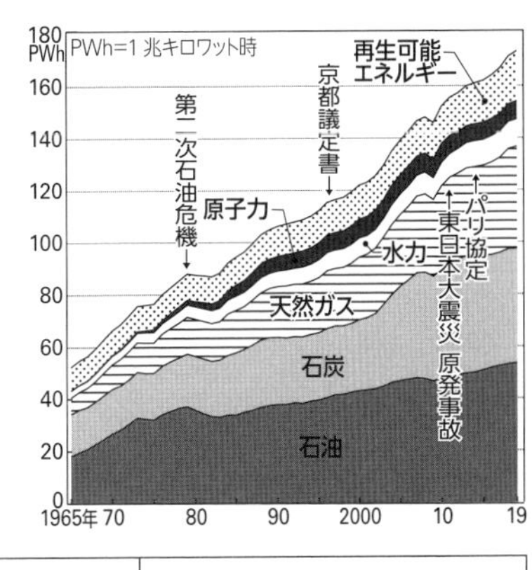

1965年以降，エネルギー源として最も利用されているのは（ ① ）である。これは，発電・工場などの熱源，自動車などの動力源として多用されてきたためである。しかし，1970年代の石油危機以降は，（ ② ）や原子力が代替エネルギーとして利用されるようになった。（ ③ ）は2000年代以降，途上国を中心に利用が拡大している。パリ協定以降，（ ④ エネルギー）の利用が期待されているが，世界全体のエネルギー使用の内訳からみれば，消費量は微増にとどまっている。

①	②	③	④　　エネルギー

発展問題3　レアメタルについて，次の問いに答えなさい。

(1) スマートフォンには多くのレアメタルが用いられている。次の図のA～Cは，部品として使われているレアメタルの特徴と産出国の割合をあらわす。A～Cの鉱物名を答えなさい。

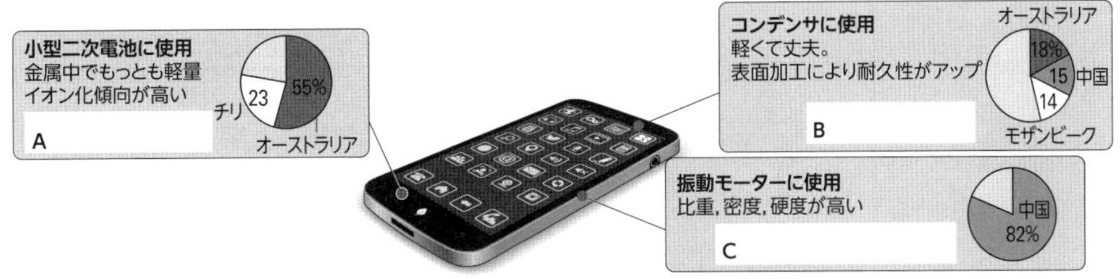

(2) 日本のような資源を「持たざる」国では，「都市鉱山」が注目されている。以下に，「都市鉱山」について，簡潔にまとめなさい。

◆第2章　資源と産業◆　教科書p.96～98

②資源・エネルギー（2）

1
2 製品
3
4
5
6
7 革命
8
9
10
11 ガス
12
13
14
15
16
17
18
19 燃料
20
21
22

3　世界のエネルギー資源とその課題

<table>
<tr><td>石油の利用</td><td colspan="2">20世紀半ば，西アジアで大規模油田の開発
→自動車の燃料，（　1　）発電
（　2　製品）の生産…プラスチック，化学繊維
石炭に比べて，高い利便性…先進国を中心に大量消費</td></tr>
<tr><td rowspan="5">石油の産出と貿易</td><td colspan="2">第二次世界大戦後：西アジアの石油産出…（　3　＝国際石油資本）が独占
産油国は（　4　）の動き…資源を自国で管理，開発</td></tr>
<tr><td>1960年</td><td>産油国は（　5　＝OPEC）を結成…（3）に対抗</td></tr>
<tr><td>1973年</td><td>第四次中東戦争→（5）が輸出価格引き上げ
供給制限…（　6　）の発生</td></tr>
<tr><td>1979年</td><td>（　7　革命）により，（　8　）の発生</td></tr>
<tr><td>1980年代</td><td>石油価格の高騰→天然ガスなどへ移行</td></tr>
<tr><td>天然ガスの産出と貿易</td><td colspan="2">天然ガス：ガス田から採取または油田から抽出…メタン，エタン
1960年代…冷却液化技術の開発…（　9　＝LNG）タンカーによる長距離輸送が可能に
現在…（　10　）による輸送も拡大</td></tr>
<tr><td>シェールガス・シェールオイル</td><td colspan="2">2000年代…石油価格高騰…新興国の需要増，西アジアの政情不安
掘削技術の革新で頁岩層の採掘が可能に
→（　11　ガス），（11オイル）の産出が本格化…（　12　）
増産で供給過剰…2014年以降，石油価格低迷
産油国は（　13　）という枠組みにより協調減産を協議
→ロシア，メキシコ等を加えた協議での調整は難航</td></tr>
<tr><td>石炭の産出と貿易</td><td colspan="2">石炭…（　14　）後も製鉄や火力発電の燃料として重要
石油に比べ埋蔵量が多く，分布も広範囲
1960年代…小規模の坑道掘り炭田の閉鎖
→現在は（　15　）の炭田が優位
産出量…（　16　），インドで多い：両国は輸入大国でもある
火力発電…硫黄酸化物排出に課題…（　17　＝CCT）の導入で硫黄酸化物排出が大幅削減
石炭のガス化，二酸化炭素の分離・回収技術の研究が進む</td></tr>
<tr><td>バイオマス燃料</td><td colspan="2">（　18　）…資源の残余量を時間であらわしたもの
化石燃料の使用…温室効果ガス排出による地球温暖化
→（　19　燃料）（生物資源燃料）への転換へ
（　20　）…さとうきび，とうもろこしを発酵
（　21　）…油やし，大豆を搾油
（　22　）…燃焼時に二酸化炭素を排出するが，作物の成長過程で二酸化炭素を吸収
反面，とうもろこしや大豆農園拡大のために森林伐採
→ニュートラルかどうかの議論</td></tr>
</table>

基本問題 1　化石燃料は「限りある資源」である。ある資源があと何年使い続けられるかをあらわしたものを可採年数といい，その資源の確認埋蔵量を，年間生産量で割った値で求めている。教科書p.98図9を参考に，右の図のA～Dにあてはまる資源名を記入しなさい。

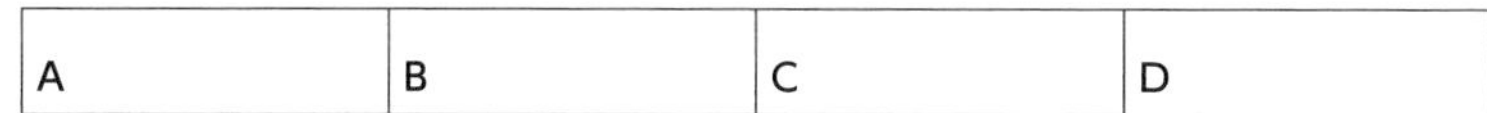

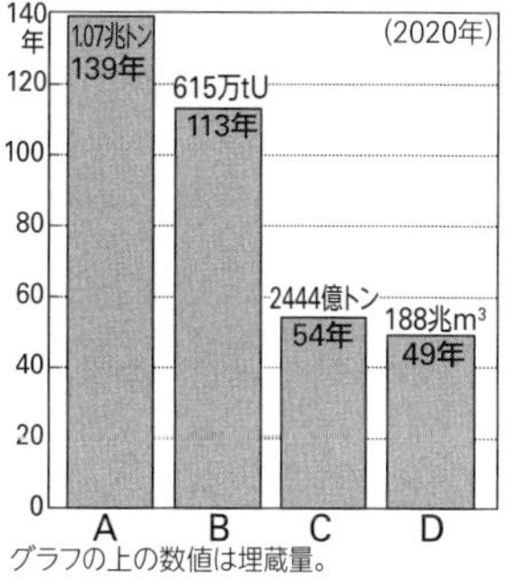

標準問題 2　教科書p.96図2，p.98図8と次のグラフをみて，下の表の空欄A～Gに適する国名と，空欄①～⑧の炭田名・油田名を記入しなさい。

石　炭

産出 70.2億トン (2019年)：A 54.8%，10.4（インド），B 8.8，C 6.2，D 5.1，その他

輸出 14.2億トン (2019年)：B 32.4%，C 27.8，D 14.5，F 5.6，5.5（南アフリカ共和国），その他

輸入 13.8億トン (2019年)：A 21.8%，インド 18.0，E 13.6，韓国 9.2，ベトナム3.2，その他

石　油

産出 36.0億トン (2020年)：F 15.4%，D 13.3，G 12.7，5.5（イラク），A 5.4，その他

輸出 22.3億トン (2019年)：G 15.8%，D 12.0，8.8（イラク），7.4（カナダ），F 6.6，その他

輸入 23.2億トン (2019年)：A 21.8%，F 14.5，インド 9.8，E 6.3，6.2（韓国），その他

	石　炭	石　油
産出	1位　〔A　　〕 2位　インド 3位　〔B　　〕 4位　〔C　　〕 5位　〔D　　〕	1位　〔F　　〕 2位　〔D　　〕 3位　〔G　　〕 4位　イラク 5位　〔A　　〕
輸出	1位　〔B　　〕 2位　〔C　　〕 3位　〔D　　〕 4位　〔F　　〕	1位　〔G　　〕 2位　〔D　　〕 3位　イラク 4位　カナダ
輸入	1位　〔A　　〕 2位　インド 3位　〔E　　〕	1位　〔A　　〕 2位　〔F　　〕 3位　インド
おもな炭田・油田	中国…フーシュン炭田，タートン炭田，カイロワン炭田 アメリカ…〔①＿＿＿＿炭田〕，中央炭田 インド…〔②＿＿＿＿炭田〕 オーストラリア…〔③＿＿＿＿炭田〕，ボーエン炭田，ニューカッスル炭田 南アフリカ共和国…トランスヴァール炭田 ドイツ…〔④＿＿＿＿炭田〕	サウジアラビア…〔⑤＿＿＿＿油田〕 ロシア…〔⑥＿＿＿＿油田〕，ペチョラ油田 アメリカ…〔⑦＿＿＿＿湾岸油田〕，プルドーベイ油田 イラン…ガチサラーン油田 中国…〔⑧＿＿＿＿油田〕 ベネズエラ…マラカイボ油田

発展問題 3　バイオマス燃料は，温室効果ガスの排出と吸収を均衡させる「カーボンニュートラル」なエネルギーといわれる。教科書p.98を参考にして，バイオマス燃料としてどのようなものがあげられるか，書き出しなさい。

◆第2章　資源と産業◆　教科書p.100～103

②資源・エネルギー（3）

1	
2	発電
3	発電
4	発電
5	
6	
7	
8	
9	制度
10	発電
11	発電
12	発電
13	
14	
15	
16	化
17	の自由化
18	システム
19	
20	
21	
22	
23	
24	

4　電力の利用と変化

電力	1次エネルギーを加工，転換→（　1　）…電力，ガソリンなど 電力…日常生活に不可欠。反面，10億人が無電化地域で生活 電力事業…1882年にニューヨークで始まる 送電技術の発達により（　2　発電）が盛ん →1960年代以降，重油による（　3　発電）へと発展 （2発電）…カナダ，ノルウェー （3発電）…中国，ドイツ，アメリカ （　4　発電）…フランス，ウクライナ
原子力発電の功罪	日本の原子力発電…1963年から，2010年には全発電量の3割 利点…（　5　）の排出なし，大気汚染なし，コスト低い 欠点…安全面，廃炉（はいろ）の費用，使用済み核燃料の貯蔵 事故…スリーマイル島原発，チェルノブイリ原発，（　6　）など ドイツやスイスは原発を段階的に廃止へ
再生可能エネルギーの促進	環境負荷（ふか）の少ない（　7　）への転換に期待 水力発電は（　8　）が普及。バイオマス発電への期待 再生可能エネルギー…発電量少，電力供給が不安定 （　9　制度）の導入などで，増加する地域あり （　10　発電）…中国，アメリカ，日本，ドイツで増加 （　11　発電）…中国，アメリカ，ドイツで増加 （　12　発電）…火山国のインドネシア，ニュージーランドなど （11発電）の騒音，（10発電）所の建設による森林破壊などの問題

日本を知る　日本の資源・エネルギー問題

日本のエネルギー供給の歩み	日本…乏（とぼ）しい資源→安価な資源・エネルギーを輸入 2011年の（6）事故→原発稼働停止 （　13　）の低下…相次ぐ炭田閉山，石油・天然ガスも生産量少
日本の課題	石灰岩（せっかい），砂利（じゃり）を除き，多くの資源を輸入に依存 石油は（　14　）への依存度が高い （　15　）の実施…1日の需要変動に合わせ，発電方法を調整 エネルギー節約（＝　16　化），再生可能エネルギーの導入
再生可能エネルギーの導入	（　17　の自由化），（9制度）…発電事業者，小規模発電所の増加 →風力，太陽光，バイオマス （　18　システム）…排熱を有効活用 （　19　）…余剰電力で水を汲（く）み上げ，ピーク時に発電 （　20　）…電力の流れを制御し，最適化
大量消費社会の見直し	大量生産，大量消費，大量廃棄を見直し，（　21　）をめざす （　22　）…Reduce（ゴミ抑制），Reuse（再利用），Recycle（再資源化） （　23　）…（22）＋Repair（修理），Refuse（購入しない） 線形型の経済から（　24　＝循環型経済）への転換をめざす

標準問題1　右のグラフは各国の発電について，発電方法別に分けたものである。グラフ中のA～Hは，下の国家群のいずれかの国である。最も適切な国名を，次の国家群からそれぞれ選びなさい。

【国家群】 アメリカ　サウジアラビア　デンマーク　日本　ノルウェー　ブラジル　フランス　ロシア

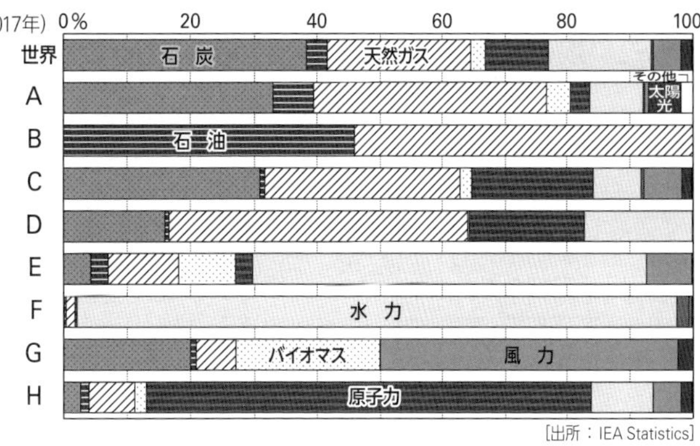

A	B	C	D
E	F	G	H

標準問題2　再生可能エネルギーについて説明した下の文章の空欄①～⑤にあてはまる語を答えなさい。

> 自然界につねに存在し，環境への負荷の少ない再生可能エネルギーへの転換が注目されている。再生可能エネルギーの割合の高い国を自然条件から考えると，（　①　）が卓越するデンマークでは，風力発電が全体の半分以上を占めているほか，（　②　）の分布する（　③　）やアイスランド，ケニアでは地熱発電の割合が高い。大気汚染が深刻化した（　④　）では，（　⑤　）による火力発電の割合が高いが，太陽光・風力発電が推進され，発電量はどちらも世界のおよそ1/3を占めている。

①	②	③	④	⑤

発展問題3　右の教科書p.102図1「日本の1次エネルギーの国内供給の推移」について，次の問いに答えなさい。

(1) 図中の①～⑤にあてはまる語を答えなさい。

①	②
③	④
⑤	

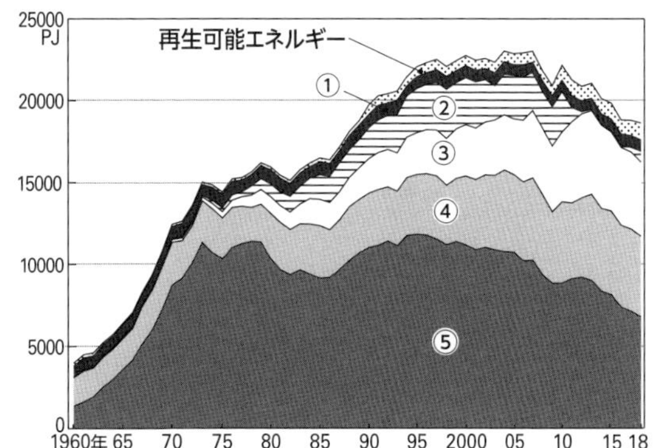

(2) 日本でも再生可能エネルギーの導入が進められているが，国内供給の割合はまだ低い。下の各発電方法のデメリットについて調べ，記入しなさい。

発電方法	デメリット	メリット
風力発電		枯渇しない 発電時にCO_2を出さない
太陽光発電		
地熱発電		
小水力発電		

◆第２章　資源と産業◆　教科書p.104～107

③工業（1）

1	
2	工業
3	
4	
5	
6	工業
7	
8	
9	工業
10	
11	
12	
13	
14	
15	
16	
17	
18	
19	
20	指向
21	指向
22	指向
23	
24	指向
25	
26	
27	
28	
29	工場

1　社会の発展と世界の工業化

工業の成立と発展	工業…原材料を（　1　）し，有用な製品をつくり出す産業 ①（　2　工業）…繊維（せんい）などの（　3　） ②（　4　）…18世紀末，（　5　）で（2工業）の機械化 （　6　工業）の発展…蒸気機関の導入 ③19世紀後半…軽工業（繊維，食品）→（　7　）（鉄鋼・機械工業） …（　8　）周辺や大都市に工場集中→工業地域の発展 ④19世紀末～20世紀前半…電力利用が普及→（　9　工業），化学工業，非鉄金属工業 ⑤20世紀後半…加工組立型工業の確立（自動車・家電製品） ⑥21世紀…（　10　＝ICT）による高性能化，小型化 工程の省力化…（　11　）→IoT，AIの活用
世界的な工業の発展	工業生産の変化 2000年…西欧諸国，アメリカ，日本などの先進工業国中心 2020年…（　12　）（＝ブラジル，ロシア，インド，中国，南アフリカ共和国），タイやマレーシアなどの（　13　）諸国，韓国，メキシコが増大 特に（　14　）の突出が際立つ 1990年代以降…（13）諸国の工業化：タイ，マレーシア 2000年代…（12）：国土，人口規模大。豊富な資源 →先進国が安価な（　15　）を求めて新興工業国へ進出 →一つの製品生産が1か国で完結しない（　16　）へ

2　工業の立地

立地条件と立地指向	（　17　）…原料資源や消費市場からの距離など （　18　）…それぞれの業種が求める（17）の傾向
	工業地域の法則性を理論化…（　19　）＝ドイツの経済学者 →輸送費の節約を重視 重量　製品　＜　原料　→原料産地の近くに立地…（　20　指向） 製品　＞　原料　→消費地の近くに立地…（　21　指向） 輸送費よりも労働力を重視（低コスト，専門性）…（　22　指向）
企業間分業と集積指向	自動車などの加工組立型工業…多数の（　23　）を組み合わせて製品へ…特定の技能者を求め工場集中→（　24　指向） →費用の節約や人材，情報獲得の利点…（　25　） 賃金上昇などの不利益回避のため，量産工場は（　26　）

地理の技能　分布から読む工業の立地指向

原料地指向	セメント工場…主原料となる（　27　）の産地に立地
港湾指向	製鉄所，石油化学工場…原料の輸入に便利な臨海部に立地
消費地指向	ビール工場…大量の（　28　）が必要→大消費地の近くに立地
集積指向	自動車工場…多くの部品，多くの（　29　工場）→特定地域に集中

基本問題 1　次の「世界の工業生産の変化」の2020年の図をみて，下の文章の空欄①～⑥を埋めなさい。

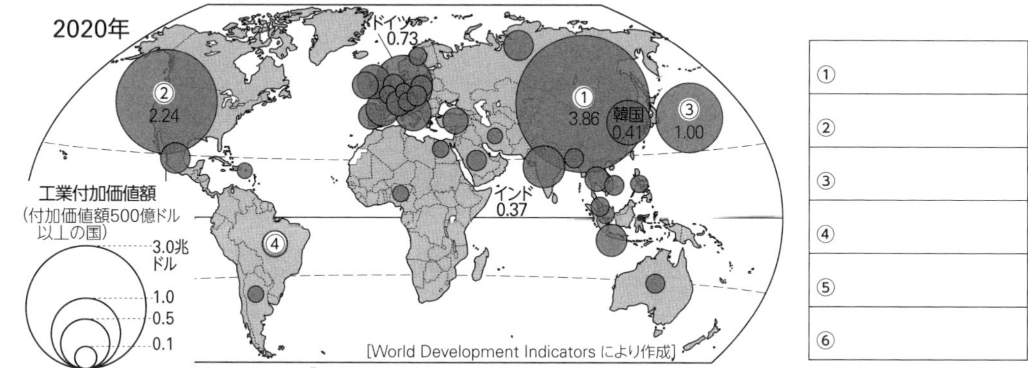

①
②
③
④
⑤
⑥

国別の工業付加価値額をみると，1位が(　①　)，2位が(　②　)，3位が(　③　)である。地域別では，北アメリカ，西ヨーロッパ諸国，東アジアの三つの地域が多い。このほかの地域では，BRICSとよばれる国の中でも成長が著しいインド，(　④　)，ロシアが多い。また，発展途上国ではインドネシアやタイなどの(　⑤　)の国々が多い。これに対し，(　⑥　)大陸では工業付加価値額500億ドル以上の国はみられない。発展途上国のなかでも，工業生産の面での格差が広がっていることがわかる。

標準問題 2　次のA～Dの分布図は，製鉄工場(所)，セメント工場，自動車工場，ビール工場のいずれかの分布を示している。それぞれあてはまる工場と，その立地指向について空欄に記入しなさい。

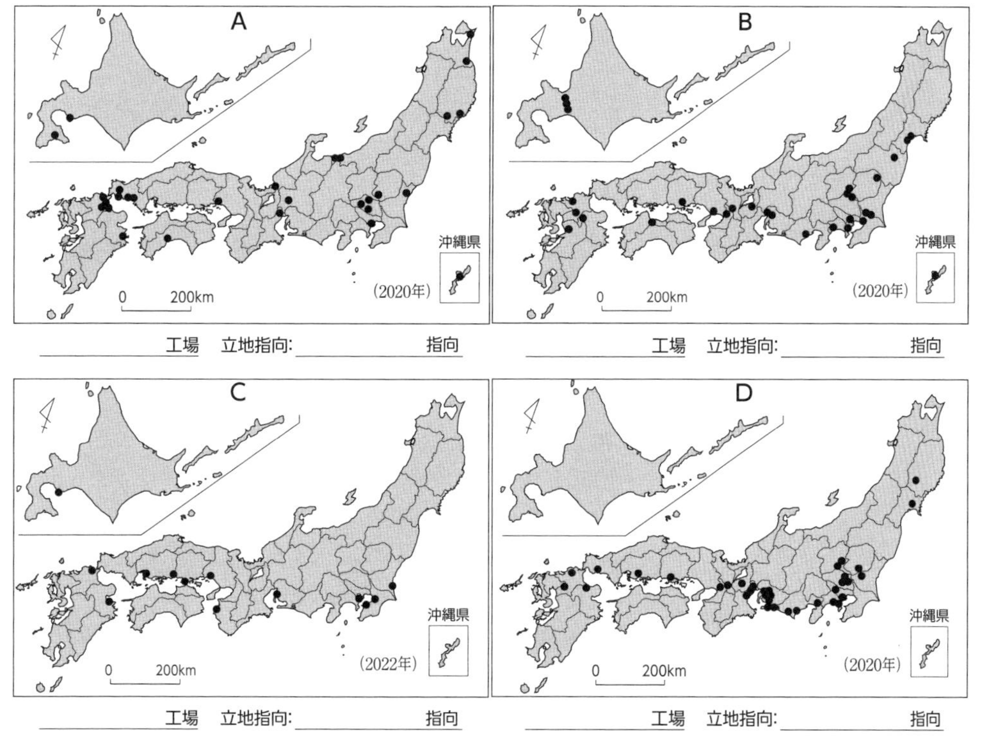

A：＿＿＿＿工場　立地指向：＿＿＿＿指向

B：＿＿＿＿工場　立地指向：＿＿＿＿指向

C：＿＿＿＿工場　立地指向：＿＿＿＿指向

D：＿＿＿＿工場　立地指向：＿＿＿＿指向

発展問題 3　工業の立地について，「集積の利益」とは何か。簡潔に説明しなさい。

◆第2章　資源と産業◆　教科書p.108～111

③工業（2）

3　工業地域の形成と変化

工業地域の形成	産業革命以前は水車が動力源…小河川沿いに農村工業が立地 (例) 14世紀のイギリス…ヨークシャー地域に（ 1 工業） 産業革命以降，工業地域が形成 (例) 19世紀のイギリス…ランカシャー地域に（ 2 工業） →燃料となる石炭産地付近の（ 3 指向）
繊維工業	（ 4 繊維）…羊毛，木綿，絹 （ 5 繊維）…ナイロンなど 労働力が安価な（ 6 ），インド，東南アジアで生産急増 （ 7 ）…製造期間短縮，コスト削減追求→途上国への工場進出 （ 8 ）…中小企業が集積。高付加価値の多品種少量生産
鉄鋼業	18世紀後半，石炭を使う製鉄法が確立。（3指向）の工業立地へ (例) イギリスの（ 9 工業地域），ドイツの（ 10 工業地域）， アメリカのアパラチア炭田に近い（ 11 ） （ 12 ）の技術革新，安価な鉄鉱石の輸入→（3指向）の見直し 港湾指向の（ 13 製鉄所）を建設 (例) アメリカの（ 14 ），ボルティモア，フランスの（ 15 ）， イタリアの（ 16 ）
石油化学工業	化学製品（プラスチック，化学繊維）をつくる （ 17 ）が主原料…石油化学コンビナートの形成 産油国は原料地指向 (例) アメリカのニューオーリンズや（ 18 ） 原油輸入国は港湾指向 (例) 日本の（ 19 ）の港湾地区

4　自動車工業の特徴と日本の海外生産

自動車工業の成長	自動車生産…欧米で1880年代に登場 →（ 20 ）による（ 21 方式）…基幹工業へ →自動車の普及により（ 22 ）の時代に 第二次世界大戦後…アメリカ，ドイツ，フランスがリード 1980年代…日本が生産台数世界一へ 2000年代…中国，韓国，インドで生産増加 現在，環境に配慮した（ 23 車）や電気自動車の開発が進む
総合組立産業	多分野の部品，企業間の分業化が進む （ 24 ）の形成…愛知県の（ 25 市），ドイツの（ 26 ），フランスのミュルーズ，アメリカの（ 27 ）
日本の自動車企業の海外生産	1960年代…アジアやオーストラリアへ（ 28 輸出） 1970年代後半…アメリカとの貿易摩擦が問題化 1980年代…貿易摩擦解消のため欧米で（ 29 ） 円高でのコスト削減→東南アジア，メキシコ，ブラジルに進出 1990年代…巨大な経済圏となったEU市場に進出 2000年代…中国など新興国，EUに加盟したチェコに進出 （ 30 ）の設定→東南アジアではタイに生産を集中

1　　　工業
2　　　工業
3　　　指向
4　　　繊維
5　　　繊維
6
7
8
9　　　工業地域
10　　　工業地域
11
12
13　　　製鉄所
14
15
16
17
18
19
20
21　　　方式
22
23　　　車
24
25　　　市
26
27
28　　　輸出
29
30

基本問題1 教科書p.109図5「ヨーロッパの主要製鉄所の分布」をみて，下の文の空欄①～⑦にあてはまる語を答えなさい。

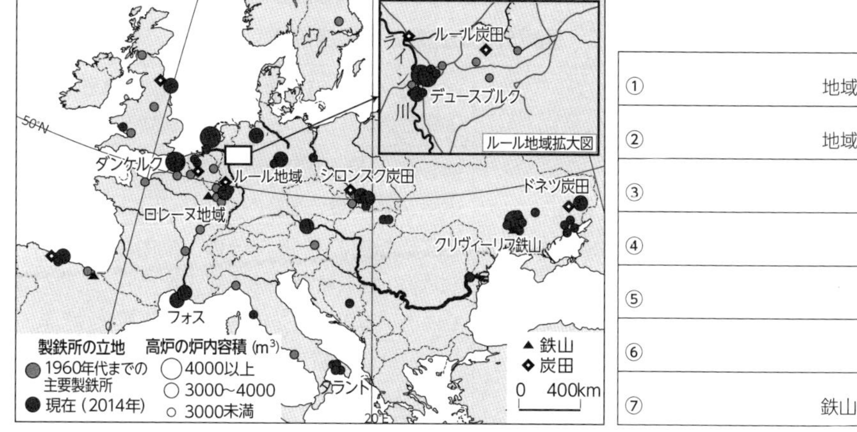

①	地域
②	地域
③	
④	
⑤	
⑥	
⑦	鉄山

1960年代までの主要な製鉄所は，ドイツの（ ① 地域）やフランスの（ ② 地域）のように，炭田や（ ③ ）がある原料の得やすい地域に立地していた。現在の製鉄所は，オランダのアイモイデンやイギリス東部のミドルズブラ，フランス北部の（ ④ ），フランス地中海沿岸の（ ⑤ ）などのように臨海部に多く立地する。製鉄所の立地移動は，資源の枯渇により原料を輸入するようになったことなどが原因である。イタリアの（ ⑥ ）の製鉄所は，国内経済の南北格差を是正するために建設されたものである。また，ヨーロッパの東部ではドネツ炭田や（ ⑦ 鉄山）のあるウクライナに大きな製鉄所が分布している。

標準問題2 図1「世界の自動車生産の推移」について，①～④にあてはまる国名を記入し，それぞれの国の自動車生産の状況についての解説をア)～エ)より選びなさい。

ア) 増加する中間所得層に向けた低価格車の販売など，生産が増加した。
イ) 生産量世界第1位の時期があったが，工場が海外へ移転し生産量が減った。
ウ) 経済成長により国内市場が拡大。世界一の自動車生産・消費国となった。
エ) 自動車の大量生産方式を確立した国。この国から始まった金融危機により一時的に生産量が低下した。

①		
③		

②		
④		

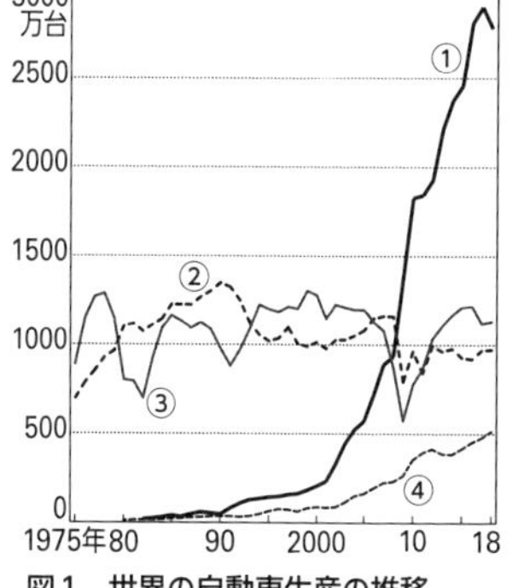

図1 世界の自動車生産の推移

発展問題3 図2「日本の自動車生産と輸出の推移」について設問に答えなさい。

(1) 1970年代の石油危機後，世界の自動車市場において日本車の需要が高まった。その理由について，空欄にあてはまる語句を答えなさい。

> 石油危機後は（① ）価格が高騰し，小型で（② ）のよい日本車の国際競争力が高まったため。

(2) 日本車の需要が高いのに対し，輸出は伸びず海外生産が増加を続けている。海外生産が伸びる理由について，空欄にあてはまる語句を答えなさい。

> 海外での生産を進め輸出を減らすことにより，（① ）の回避が図られた。また，現地生産によって海外の安い（② ）による生産コストの削減や，日本車の新たな（③ ）の獲得も可能になった。

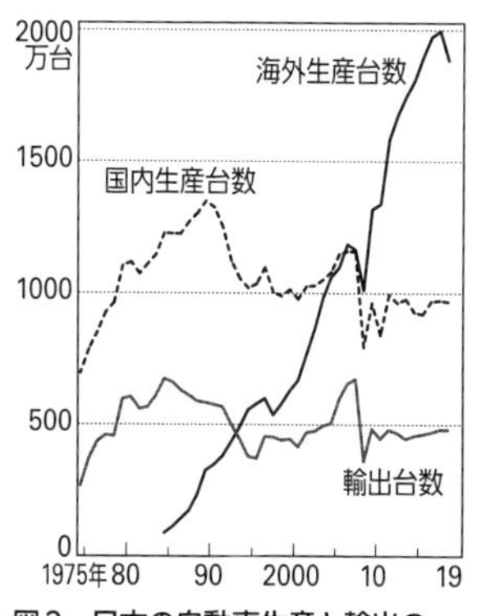

図2 日本の自動車生産と輸出の推移

◆第2章　資源と産業◆　教科書p.112～115

③工業（3）

1	分業
2	分業
3	型
4	型
5	
6	
7	
8	
9	
10	
11	州
12	
13	
14	
15	
16	な調達・消費
17	
18	企業
19	企業
20	
21	
22	災害

5　国際分業の進展と多国籍企業

国境をこえる工業生産	従来の国際分業	（　1　分業）…農産品・鉱産資源と工業製品の貿易 （　2　分業）…工業製品を貿易しあう
	新しい国際分業	一つの製品の製造工程が複数国にまたがる 同一産業内や企業内…部品や加工品などの中間財の貿易
	工業の転換…（　3　型）の工業化から（　4　型）の工業化へ （3型）…輸入依存から国産化を目的とした工業化 （4型）…製品輸出を目的とした工業化 （　5　）の設置で，外国企業に対する規制緩和 中国…（　6　），経済技術開発区を設置→発展のきっかけ	
生産コスト削減	（　7　）…複数の国に拠点，大規模な事業展開 安価な（　8　）を求めた対外進出 (例) 縫製業…手作業に頼る 工場：国内→中国→バングラデシュ ［要因］各国における賃金水準の変化	
現地生産へ	（　9　）の変動リスクを回避…外国に販売会社設立，工場移転 (例) 円高…輸入有利，輸出不利 円安…輸出有利，輸入不利 （　10　）の軽減のために現地生産が進むこともある	
グローバル時代の最適生産	複数国での分業生産…国際分業の複雑化 (例) 航空機，電子機器 アメリカの航空機…（　11　州）に最終組立工場 グローバル化する（　12　）…商品が消費者に届くまでの一連の流れ 多国籍企業は（　13　）を模索…各国の政治・経済の制度や制約	

6　工業生産のグローバル化に伴う諸課題

現地化を進める多国籍企業	（　14　）…現地のさまざまな状況に適応 例) 現地生産における多くの課題…製品の価格や仕様（しよう），雇用，取引先，職場の慣習（かんしゅう） 雇用維持のための（　15　）など
労働問題	安価な労働力を求めた先進国の企業進出 (12) の末端で生じる諸問題 (例) 不当労働，過酷な労働環境→（　16　な調達・消費）をめざす
サプライチェーンの新形態	（　17　）…製品の製造部門を他社に委託（いたく） （　18　企業）…すべての生産工程を外部委託 （　19　企業）…製品の設計・開発，販売までを請け負う企業 グローバル化による国際的な企業合併・買収（＝　20　）
国際的な工場分散	自動車工業…部品生産を特定の国に集約 2011年に（　21　）で起きた（　22　災害） →部品工場の操業停止，各国の自動車産業に損害 (12) の分散の重要性を認識

標準問題1　日本企業の海外進出に関する次の図をみて，下の文の空欄①～⑧に適する語句を記入しなさい。①～⑤と⑧には国名を入れること。

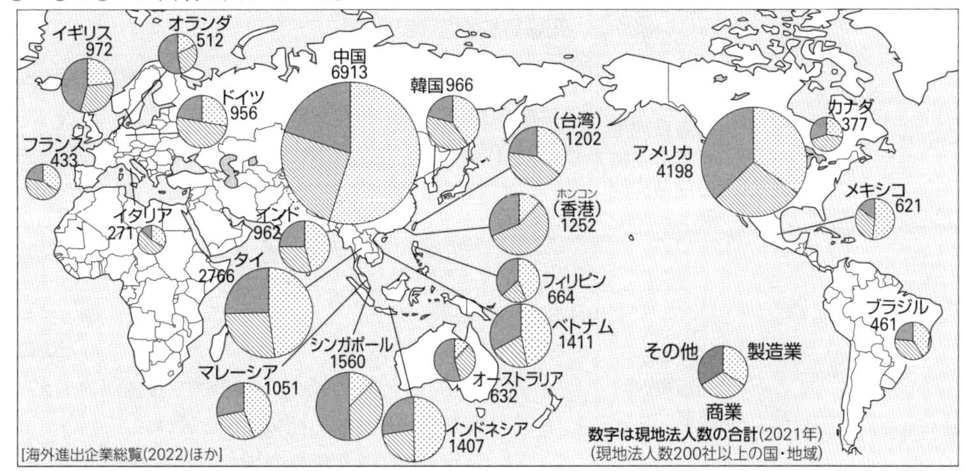

日本企業の海外現地法人数を国・地域別に比較すると，1位（　①　），2位（　②　），3位（　③　），4位（　④　），5位（　⑤　）となっており，地域別にみると東アジアから東南アジアにかけての地域と，北アメリカ，西ヨーロッパが多くなっている。

業種別では，アジアは（　⑥　）の割合が50％近くを占める国が多いのに対し，ヨーロッパは（　⑦　）の割合が高くなっている。また，アジアでも金融業が発達している(④)や香港では，商業の割合が高くなっている。南アメリカでは（　⑧　）での現地法人数が最も多い。これは鉄鉱石の輸入や移民などで，両国の経済的な結びつきが深くなっていることによると考えられる。

①	②	③	④
⑤	⑥	⑦	⑧

標準問題2　アジアの工業化の進展について，次の①～④の動きを古いものから順に並べ替えなさい。

→　→　→

① 輸入代替型の工業では市場が国内に限られ貿易赤字も解消しないため，国内の安価な労働力により外国市場での販売を目的とした輸出指向型へ政策の転換がはかられた。
② 先進国の企業の進出が進み，部品製造や組み立ての工程を国をこえて補完しあう国際分業が進んだ。
③ 工業化はアジアの新興工業経済地域(NIEs)で先行し，ASEAN諸国へと拡大した。
④ それまで輸入に依存してきた製品を国内で生産できるよう輸入規制や為替管理などが行われ，国内産業の育成・保護をはかる輸入代替型の工業化が進んだ。

発展問題3　p.112「国際分業の進展と多国籍企業」の記述を参考にして，国際分業のメリット・デメリットについてまとめた表を完成させなさい。

メリット	デメリット

◆第2章　資源と産業◆　教科書p.116～121

③工業（4）

番号	解答
1	産業
2	
3	
4	
5	
6	産業
7	
8	企業
9	
10	
11	生産
12	
13	地帯
14	型工業
15	ベルト
16	
17	
18	型工業
19	
20	
21	
22	
23	
24	
25	地域
26	区
27	市
28	産業
29	市
30	

新しい視点　知識集約型産業の発展

知識集約型産業の集積と地域的発展	（　1　産業）…科学技術や頭脳労働が生み出す高付加価値の産業 （1産業）の集積による発展…カリフォルニア州（　2　） 1960年代後半：半導体企業の誕生…多国籍企業，技術者の参入 開放的な雰囲気，人的交流…（　3　）の高まり
	フランス…（　4　）→航空宇宙産業 インド…（　5　）→（　6　=ICT産業）
成長する知識集約型産業	知識集約型産業…（　7　），ナノテクノロジー，遺伝子科学などの先端技術産業や映像，ゲーム，ファッションなどの創造産業 （　8　企業）による新技術の創出→独創的な技術，アイディア （　9　）…複数企業が大学，研究機関と連携 特定分野の技術開発を進める地域的単位
技術革新による変化	工業の生産工程…生産円滑化，効率化→（　10　=AI）やIoT （例）AIによるモニタリング，コンピュータによる機械の一元管理→需要変動，（　11　生産）に対応→（　12　）とよばれる

日本を知る　日本の工業　変化と課題

日本工業の歩みと工業立地	19世紀後半～20世紀初頭：紡績業の近代化→繊維工業 第一次世界大戦前までに（　13　地帯）の形成 第二次世界大戦後：（　14　型工業）の成長，（　15　ベルト）の形成 （例）（　16　），アルミニウム，石油化学 1973年：（　17　）を境に産業構造が変化 繊維工業に代わり（　18　型工業）が発達
産業構造の変化	1980年代：（　19　）傾向…自動車工場などの海外移転 1990年代：（　20　），東南アジア…多様な業種が移転 国内では工場閉鎖，規模縮小…（　21　）を懸念 （20）向け需要増…（14型工業）の輸出増 国内向け生産…付加価値の高い製品，中間財，工作機械に特化 外国との価格競争…雇用形態の変化，雇用の不安定化 （　22　）や間接雇用，技能実習生等の（　23　）の受け入れ
大都市の工業集積が果たす役割	日本の製造業…中小工場の割合（　24　）%，出荷額は半分 大工場の製品…中小工場がつくる部品で成立 中小工場の集積…大都市内に住宅と工場が混在…（　25　地域） （例）東京都（　26　区）・墨田区，大阪府（　27　市） →（11生産）による強い国際競争力
地場産業の危機と再生	（　28　産業）…地域内での社会的分業により発展 （例）新潟県（　29　市）・三条市…金属加工 福井県鯖江市…眼鏡 外国製品との競合，生産縮小→新製品づくりへ
工業立地の国内回帰	2000年代半ば～…中国の賃金上昇，製造拠点の国内回帰 国内立地の再評価…関連企業，顧客との技術的連携 新分野の研究開発拠点としての（　30　）の活用

④ 第３次産業

1　サービス経済化と社会の変化

第３次産業とは	第３次産業…無形の（　31　）を販売（飲食，教育など） 商業…卸売（おろしうり），小売 消費生活の多様化，物流網の発達により，（　32　）が多様化
産業構造の変化	（　33　の法則）…経済発展につれ，中心産業が変遷（へんせん）していく （　34　化）…第３次産業従事者の比率が高まること
ソサイエティ5.0	ドイツのインダストリー4.0に対して，日本は（　35　）を提唱 →ICTによる新たな社会変革 （　36　）などの巨大ICT企業に情報と富が集中する危険性も

31
32
33　の法則
34　化
35
36

標準問題 1　1980年代以降における日本の製造業の海外展開とその影響について述べた文として下線部が**適当でないもの**を，次の①～④のうちから一つ選びなさい。　（センター試験 2018年地理B追試験）

① 国際分業の進展に伴い，<u>アジアにおける域内貿易</u>が拡大した。
② 大企業による海外進出は，<u>国内における工場の閉鎖</u>を引き起こした。
③ 貿易摩擦を背景として，<u>アメリカ合衆国での自動車の現地生産</u>が進展した。
④ 輸出指向型の工業化政策に転換する国・地域が増えたことで，低付加価値製品の生産拠点を<u>西アジアに立地させる動き</u>が強まった。

標準問題 2　右下の産業別人口構成グラフに，表の値をもとに，中国，タイ，アメリカの各点を記入しなさい。また，下の文の空欄①～⑥に適する語句を語群から選んで記入しなさい。

【語群】　上　下　左　工業　サービス業　農業

表　産業別人口の割合（%）

国　名	調査年	第１次産業	第２次産業	第３次産業
日　本	1960 1980 2000 2018	33 11 5 4	29 34 30 24	38 55 64 72
中　国	2018	26	28	46
タ　イ	2018	32	23	45
アメリカ	2018	1	20	79

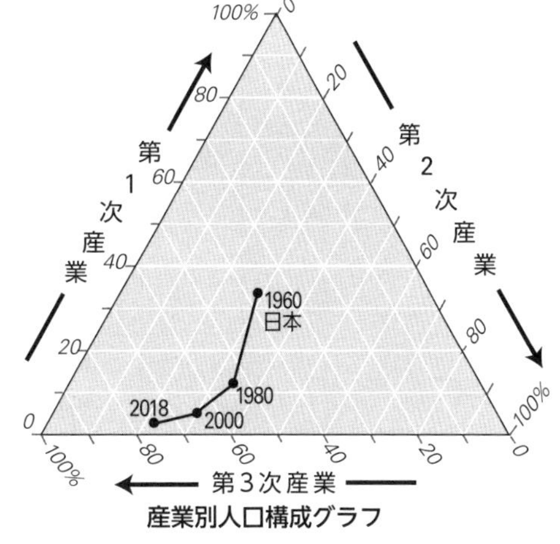

産業別人口構成グラフ

上のグラフにより各国の産業構造の違いを読み取れる。（　①　）従事者の割合が高いタイや中国は2018年の日本と比較して点の位置が（　②　）にある。産業構造の高度化が進んだ日本やアメリカでは（　③　）の割合が高いため，アメリカを示す点は三角形の底辺近くの（　④　）側に位置している。

産業構造の変化によって，点の位置は一般的に次のように移動する。農業中心の産業構造の時代は，点が三角形の（②）部にあるが，（　⑤　）の発展によって第2・3次産業の比率が高まると（　⑥　）の方向に移動する。産業の高度化が進むとさらに（④）方向へと移動する。日本でも同じような変化がみられる。

①	②	③	④	⑤	⑥

◆ 第3章　人・モノ・金のつながり ◆　　教科書p.122～124

① 交通・通信（1）

1　世界を結ぶ交通

輸送手段：徒歩→馬車→船舶，鉄道，自動車，航空機へと発展

輸送手段の発達により（　1　）を大幅に短縮

《輸送手段別の特徴》

自動車	○利便性が高い：道路網を自由に移動。戸口まで直送。小回りがきく ×長距離輸送に向かない：一度に輸送できる旅客数・貨物量は少ない 温室効果ガスの排出割合が相対的に高い 世界各地で（　2　＝車社会化）が進む 宅配便など（　3　）の発達→通信販売が急増
鉄道	○大量輸送，時間に正確，環境負荷少：長距離でも定刻で計画的に輸送可 ×敷設経費大，地形の制約あり：線路や駅の建設・維持費大 オーストラリアやロシアの内陸にある工業原料の鉱山から（　4　）までの長距離輸送に役立つ 先進国では（　5　鉄道）による都市間の旅客輸送が整備 (例)日本の（　6　），フランスの（　7　），ドイツの（　8　）， イギリス－ヨーロッパ大陸間の（　9　） 近年，自動車輸送からの転換（＝　10　）が進む （　11　輸送）の増加 路面電車や（　12　＝LRT）など近距離用路線が拡充
船舶	○大容量を低運賃で輸送：石油，石炭，鉱石，工業製品の輸送で活躍 ×自然の制約あり，速度が遅い：港湾の規模や水深の制約。移動速度遅い 石油は（　13　），鉱石は鉱石輸送用の（　14　）など大型専用船で輸送 （　15　都市）…シンガポールや上海，（　16　＝ユーロポート） （　17　）やそれを結ぶ（　18　）など，内陸水路による河川交通も重要 オランダやドイツの工業地帯の河港を結ぶ運河網…（　19　川），エルベ川
航空機	○短時間で輸送できる：２地点を最短コースで移動できる 長距離（　20　輸送）での利用が圧倒的に多い 高速化・（　21　化）がすすむ ×輸送費が高い，発着が空港のみ：貨物の種類や発着地が限定される 付加価値が高く軽量なものの輸送に向く …（　22　機械）や（　23　食料品）など （　24　空港）…フランクフルト，アラブ首長国連邦の（　25　）など 価格競争の激化…格安航空会社（＝　26　）の参入 空港の周囲には，先端技術産業の（　27　）や巨大な（　28　）が集中 成田国際空港の輸入額は全貿易港で日本一を誇る

1

2

3

4

5　鉄道

6

7

8

9

10

11　輸送

12

13

14

15　都市

16

17

18

19　川

20　輸送

21　化

22　機械

23　食料品

24　空港

25

26

27

28

基本問題1　教科書p.123図4「世界の主要航路網」をみて，下の空欄①～⑥に入る運河名や海峡名を記入しなさい。

①	運河
②	海峡
③	海峡
④	海峡
⑤	海峡
⑥	運河

シドニー
ルソン海峡
④ 海峡
スンダ海峡
シンガポール
プサン
上海
香港
ロサンゼルス
おもな貿易港
ニューヨーク
ドバイ
① 運河
ロッテルダム
ドーヴァー海峡
⑤ 海峡
③ 海峡
⑥ 運河
② 海峡
リオデジャネイロ
喜望峰

標準問題2　図のような，多くの路線の離発着先となる**空港A**について，説明文の(　)を記入しなさい。

空港Aはアメリカの都市(　①　)にある空港である。自転車の車輪のように，中心の(　②　)にあたる空港から放射線状に(　③　)がのびているように見えるため(②)空港とよばれる。世界的にみるとアラブ首長国連邦の(　④　)国際空港や，韓国の(　⑤　)国際空港からも周辺各地へのびており，(②)空港として知られる。

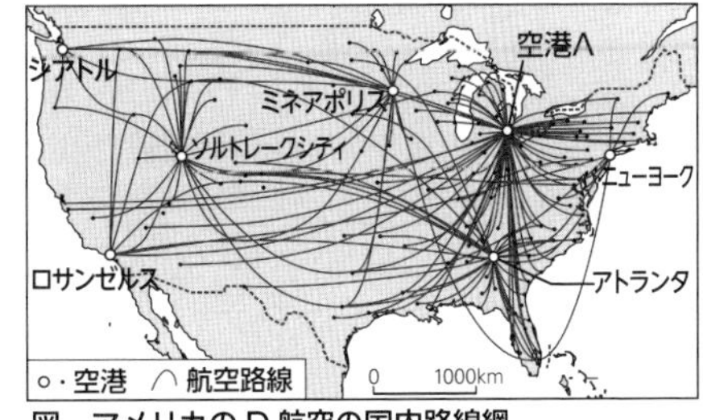

図　アメリカのD航空の国内路線網

①	②	③	④	⑤

発展問題3　次の日本のおもな「航空貨物の輸入品目」と「海上貨物の輸入品目」の統計を比較したAさんとBさんの会話について，空欄に入る語を記入しなさい。

日本のおもな航空貨物(2019年)

輸入品目	億円	%
医薬品	27 509	12.7
半導体等電子部品	22 599	10.5
事務用機器	16 684	7.7
科学光学機器(1)	14 101	6.5
航空機	8 250	3.8
航空機用内燃機関	6 752	3.1
電気計測機器	5 312	2.5
合計(その他共)	215 782	100.0

(1)カメラ・レンズ・計測機器など

日本のおもな海上貨物(2019年)

輸入品目	万トン	億円	数量%
石炭	18 618	25 282	25.2
原油	14 659	79 667	19.9
鉄鉱石	11 956	11 883	16.2
液化天然ガス	7 733	43 498	10.5
とうもろこし	1 598	3 841	2.2
チップ	1 217	2 600	1.6
液化石油ガス	1 052	5 327	1.4
塩	758	350	1.0
木材	604	3 566	0.8
合計(その他共)	73 793	567 981	100.0

Aさん「表を見ると航空貨物は(　①　)や半導体等電子部品といった重量も(　②　く)て，(　③　価値)も高い品目が多いね。」

Bさん「そうだね。もう一方の海上貨物は(　④　)や原油，鉄鉱石といった重量が(　⑤　い)ものが多いね。また，(　⑥　)も家畜の飼料として多く輸入されているようだね。」

Aさん「海に囲まれた国なのに，海上貨物の品目に(　⑦　)が1%もあるのが意外だね。」

Bさん「調べてみたら，工業用として使われるものの輸入が多いようだよ。」

①	
②	く
③	価値
④	
⑤	い
⑥	
⑦	

◆第3章　人・モノ・金のつながり◆　　教科書p.126～131

① 交通・通信（2）

2　世界を結ぶ通信

（　1　）：交通機関を利用した郵便→電話，ファクシミリ，無線，ラジオ，テレビ→通信衛星や（　2　）など通信設備の進歩により大量の情報を世界中に瞬時に伝達可能

情報通信技術（＝　3　）の発展…経済を左右，医療や防災などさまざまな分野で利用

インターネットの普及	電気通信：固定電話回線網→携帯電話など（　4　）が主流 回線網の整備が容易→ロシアやインド，アフリカなどで急速に普及 インターネット：多様なサービスをいつでもどこでも利用可能
生活の変化	（　5　＝eコマース）…買い物や送金，チケット予約など （　6　システム）…（　7　）を利用してキャッシュレス化が進む （　8　）…ネットを介して交流を楽しむ会員制サービス （　9　）…電子地図で目的地を検索し，経路を表示する （　10　）…電子メールやサーバでやり取りし，どこでも仕事が可能 （　11　）…オンラインゲームでスポーツを競い合う
情報格差	情報格差（＝　12　）…情報の発着信のしやすさによる，国同士，都市部と農村部，世代間の格差→経済格差にもつながる

新しい視点　交通・通信の発達と買い物行動の変化

商圏の変化	店舗が集客できる範囲（＝　13　）の変化 （　14　行動）…商品の性格などにより特徴づけられる 都市部の商業地…高価で購入回数の少ない（　15　品）を扱う百貨店 住宅地周辺…日用品など安価で購買回数が多い（　16　品）を扱う商店 モータリゼーション後…郊外にショッピングセンター （　17　法）改正（1991年）により大型店の郊外進出が加速
コンビニの発達	チェーン店方式により，（　18　ブランド）として安価な独自商品を開発 （　19　システム）を活用した顧客分析
通信販売の発達	通信販売：カタログ販売やテレビショッピング，オンライン販売 実店舗をもたずコストを抑えた（　20　販売）

日本を知る　日本の暮らしを支える交通とその課題

陸上交通	高速交通網である高速鉄道と（　21　）の発達 2011年に（　22　）の整備計画が決定，さらなる高速化を目指す 地方では，在来線の利用者減少が進み，経営合理化による（　23　化）
航空・海上交通	国内の（　24　路線）による人の移動増加 海上交通：港を中心に工業が発達。（　25　）では住民の生活に不可欠
都市と農山村の交通	都市：（　26　）が多いが，路面電車が見直されLRTの導入が進む 渋滞解消のため，郊外では（　27　）の整備が進む→沿線地域は活性化 農山村：公共交通機関の衰退→交通弱者が増加。過疎地域では（　28　）が問題→自治体が運営する（　29　）や乗り合い型の（　30　）を導入

1
2
3
4
5
6 　システム
7
8
9
10
11
12
13
14 　行動
15 　品
16 　品
17 　法
18 　ブランド
19 　システム
20 　販売
21
22
23 　化
24 　路線
25
26
27
28
29
30

標準問題1 次の「携帯電話と固定電話の普及率の推移」のグラフをみて，わかることを述べた次の文章の空欄①～⑤について，あてはまる語句を語群より選び答えなさい。

携帯電話は，固定電話と比べて回線網の整備が（　①　）であり，インフラが整わない（　②　）においても普及が急速に進んでいる。グラフをみると，日本の固定電話数は2015年現在100人当たり（　③　）台にとどまるが，携帯電話数は（　④　）人に1人は2台持つ計算になるまでに普及している。一方，（　⑤　）では固定電話の台数は伸びず，携帯電話の普及のみが急激に進んでいる。

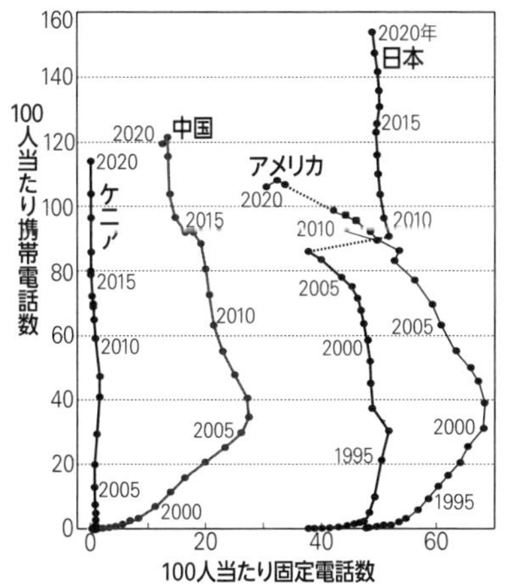

※ 日本の固定電話数は2009年よりIP電話を含む。

【語群】　中国　ケニア　容易　困難　先進国　発展途上国
50　40　6　5

①	②	③	④	⑤

標準問題2 インターネットの普及状況は国家間で異なっており，デジタルディバイドが生じている。次の表はいくつかの国におけるインターネット利用者率，都市人口率，1人当たりGNIを示したものであり，アメリカ，韓国，フィリピン，ナイジェリアのいずれかである。韓国に該当するものを，①～④のなかから選びなさい。
（センター試験2010年地理B本試験を更新）

	インターネット利用者率（%，2019年）	都市人口率（%，2015年）	1人当たり国民総所得(GNI)（ドル，2019年）
①	33.6	47.8	2 030
②	46.5	46.3	3 850
③	96.2	81.6	33 790
④	89.4	81.7	65 910

発展問題3 次の業態の異なるA店，B店，C店の商圏について，以下の問いに答えなさい。

A店　街道沿いの生鮮食品スーパー：店舗の規模は大きくなく，近隣の市町にも同じ品揃えの系列店が一つ以上ある。安く食料品や日用雑貨を揃えている。

B店　主要駅前の百貨店：駅に直結している大型店舗で，近隣市町に同じような店はないが隣県には似た店がある。高級で希少な商品もある。

C店　駅前のコンビニエンスストア：住宅街の駅前にある24時間営業のコンビニエンスストア。定額の日用品が一通りそろっている。

(1) A～Cの店舗への買物客は，最寄り品，買い回り品，どちらの購入が中心になるか記入しなさい。

A店	B店	C店

(2) A～Cの店舗のうち，商圏が一番狭いと考えられる店舗について，店舗名とその理由を記述しなさい。

店舗名：　　　店
理　由：

◆ 第3章　人・モノ・金のつながり ◆　　教科書 p.132 ～ 137

② 貿易・観光（1）

1 ________
2 ________
3 ________ 分業
4 ________ 問題
5 ________
6 ________ 分業
7 ________ 分業
8 ________
9 ________ 貿易
10 ________ 貿易
11 ________
12 ________
13 ________
14 ________
15 ________
16 ________
17 ________
18 ________
19 ________
20 ________
21 ________ 貿易
22 ________
23 ________
24 ________

1　世界を結ぶ貿易

（　1　）…国家間の物資やサービスの取り引き：輸入と輸出からなる
金融や特許，技術など，目にみえないものの売買…（　2　）

貿易構造の変化	1960年代まで：（　3　分業）がほとんど。発展途上国はモノカルチャー経済が拡大し，（　4　問題）が発生→（　5　）などの優遇策 1980年代：韓国などで輸出指向型工業が発達→（　6　分業）が盛んに 2000年代：（　7　分業）の拡大により世界の貿易額が急増
貿易に特化する国	小さな国や新興国，資源輸出国のなかには（　8　）が高い国もある （例）シンガポール，ジブチ，オランダ…（　9　貿易）が盛ん オランダ…輸出の多角化。アイルランド…医薬品の輸出に特化
貿易政策の発展	戦前：国内産業の保護のための（　10　貿易）が盛ん 戦後：IMF や GATT による貿易の自由化→貿易収支の不均衡による（　11　）が激化→世界貿易機関（WTO）が緊急輸入制限措置（＝　12　）を容認：自国産業の保護をはかる

2　世界と日本の貿易とその課題

地域的な経済連携		自由貿易協定（＝　13　）…貿易の自由化を目指し，特定の国や地域間で貿易上の障壁を削減，撤廃する協定 経済連携協定（＝　14　）…貿易の自由化に加え，投資や人的交流，（　15　）の保護，電子商取引など幅広い分野で連携する協定 （例）1993年発足の（　16　＝EU），1967年結成の（　17　＝ASEAN），1994年結成の北米自由貿易協定（NAFTA），1995年結成の南米南部共同市場（＝　18　）
経済統合に伴う課題		2010年以降は（10貿易）への動きも…環太平洋パートナーシップ（＝　19　）協定交渉からアメリカが離脱 2020年にNAFTAに代わり知的財産の保護や原産地規則を強化したアメリカ・メキシコ・カナダ協定（＝　20　）発効 現在：中国とアメリカの（11）。イギリスのEU離脱
日本の貿易	発展	戦前：繊維製品の（　21　貿易）中心 →戦後：自動車や電化製品，半導体などの工業製品の輸出増加。貿易黒字の拡大によりアメリカと（11）。1991年にアメリカからの牛肉やオレンジなどの（　22　）。品質の向上で対抗 1980年代後半以降，アジア諸国からの機械類の輸入増加 部品の組み立てを人件費の安い国で行う（7分業）も盛んに →一方で国内の製造業が衰退，工場の海外移転による（　23　）が進む
	課題	2000年代以降：（　24　）が減少…為替レートや景気，資源価格の変動が影響→アジア諸国との間では農産物の貿易が重要に 中国を中心に安価な農産品の輸入増。アジア諸国へ高級果物や加工品の輸出増

3 世界を結ぶ資金の流れ

投資	民間企業や個人が外国債券(さいけん)や株，通貨を購入するなど多様な形態 投資：海外企業に対する（ 25 投資）と海外企業から受ける（ 26 投資）
援助	政府開発援助（＝ 27 ）…発展途上地域の経済開発や平和構築が目的 資金や技術の提供，教育や健康に関する支援など 市民による自発的な活動…非政府組織（＝ 28 ），非営利団体（＝ 29 ）

25 投資
26 投資
27
28
29

基本問題1 教科書p.132 図❷を参考にして，次の各国の輸出額1位品目について色分けした世界図について，原材料・燃料が1位の国を赤で着色しなさい。

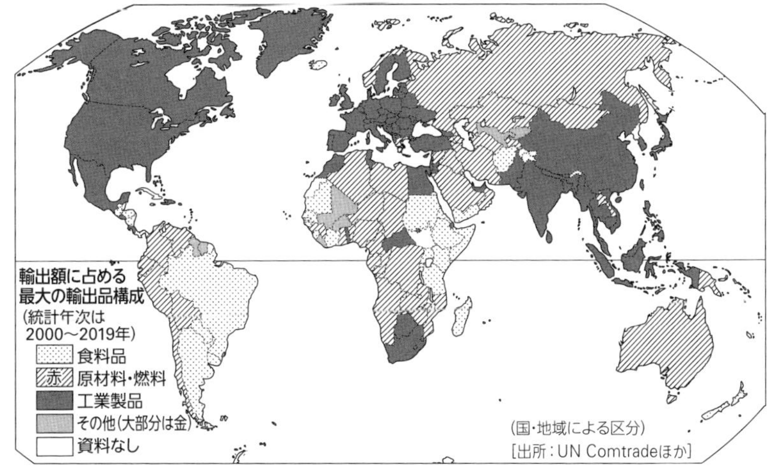

標準問題2 次の表は，ある国の2019年の輸出品目・輸入品目を記載している。A～Fに該当する国を国名群より選んで答えなさい。

【国名群】インドネシア　オーストラリア　サウジアラビア　中国　フランス　ベトナム

	国名	輸出	輸入
A		機械類，航空機，自動車，医薬品，アルコール類	機械類，自動車，医薬品，衣類，原油
B		機械類，衣類，繊維と織物，金属製品，自動車	機械類，原油，精密機械，原油，衣類
C		機械類，衣類，履物，繊維と織物，家具	機械類，繊維と織物，鉄鋼，プラスチック，精密機械
D		原油と石油製品，プラスチック，有機化合物	機械類，自動車，医薬品，鉄鋼，船舶
E		鉄鉱石，石炭，金（非貨幣用），肉類，機械類	機械類，自動車，石油製品，医薬品，原油
F		石炭，パーム油，機械類，天然ガス，衣類	機械類，石油製品，鉄鋼，化学製品，繊維と織物

発展問題3 右のグラフ「日本の1990年と2019年の輸出入品目」について解説した文中の空欄①～④にあてはまる語句を，語群から選び記入しなさい。

【語群】輸出　輸入　加工貿易　付加価値

①	② 割合
③ 割合	④

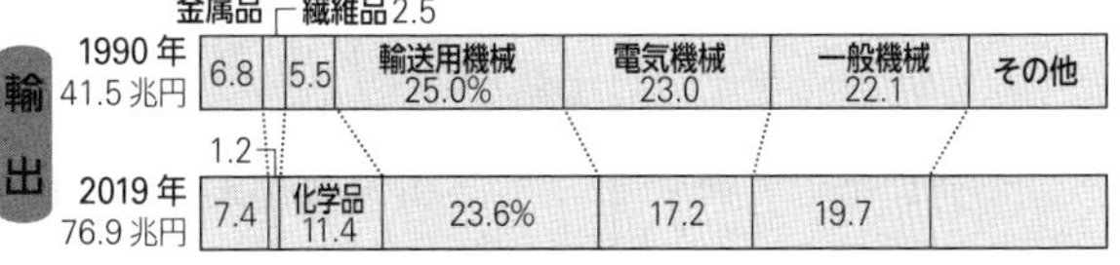

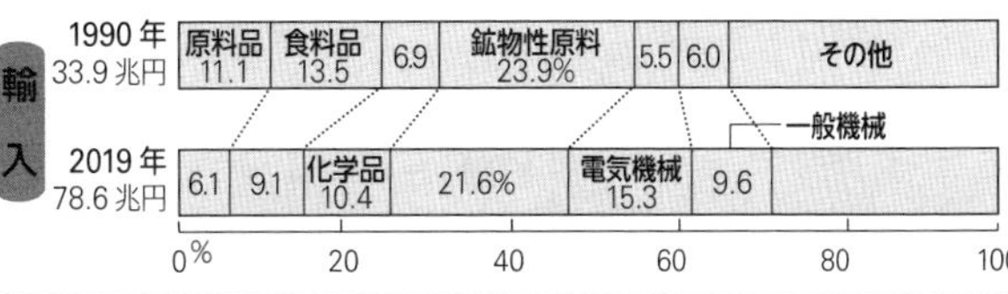

1990年の日本は（ ① ）中心であり，電気機械の（ ② 割合）が高かったが，中国や東南アジアなどで安価な電気機械が生産されるようになり，2019年には電気機械の（ ③ 割合）が増加している。日本は高機能で（ ④ ）の高い電気製品の生産・輸出への転換をはかっている。

◆第3章　人・モノ・金のつながり◆　教科書p.138～141

②貿易・観光（2）

1
2　産業
3
4
5
6
7
8
9
10
11
12
13
14　型
15
16
17
18　観光
19　・キャンペーン
20
21　渡航
22
23
24

4　世界を結ぶ観光とその課題

産業革命により所得の上昇と（　1　）の増加→余暇(よか)を楽しむ（　2　産業）が発達

観光の発展と多様化	1930年代：フランスで有給休暇が法制化→（　3　＝長期休暇）が盛んに 1950年代以降：所得の増加や交通の発達によって（　4　）が進む →（　5　＝保養地）に長期滞在する観光が定着 1980年代前後：観光の多様化 農山村の自然や文化を楽しむ（　6　）や短期滞在の都市観光も人気
国際観光時代の到来	1980年代以降：航空運賃の低価格化や外国の観光情報の広まり →（　7　）時代到来(とうらい)。観光収入の増加→（　8　）の重要性が高まる 2020年：（　9　）の広がりにより観光流動が激減 →国内（域内）観光重視へ政策転換→国内外とも経済回復へ
持続可能な観光地の発展	観光開発による道路や施設の建設，整備→（　10　）破壊も進む 2010年代：（　11　）による情報発信ブームにより，一部の観光地に観光客が集中したり迷惑行為によって地域住民の生活に支障が出たりする（　12　）が問題に →外国人訪問者が急増したイタリア，イギリス，日本の（　13　）

日本を知る　日本の観光とその課題

日本人の観光の特徴	かつて：団体で名所旧跡をめぐり温泉宿に宿泊する（　14　型） →1960年代：(4)の時代。海水浴やスキーなど野外での（　15　）が普及 →1980年代：個人旅行の増加。（　16　）やリゾートの大規模開発 →1990年代：バブル経済の崩壊により観光産業低迷。（　17　）のように自然環境に親しむ観光，都市で歴史や芸術に触(ふ)れるなど観光の多様化 円高により外国旅行も増加
インバウンド観光の発展	外国から観光客が訪問すること…（　18　観光） 2003年から日本政府は（　19　・キャンペーン）を開始 外国人旅行者の入国管理を緩和し，外国語の案内板や観光情報を発信する拠点整備などを推進 中国人観光客への（　20　）発給条件の緩和や，タイやマレーシアに（　21　渡航）を認める→外国人旅行者が急増
国内観光の課題	年末年始やゴールデンウィークなどの（　22　）の混雑 大都市から日帰り形態の旅行が増え宿泊客が減少 観光は（　23　）の重要な手段→農山村の(6)は大きな役割 観光を地域活性化や人口維持に結びつける必要性
新しい観光スタイル	日本の(18観光)…(9)により縮小 (5)地に滞在しながらリモートで仕事もこなす「（　24　）」も取り入れられる

基本問題1　教科書p.139図5を参考にして，GNIに占める観光収入の割合が10%以上の国のうち①～⑧の国名を答えなさい。

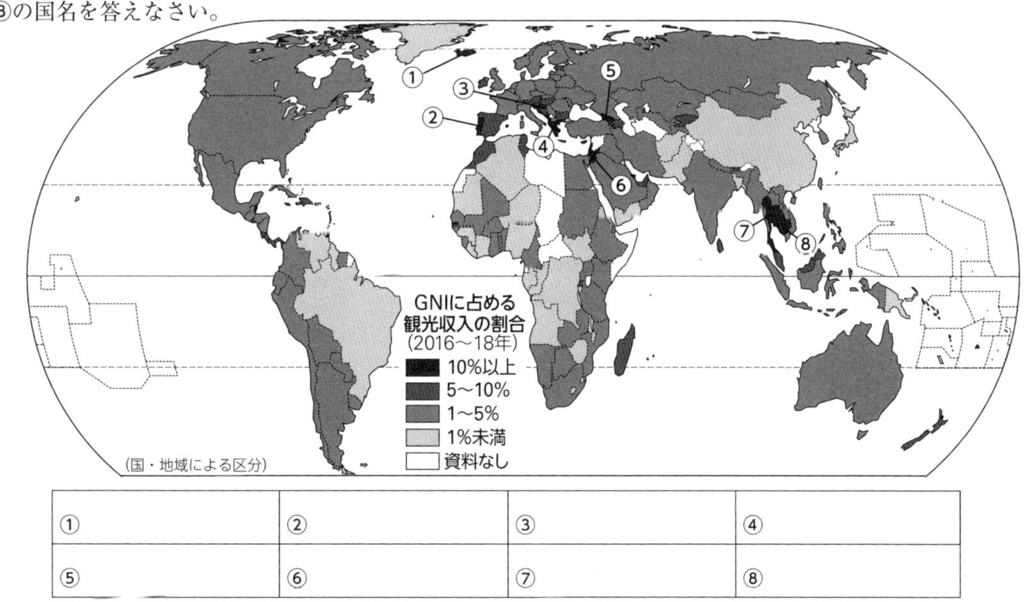

①	②	③	④
⑤	⑥	⑦	⑧

標準問題2　次の地域別国際観光客数の変化のグラフの空欄ア～エに入る地域名を，語群より選んで記号で答えなさい。

【語群】　A アフリカ　　B 南北アメリカ　　C ヨーロッパ　　D アジア・太平洋地域

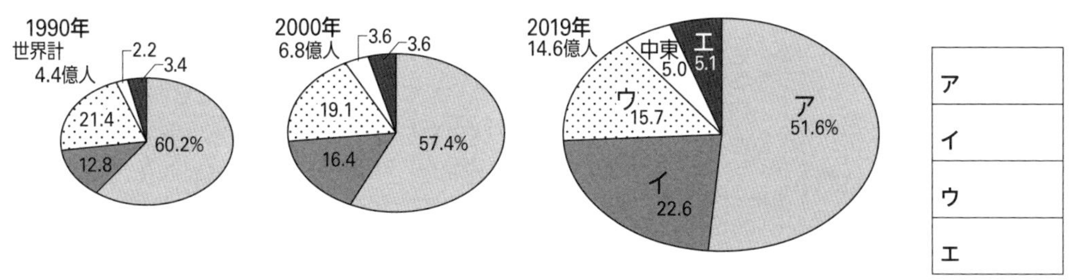

ア
イ
ウ
エ

発展問題3　海外旅行好きの日本人Aさんと日本に旅行へ行きたい中国人のBさんが国際電話をしています。会話の空欄①～⑥にあてはまる言葉を答えなさい。

日本人Aさん：「私は海外旅行が好きで，多くの国へ旅行に行きました。初めて海外へ行ったのは1987年で，日本は(　①　)景気の後押しもあって海外旅行者が増えたころです。1985年のプラザ合意当時に1ドル約250円だった相場は1ドル約140円まで円が(　②　)なり，海外旅行を安く楽しめました。」

中国人Bさん：「いいですね。私も日本に旅行へ行ってみたいです。日本政府は2003年から(　③　)キャンペーンをしていますね。中国でも日本に旅行へ行く人が増えました。(　④　)の発給条件が緩和されたのが嬉しいですね。」

日本人Aさん：「ぜひ日本に来てください。日本の世界遺産は(　⑤：一つあげる　)などがあります。また，農山村に滞在して自然や文化を楽しむ(　⑥　)も人気があります。来日したらぜひ案内します。」

①	②	③
④	⑤	⑥

◆ 第4章　人口，村落・都市 ◆　教科書p.142～145

①人口（1）

1
2
3　作
4
5
6
7
8
9
10
11　率
12　率
13
14
15
16　人口
17　人口
18　人口
19
20　型
21　型
22　型
23
24
25
26

1　人口の推移と分布

人口分布と居住条件	人間の居住地域…（　1　）。人間の非居住地域…（　2　） 人口密度の高い地域…適度な気温と降水（こうすい） →（　3　作）の発達する（　4　） 人口密度の低い地域…極地，高地，砂漠などの寒冷地や乾燥地，高温多湿の熱帯地域
急増する世界人口	(1)の拡大…生物学的適応，道具の作成，衣類・住居の利用 狩猟（しゅりょう）・採集の生活→定住化(農耕，家畜飼育) →人口増加 産業革命後…（　5　）。2086年より（　6　）の予測
人口支持力の変化	（　7　）の人口論…人口増加は等比数列的，食料生産は等差数列的に増加→将来の食料不足を警鐘 19世紀以降…人口急増，食料生産技術も向上…全人口を養える食料生産が可能 食料不足，飢餓（きが）…経済格差，（　8　）が原因 （　9　）…一定地域の人口を養う力。向上すれば，増加する人口を支えることが可能 環境への配慮を欠く経済活動…(9)低下のおそれ
人口減少する地域と人口増加する地域	世界人口…（　10　）〈（　11　率）－（　12　率）〉の変動で増減 第二次世界大戦後…(12率)低下による人口増加 →アジア，北アメリカ，ラテンアメリカ →今後の増加の中心は（　13　）。欧米の増加率は高くない 今後…(11率)低下と（　14　）が進み，各地で(6)の予測

2　人口構成と人口転換

人口構成と人口ピラミッド	（　15　）…人口構成を性別，年齢別に分けてグラフ化 人口の3区分…0～14歳：（　16　人口），15～64歳：（　17　人口），65歳以上：（　18　人口）
人口増加と人口転換	（　19　＝人口革命）…多産多死→多産少死→少産少死 人口ピラミッドの変化…（　20　型）→（　21　型）→釣（つ）り鐘（がね）型→（　22　型） 先進国の(11率)低下…(10)はマイナス。(6)へ

地理の技能　階級区分図と散布図から読む人口増加

階級区分図	統計数値に合わせて色調を塗り分けた区分図
散布（さんぷ）図	縦軸，横軸の二つの指標に対応したデータを点で示した分布図 合計特殊出生率と乳幼児死亡率…（　23　）を読み取れる 合計特殊出生率と女性の教育年数…（　24　）を読み取れる
読図	合計特殊出生率…女性が生涯に出産する子の数の平均 （　25　）…静止人口になるときの合計特殊出生率 先進国では一般に約（　26　）とされる

基本問題1　右の表は，日本とエチオピアの性別年齢別人口構成を示している。

① 表の値を使い，エチオピアの人口ピラミッドを作成しなさい。

② 日本とエチオピアの人口ピラミッドを比べ，以下の空欄を埋めなさい。

エチオピアは日本よりも，合計特殊出生率は ＿＿＿＿い。
乳幼児死亡率は ＿＿＿＿い。
高齢化率は ＿＿＿＿い。

	日本(2021年)		エチオピア(2020年)	
	男	女	男	女
90歳以上	0.5	1.3	…	…
85～90	1.1	2.0	…	…
80～84	1.8	2.5	0.2	0.2
75～79	2.5	3.1	0.3	0.3
70～74	3.5	4.0	0.4	0.4
65～69	3.2	3.3	0.6	0.6
60～64	2.9	3.0	0.9	0.9
55～59	3.2	3.2	1.1	1.2
50～54	3.5	3.4	1.5	1.5
45～49	4.0	3.9	1.8	1.9
40～44	3.4	3.3	2.4	2.5
35～39	3.0	2.9	3.0	3.1
30～34	2.7	2.5	3.7	3.7
25～29	2.5	2.4	4.4	4.3
20～24	2.5	2.3	5.0	4.9
15～19	2.3	2.2	5.6	5.4
10～14	2.2	2.1	5.9	5.8
5～9	2.1	2.0	6.5	6.3
0～4	1.9	1.8	6.9	6.6
計	48.8	51.2	50.2	49.8

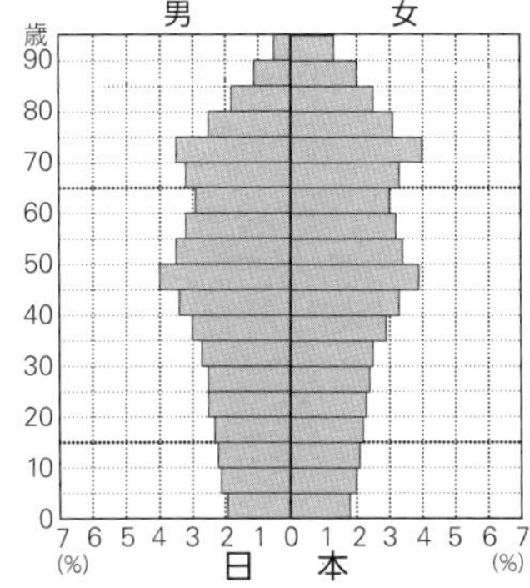

日　本

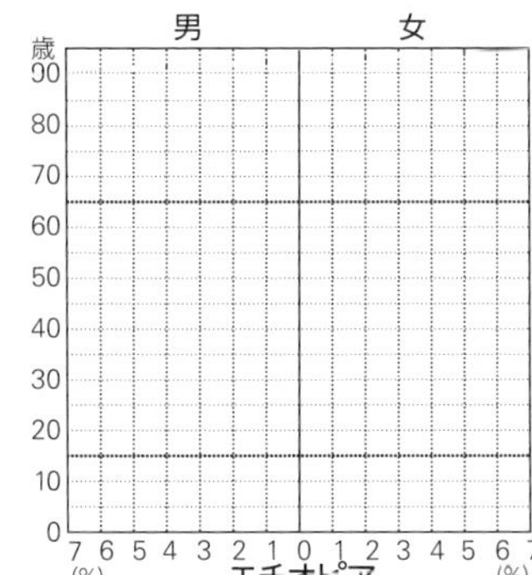

エチオピア

標準問題2　次の①～④のピラミッドは，フィリピン，ウガンダ，ドイツ，アルゼンチンのいずれかの国のものである。それぞれ適切な国名と，人口ピラミッドの型名，人口転換の型名をそれぞれ答えなさい。

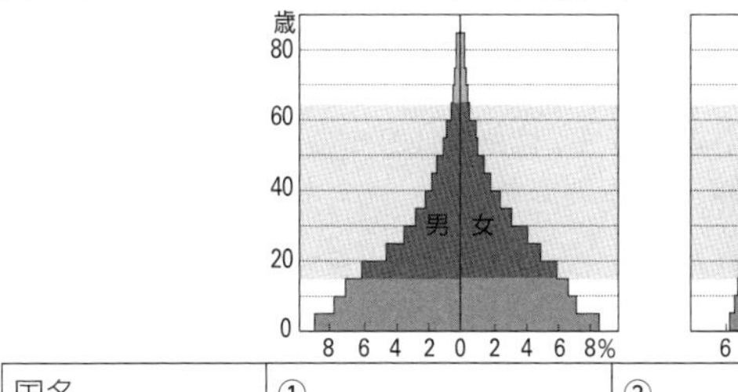

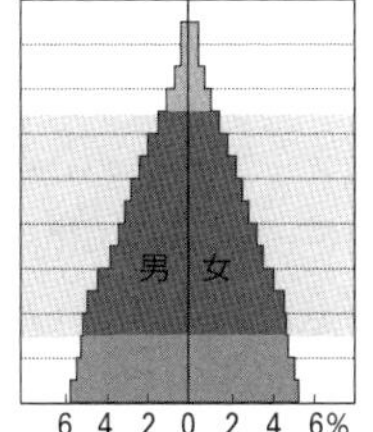

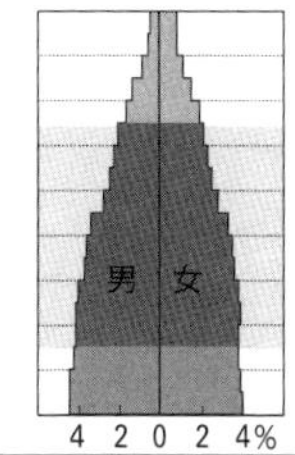

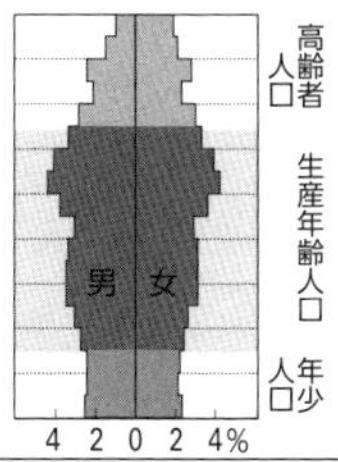

国名	①	②	③	④
ピラミッドの型	A　型	B　型	C　型	D　型
人口転換の型	ア　型	イ　型	ウ　型	エ　型

発展問題3　次に示す教科書p.142図1「世界の人口密度」の一部とケッペンによる乾燥帯，寒帯の分布図を参考に，人口密度の低い地域の特徴を説明しなさい。

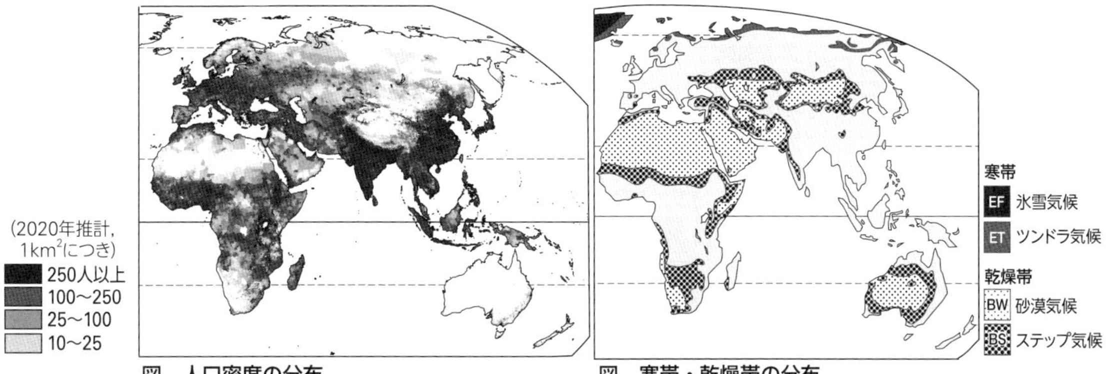

図　人口密度の分布
図　寒帯・乾燥帯の分布

分布の特徴：

◆第4章　人口，村落・都市◆　　教科書p.146～151

① 人口（2）

1 　増加
2 　増加
3
4
5
6
7
8
9
10
11 　主義
12 　主義
13
14
15
16
17 　率
18 　平等
19 　ヘルス／ライツ
20
21
22
23
24
25 　指数
26 　の世代
27 　化
28 　化
29
30

3　人口移動

国際人口移動	（　1　増加）…出生数－死亡数，（　2　増加）…流入数－流出数 （　3　）…国境をこえる国際移動→増加傾向，要因はさまざま
生まれた土地を離れる理由	よりよい生活を求めて自発的に移動する（　4　） …（　5　）・華人（かじん），インド系の（　6　） 高収入の地域…第二次世界大戦後の（　7　），石油危機後の西アジアの（　8　） 強制的な移動…宗教的迫害（はくがい），奴隷（どれい）貿易
難民と国内避難民	（　9　）…人種，宗教，政治的意見などの理由で迫害 （　10　）…居住地を追われ国境をこえずに避難生活
人口移動による問題	移民の受け入れ…国家により異なる方針 （　11　主義）…文化などを尊重し，移住先での人権も認める （　12　主義）…移住先の文化・慣習などを移民が受け入れる （　13　）…社会的少数者。排斥（はいせき）の動きが生じることもある

4　人口増加地域，減少地域の人口問題

人口増加地域	（　14　）…生産年齢人口　＞　年少人口，高齢者人口 （　15　）…生産年齢人口　＜　年少人口，高齢者人口
ナイジェリア	人口2.1億→2050年には3.7億→2100年には5.5億の見込み （　16　）の人口が世界最多 子が家計補助，貧しさゆえ多産→（　17　率）低下，女性の地位向上が課題…（　18　平等），（　19　ヘルス／ライツ）
人口減少地域	高齢化率…（　20　）％をこえる＝高齢化社会 （　21　）％をこえる＝高齢社会 （　22　）％をこえる＝超高齢社会 (15)により（　23　）の負担大→労働市場，経済成長縮小
ヨーロッパの対応	少子化対策…フランス，スウェーデンは合計特殊出生率回復 結婚，出産，子育て，就労など幅広い環境整備

日本を知る　日本の人口問題

急激な高齢化	（　24　）…高齢化率7～14％までの所要年数→日本は24年 （　25　指数）…高齢者1人当たりの生産年齢人口の数→2050年に1.4人
高齢化と少子化	人口減少…都道府県により差がある。高齢化は秋田県で最も進む 大都市圏…（　26　の世代）の高齢化への対応が課題
少子化の要因	①家族主義的価値観，伝統的因習，②女性の労働力参加が低い ③結婚制度が厳格→結婚が遅れる（　27　化） 結婚をしない（　28　化）
少子高齢化への対応	少子高齢化への対応…結婚支援，働き方改革，公的年金，介護・医療制度…（　29　）に配慮した社会を目指す 外国人労働者…「（　30　）」の在留資格を新設

基本問題1　これまでに生じた国際的な人の移動について述べた文として**適当でないもの**を，次の①～④のうちから一つ選びなさい。　（センター試験2014年地理Ａ追試験）

① 東南アジアでは，中国人が流入して華人社会を形成した。
② ハワイでは，日本人がさとうきび農場の労働者として流入した。
③ 旧西ドイツ地域では，トルコ人を中心に外国人労働者が流入した。
④ アメリカ合衆国では，北東部の大都市を中心にメキシコ人が流入した。

標準問題2　次の図のＡ～Ｄは，日本，アメリカ，スウェーデン，韓国の4か国の合計特殊出生率と，高齢化率の推移をあらわしたものである。あてはまる国名を答えなさい。

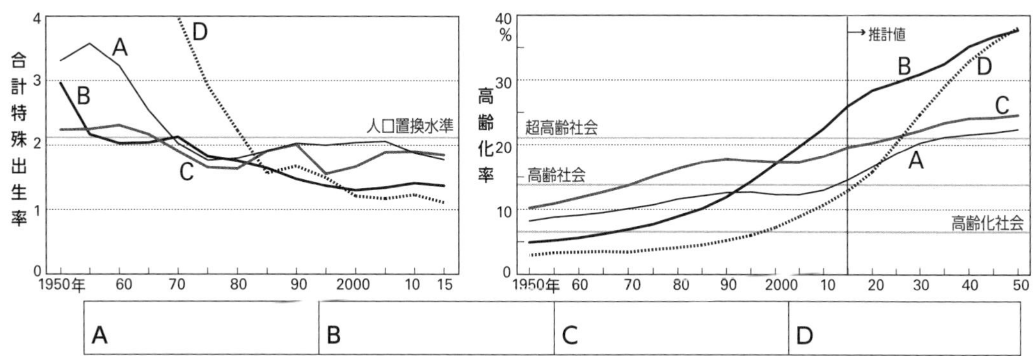

A	B	C	D

発展問題3　下の高齢者人口割合の表をみて，右の図を凡例にしたがって着色しなさい。また，作業を参考にして文章中の空欄①～④に適する語句を記入しなさい。

高齢者人口の割合(%)
赤　33%以上
青　29%以下

都道府県	65歳以上人口	都道府県	65歳以上人口	都道府県	65歳以上人口	都道府県	65歳以上人口
北海道	31.9	東京	22.7	滋賀	26.1	香川	31.1
青森	33.4	神奈川	25.2	京都	29.2	愛媛	32.7
岩手	33.4	新潟	32.5	大阪	27.0	高知	35.1
宮城	28.2	富山	32.1	兵庫	28.5	福岡	27.6
秋田	37.2	石川	29.6	奈良	31.2	佐賀	30.3
山形	33.7	福井	30.2	和歌山	32.8	長崎	32.8
福島	31.3	山梨	30.6	鳥取	32.0	熊本	31.2
茨城	29.3	長野	31.6	島根	34.1	大分	32.9
栃木	28.8	岐阜	30.0	岡山	30.0	宮崎	32.3
群馬	29.7	静岡	29.8	広島	29.2	鹿児島	32.1
埼玉	26.5	愛知	25.0	山口	34.4	沖縄	22.4
千葉	27.2	三重	29.6	徳島	33.3	**全国**	**28.2**

(2021年，%)　［住民基本台帳人口・世帯数表］

都道府県別にみた高齢者人口の割合が29%以下の地域は，東京・名古屋・大阪の(　①　圏)にあたり，特に東京圏においては，周辺の広い地域において高齢者人口割合が低く，産業や雇用の(　②　)が進んでいることがわかる。これは，若年労働力が流入していることも影響している。また，地方においては，(　③　県)と福岡県で高齢者人口割合が低く，これらの県はそれぞれ東北地方，九州地方の中心となる県であり，商業機能や行政機能が発達する政令指定都市を県庁所在地にもっている。一方で，高齢者人口割合が33%以上の県は，(　④　県)，島根県，山口県，高知県であり，(①圏)からの距離が遠く，産業の衰退や人口の流出，高齢化が進行している。

①　　　圏	②	③　　　県	④　　　県

◆第4章　人口，村落・都市◆　　教科書p.152～155

②村落・都市（1）

1 ……
2 ……
3 ……
4 ……
5 …… 側
6 ……
7 …… 集落
8 ……
9 …… 集落
10 …… 集落
11 ……
12 ……
13 …… 村
14 …… 村
15 …… 村
16 …… 村
17 …… 村
18 …… 村
19 …… 町
20 …… 町
21 …… 制
22 …… 運動
23 …… 平野
24 …… 制
25 ……
26 …… 時代
27 …… 集落
28 …… 時代
29 …… 状

1　集落の成り立ちと機能

集落の立地	（　1　）…社会生活の基盤となる空間。村落と都市に大別 →自然条件や社会条件のもとで成立 立地要因の例【自然条件】 ①水を得やすい 湖岸や（　2　）のほとり 山麓(さんろく)や扇状地の（　3　），台地の（　4　） ②日当たりのよさ 日向(ひなた)斜面になる北半球の（　5　側）斜面 ③水害被害の軽減 （　6　）や浜堤(ひんてい)などの微高地(びこうち) 立地要因の例【社会条件】 ①外敵や疫病(えきびょう)から身を守るための（　7　集落） ②生産活動に適した平野 ③陸上や海上の交通や交易(こうえき)に便利な（　8　）沿いや海岸付近 集落の例【日本】 （　9　集落）…水害に備えて集落の周囲を堤防で囲む （　10　集落）…外敵への備えや灌漑(かんがい)のため周囲を堀で囲む
村落の機能	（　11　）…農林漁業などの生業(せいぎょう)の施設や社会生活の施設で構成 →共同作業や祭りなどを通した（　12　＝コミュニティ）が形成
村落の形態	家屋の分布によって（　13　村）と（　14　村）に大別 （13村）…多くの家屋が密集する形態 ①（　15　村）…家屋が不規則な塊(かたまり)。水を得やすい場所や微高地 ②（　16　村）…家屋が列状に分布。浜堤や自然堤防上に発達 （例）（　17　村）…家屋が道路や水路などに沿って並ぶ （　18　村）…寺社参詣(さんけい)路沿いの（　19　町） 街道沿いの（　20　町） （14村）…家屋が1戸ずつ孤立する形態 →政策による農地開発や整理統合，地形的な制約で形成 ①アメリカで（　21　制）による開拓によって誕生 ②イギリスなどで（　22　運動）によって誕生 ③日本では水田地帯に不規則に点在。富山県（　23　平野）など

地理の技能　**地形図で読み解く村落の機能と形態**

古代の村落 （奈良盆地）	古代の（　24　制）による整然とした土地区画 格子状に直交する道路や水路，四角形のため池 「○（　25　）」や「○之坪」などの地名に名残(なごり)がある 各集落は数十戸からなる（15村）形態
近世の村落 （三富新田）	（　26　時代）に計画的に開拓された（　27　集落） 短冊(たんざく)状の区画をもつ農家が道路に面して並ぶ 道路側から家屋，耕地，雑木(ぞうき)林が配される
近代の村落 （屯田兵村(とんでんへいそん)）	（　28　時代）に北海道の開拓と警備のために計画的に造成 （　29　状）の道路網など整然とした地割りが特徴

基本問題1　次のA～Dは，村落の家屋の分布のようすを模式的にあらわしたものである。村落の形態により分類した右の表に，A～Dを記入しなさい。

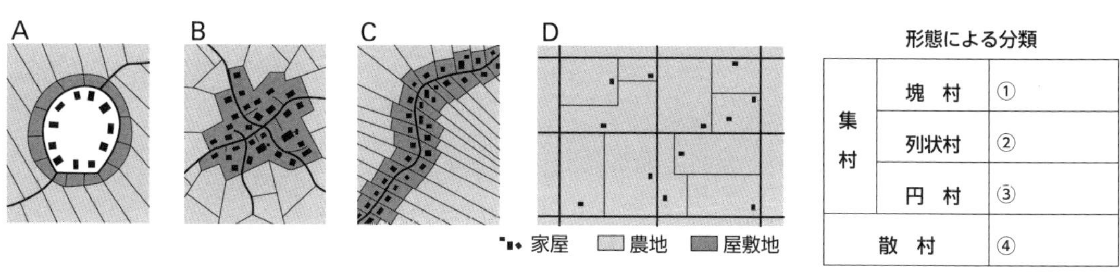

形態による分類

集村	塊　村	①
	列状村	②
	円　村	③
散　村		④

標準問題2　次の図に示されたA～Dの集落は，それぞれ主にどのような理由で形成された集落か，下の①～③より一つずつ選びなさい。なお，①～③は複数回使用してもよい。

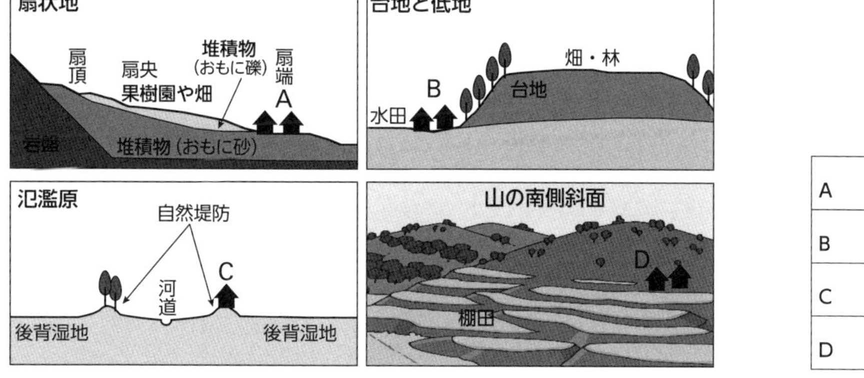

A
B
C
D

① 水害などの自然災害から集落を守るため　② 生活に必要な水が得やすいため
③ 日当たりがよいため

発展問題3　次の図1は，路村形態の集落の伝統的な構造を示したものであり，図2の地形図は江戸時代から続く路村形態の地域をあらわしたもので，都市化の進行を読み取ることができる。この地域では，伝統的には雑木林に利用されていた多くの場所が工場などに変化している。その理由を，下のヒントを参考にして70字程度で述べなさい。

【ヒント】
- ここは埼玉県南部の三芳(みよし)町で，東京都との境界までは5kmほどの場所である。
- 現在は，家庭の熱源として，電気やガスが使われている。

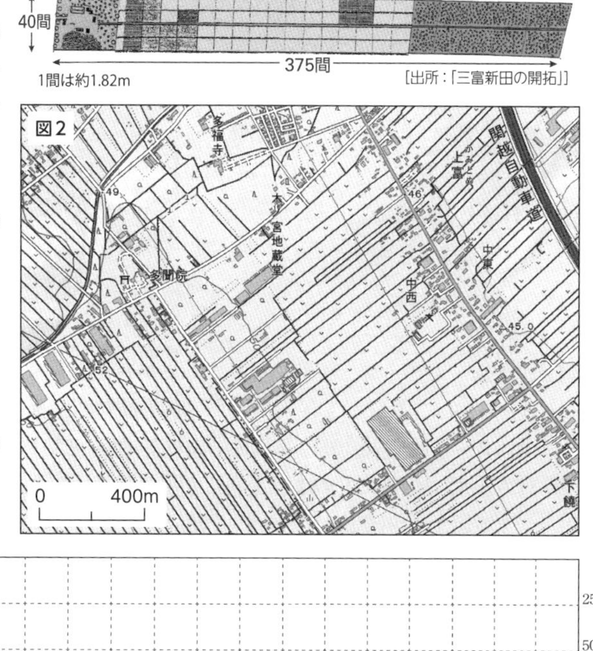

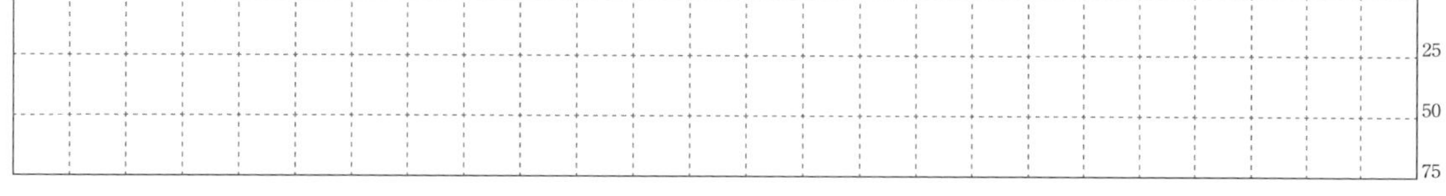

◆ 第4章　人口，村落・都市 ◆　　教科書p.154～155

地理の技能・地形図読図（3）

基本問題 1　下の地形図は，奈良県大和郡山(やまとこおりやま)市の集落をあらわしたものである。

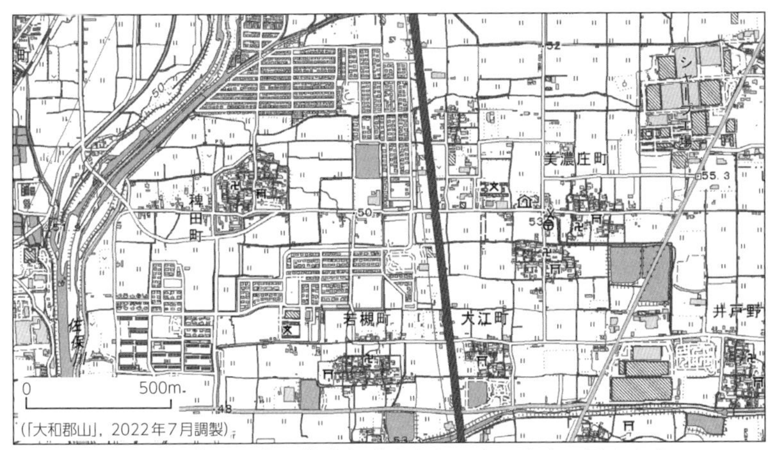

（「大和郡山」，2022年7月調製）

(1) 地図上の集落のうち，古い集落と考えられるものを赤で囲みなさい。

【ヒント】古い集落は，集落内の道が不規則であり，集落のなかに神社や寺がある。

(2) この地域の特徴的な集落について，上空写真も参考に，①～④のうち**誤っているもの**を一つ選びなさい。

① 稗田(ひえだ)町の集落は塊村形態で，水路や道路による区割がみられる。
② 稗田町の集落は農業用水を確保する必要から周囲に堀を築いている。
③ 地図上に多くみられるため池は，佐保(さほ)川から引いている。
④ 農村地帯に新興住宅地や工場が立地し，その地区の内部の道路は整然としている。

基本問題 2　下の3枚の地形図は，列状に並んだ集落をあらわしている。

(1) 地図A～Cのうち，列状に並んでいる集落が読み取れる場所を，図中の①～⑤からすべて選びなさい。

(2) 地図A～Cは，㋐宿場町，㋑浜堤上の集落，㋒自然堤防上の集落のいずれかである。また下の文章ア）～ウ）はA～Cの集落にどのような利点があり集落が立地したのかを示したものである。それぞれの地図に該当する記号㋐～㋒と，ア）～ウ）を記入しなさい。

A　／	B　／	C　／

ア）砂浜海岸と平行する微高地（浜堤）に居住することで，高潮や津波から住宅を守るため。
イ）中山道の山間部の街道沿いにあたり，人々や物資の中継点となったため。
ウ）川沿いの微高地である自然堤防に居住することで，河川の氾濫時に浸水から免れられるため。

標準問題3　社会や経済の変化は，伝統的な村落にも影響をおよぼす。次の図は，富山県の砺波（となみ）平野のある地域における，1963年と2009年の同範囲の空中写真である。写真に関連することがらについて述べた文章中の下線部①～④のうちから，**適当でないもの**を一つ選びなさい。　〔共通テスト2022年 地理B本試〕

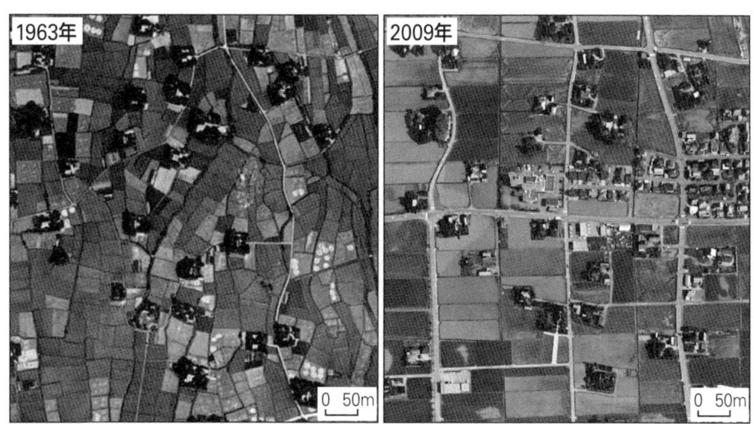

この村落では，水田や畑などの耕地の中に伝統的な家屋が数十mから数百m間隔で並んでいる。1960年代以降，<u>①農業の機械化や効率化のため，耕地は，一つの区画が広くなるように長方形状に区切り直された</u>。また，<u>②モータリゼーションに対応するため，かつての耕地を区切るあぜ道のほとんどが，舗装されて幅の広い道路に変わった</u>。この地域では，1963年から2009年の間に<u>③人口増加や核家族化の進展に伴い，耕地の一部は住宅地となった</u>。<u>④1戸当たりの敷地面積は，近年建てられた住宅よりも，伝統的な家屋の方が広い傾向がみられる</u>。

標準問題4　下の地形図は，屯田兵（とんでんへい）村として開かれた北海道の東旭川と十勝清水の開拓地を示している。

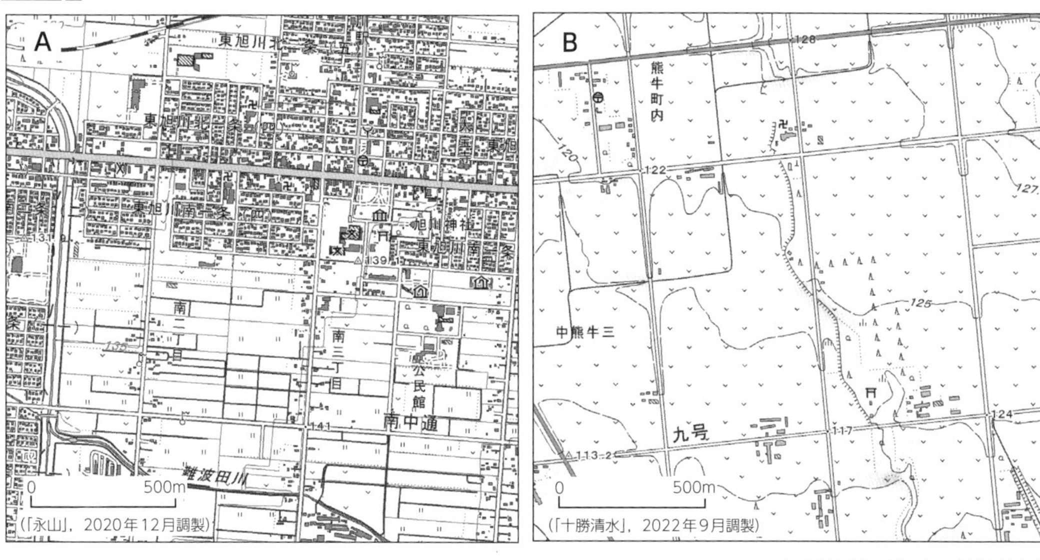

(1) 資料Cを参考にして，地形図Aの当時の土地区画について，赤で記入しなさい。

(2) 地形図Bの列状に連なる針葉樹林の地図記号を緑で着色し，その役割を書きなさい。

(3) AとBの集落形態をそれぞれ答えなさい。このうちBは，アメリカの西部開拓時の土地区画制度を参考にした植民区画を用いている。その名称を答えなさい。

A	B　　　／　　　制

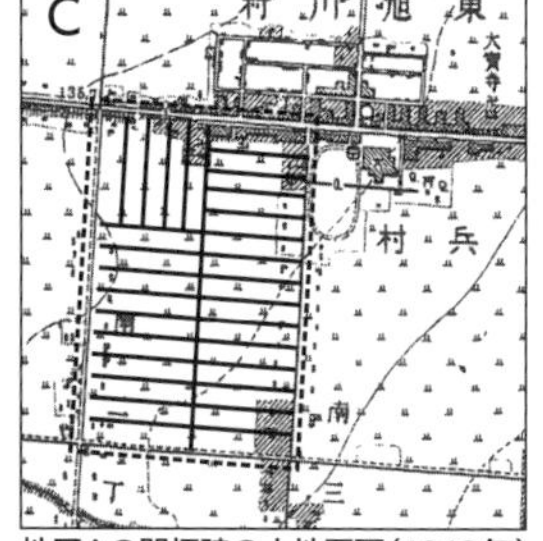

地図Aの開拓時の土地区画（1919年）

◆第4章　人口，村落・都市◆　　教科書p.156～159

② 村落・都市（2）

番号	解答
1	的
2	
3	都市
4	都市
5	
6	都市
7	
8	
9	都市
10	都市
11	都市
12	
13	型
14	型
15	型
16	型
17	
18	
19	
20	
21	
22	
23	都市
24	都市
25	
26	
27	
28	都市
29	
30	都市

2　都市の成り立ちと機能

都市の成立と発展	古代：（　1　的）・宗教的・軍事的中心地として計画的に建設 →古代ギリシャやローマ，日本の（　2　）・平安京など 中世：商業と交易（こうえき）の活性化で陸海交通の要地に（　3　都市）が発達 外敵からの防御のため周囲を城壁で取り囲む（　4　都市） 日本で行政・商業の中心として江戸時代以降に発達した（　5　） 産業革命後：工場などの生産拠点に（　6　都市）が発展
都市の機能	行政・文化・生産・消費などの機能によって人々が交流：（　7　） 都市を中心とした財やサービスを提供する機能：（　8　） 機能による都市の分類 ・鉱業や工業が盛ん：（　9　都市） ・商業や交通の中心として発展：（3都市） ・政治・宗教・学術・観光などの消費的機能：（　10　都市） →都市規模の拡大→様々な都市機能を有する（　11　都市）へ 大規模な都市は大企業の本社や支社などの（　12　）が集中
都市の形態	（　13　型）：北京（ペキン），ニューヨークなど直線状の道路を直交 （　14　型）：ワシントンD.C.など中心から放射状の道路 （　15　型）：パリ，モスクワなど中心点を核にした環状道路 （　16　型）：西アジアや北アフリカなど外敵防御と日差し対策
都市の内部構造	都心部…(12)が集中し，高層ビルが林立する（　17　＝CBD） 周辺部…小売や卸売（おろしうり）地区，住宅地区，工業地区 →都市内部の機能が全体として結びつく状態：（　18　）

新しい視点　都市の拡大と都市システム

都市と都市圏	20世紀には100万人をこえる（　19　）が世界各地で多数発生 →経済活動が活発化，中心と周辺都市が関連し（　20　）を形成
都市圏の拡大	中心都市の発展で業務機能の一部が分散 →パリ近郊の（　21　）地区や新宿のように（　22　）や新都心を形成 周辺地域の開発→大都市の機能の一部を分担する（　23　都市）の発達→日本では中心都市への通勤者が住むニュータウンなどの（　24　都市）を計画的に建設 大都市が周辺地域に与える影響と(20)の拡大 →広域に影響を与える(20)を形成している 大都市：（　25　＝巨大都市） 大都市圏が広域にわたって帯状に連なる地域：（　26　＝巨帯（きょたい）都市）
都市システム	階層的に結びついた都市間の相互関係：（　27　） 首都などに都市機能が突出して集中：（　28　都市＝プライメートシティ）
国際化と世界都市	世界的な都市システムの最上位にある都市 →（　29　）や多国籍企業が集中 ニューヨーク，ロンドン，東京：（　30　都市＝グローバルシティ）

基本問題1　教科書p.156表2を参考にして，次のA～Fの都市を生産都市，交易都市，消費都市のいずれかに分類しなさい。

A 愛知県豊田市は市内に世界的な自動車メーカーの本社があり，2019年の製造品出荷額は全国第1位である。
B アメリカ合衆国のユタ州の州都であるソルトレークシティはモルモン教徒が築いた都市で，同教の本部が置かれている。
C オーストラリアの首都キャンベラには，政府機関や大使館などが集中する。
D アメリカ合衆国のアンカレジは，航空貨物のハブ空港として有名である。
E 茨城県つくば市は，東京の過密緩和を目的に国の研究機関が移転した。
F フランスのカンヌは地中海に臨むリゾート地で多くの観光客が訪れる。

A	都市
B	都市
C	都市
D	都市
E	都市
F	都市

標準問題2　次の図中のア～ウは，シカゴ，パリ，モスクワのいずれかの都市の中心部から郊外にかけての都市景観を模式的に示したものである。ア～ウと都市名との正しい組合せを，下の①～⑥のうちから一つ選びなさい。　〔センター試験 2012年 地理B本試〕

ア 中心部には城壁で囲まれた政府機関を核として中・低層の建造物が広がる。郊外に向かって高層化していく住宅団地が特徴である。

イ 中心部には中心業務地区をなす高層ビルの集積がみられる。郊外には一戸建ての住宅地域が広がる。

ウ 中心部には土地利用や景観の観点から中・低層の歴史的な建造物が保全されている。周辺部には高層ビルからなる副都心が形成されている。

Claval, La Logique des Villesなどにより作成。

	ア	イ	ウ
①	シカゴ	パリ	モスクワ
②	シカゴ	モスクワ	パリ
③	パリ	シカゴ	モスクワ
④	パリ	モスクワ	シカゴ
⑤	モスクワ	シカゴ	パリ
⑥	モスクワ	パリ	シカゴ

発展問題3　首都が有する政治・経済的機能やその集積の度合いには，都市によって異なる特徴がみられる。次の表は，いくつかの首都における，巨大企業*の本社数，国の総人口に占める人口割合，国際会議**の年間開催件数を示したものであり，①～④は，キャンベラ，クアラルンプール，ソウル，ペキンのいずれかである。クアラルンプールに該当するものを，表中の①～④のうちから一つ選びなさい。

*総利益が世界上位500位以内の企業。
**国際機関が主催した会議のうち，一定規模以上で定期的に開催されたもの。

〔センター試験 2019年 地理B本試を改変〕

	巨大企業の本社数（社）	国の総人口に占める人口割合（%）	国際会議の年間開催件数（件）
①	51	1.5	113
②	13	19.5	137
③	1	5.5	68
④	0	1.8	8

統計年次は，巨大企業の本社数が2014年，国の総人口に占める人口割合が2010年または2015年，国際会議の年間開催件数が2016年。中国の数値には台湾，ホンコン，マカオを含まない。

◆第4章　人口，村落・都市◆　　　　教科書p.160～161

地理の技能・地形図読図（4）

標準問題1　下の地図は，大阪湾の海岸部の明治時代と現在の地形図である。次の問いに答えなさい。

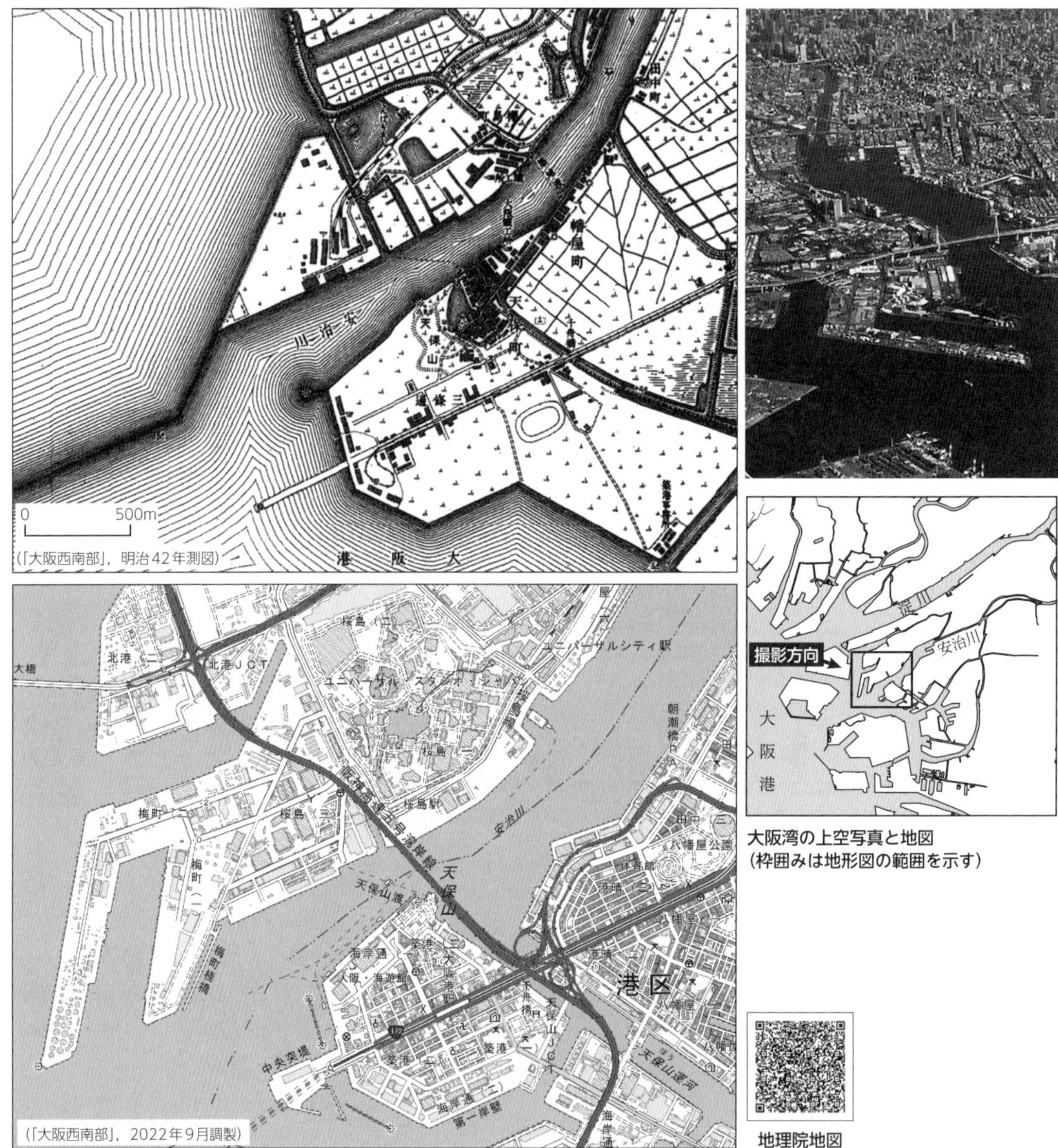

大阪湾の上空写真と地図
（枠囲みは地形図の範囲を示す）

(1) 上の地形図から読み取れる明治時代の海岸線を，下の現在の地形図に赤で書き入れなさい。

(2) 新旧地形図から読み取れることについて，下の①～⑤の文章が正しいものには○を，**誤っているもの**には×を記入しなさい。

① 旧地形図から，現在の「梅町(二)」と書かれている周辺は，かつての海であったことがわかる。

② 地形図を比較すると，阪神高速五号湾岸線ができて，安治(あじ)川を渡る航路が廃止になったことがわかる。

③ 埋立地にはエンターテイメント型の大規模な商業施設が開発され，大規模な集客エリアになっている。

④ ここは河口に形成された三角州で，かつておもに水田として利用されており，現在も水田がみられる。

⑤ 埋め立てにより，北港，梅町の埠頭には工場や倉庫，貯蔵施設などが設置された。

①	②	③	④	⑤

標準問題 2　下の地図は，東京都立川駅周辺の明治39年と現在の地形図である。これらの地図を比較して読み取った内容として，正しいものを下の①～⑥よりすべて選びなさい。

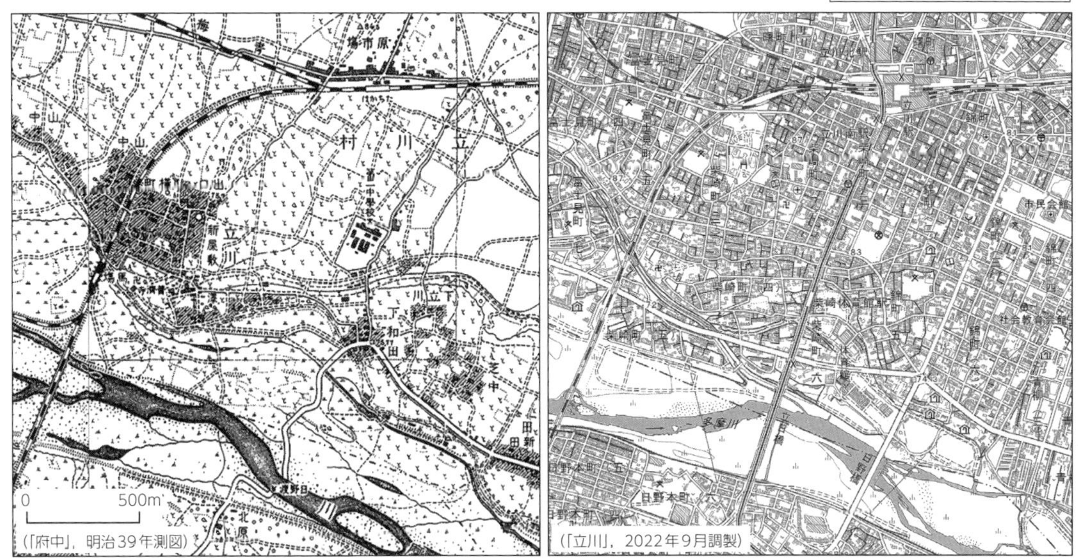

(「府中」，明治39年測図)　(「立川」，2022年9月調製)

① 等高線が数多く引かれていることから，この範囲は起伏が激しい地形であることがわかる。
② この範囲内でみると，現在と過去の最も人口が集中する場所は異なっていることがわかる。
③ この範囲内でみると，以前から多摩川を渡る橋が複数設置されていたことがわかる。
④ 立川駅に接続する鉄道路線の増加により，交通の結節点としてこの地域が発展したことがわかる。
⑤ 南部を多摩川が流れていることから，この範囲の北部は後背湿地であったことがわかる。
⑥ 地域人口の増加に対応して，学校や文化的施設，病院や介護施設が数多く設置されたことがわかる。

発展問題 3　下の地図は，埼玉県越谷市の昭和28年と現在の地形図である。これらの地図を比較して，この地域の土地利用の変化と，その理由および防災上の工夫について，70字程度で説明しなさい。

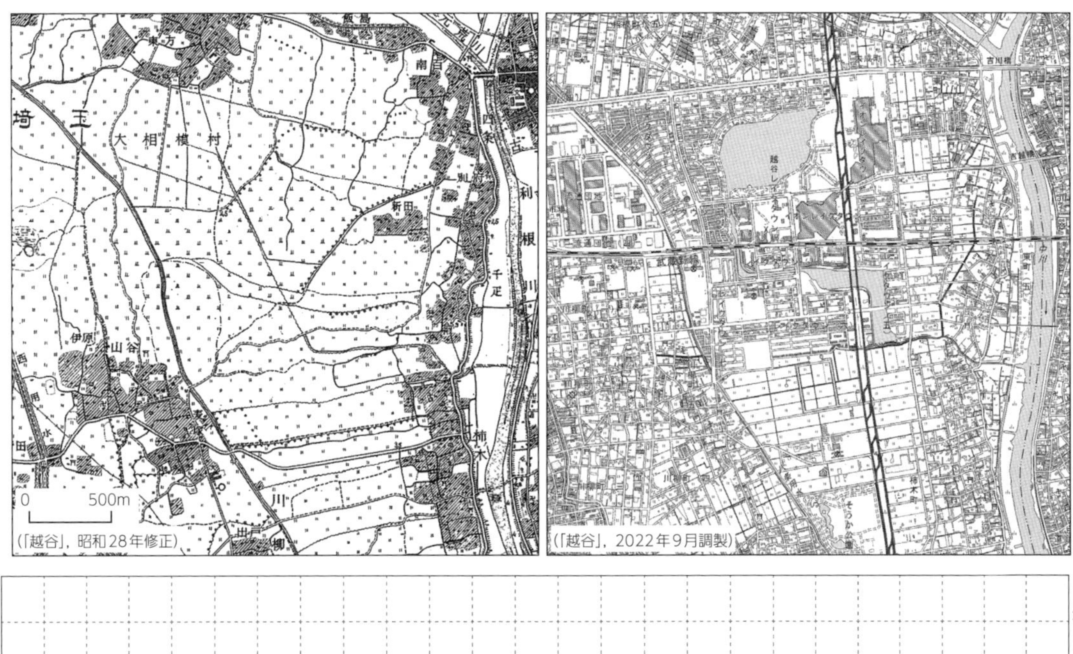

(「越谷」，昭和28年修正)　(「越谷」，2022年9月調製)

◆第4章　人口，村落・都市◆　　教科書p.162～165

②村落・都市（3）

1
2
3
4
5
6
7 現象
8 問題
9 現象
10
11
12
13
14
15
16 圏
17
18 現象
19
20 型
21
22
23
24
25
26
27
28
29
30

3　世界の都市・居住問題と解決への努力

人口急増と都市・居住問題	都市での人口の急速な集中による都市・居住問題の発生 →自然環境悪化，地価高騰，住宅難，交通渋滞，通勤ラッシュ 大都市の人口…（　1　）で急速に増加 →人口や産業の急増に（　2　＝インフラ）の整備が追いつかない
発展途上国での都市問題	20世紀後半以降に発展した首位都市（＝　3　）の都市問題 →交通渋滞，排ガスによる大気汚染 背景として発展途上国での都市と農村の所得格差 →流入人口に対して安定的な雇用が少なく（　4　）への従事 住宅難による劣悪な居住環境の（　5　）に居住 貧困者の増加や児童福祉制度の不備による（　6　）の増加
先進国での都市問題	早い時期から都市化が進んだ先進国の都市問題 →公害，地価高騰，交通渋滞，無計画な都市化＝（　7　現象） 1970年代以降，都心周辺の居住環境の悪化 →郊外への人口流出による都市の衰退や荒廃が激しい（　8　問題） エネルギー消費や廃棄物の排出，大気汚染や（　9　現象）
問題の解決に向けて	発展途上国：先進国や国際機関，（　10　）による支援 先進国：(8)や港湾地域の（　11　） →家賃や物価の上昇で高所得者の流入＝（　12　） （　13　）を高める取り組み　(例)ドイツの（　14　）

(日本を知る)　日本の都市・居住問題と解決への努力

人口集中	高度成長期に地方から大都市圏への人口移動が進む →人口の約半数が東京，名古屋，大阪の（　15　）に集中 →環境汚染や住宅不足などの都市問題→（　16　圏）一極集中は続く →郊外での（　17　）や団地の開発→（　18　現象）が表出 →景気停滞や人口減少で大都市圏の拡大が収束，核家族世帯増加 子供の独立→住民の高齢化や孤立化→人口減少や空き家増加
地方都市，農山村地域の停滞	地方都市では道路網の整備などにより（　19　）への人口分散 →（　20　型）大型施設，車型生活スタイル，中心市街地衰退 →車を持たない高齢者の孤立や（　21　）の発生，地域コミュニティの希薄化
都市の再生へむけて	東京の都心部で再開発や集合住宅の建設→（　22　） 多くの都市で人口減少が予想され，（　23　）の取り組みが重要 →中心市街地の活性化，都市型水害の予防，防災力の向上 地方都市では，居住地の再編で（　24　）の取り組み →（　25　）などの公共交通機関の充実，行政サービスの効率化，環境負荷低減
地域活性化へむけて	地域の（　26　）の掘りおこし→山梨県の（　27　）生産 白川郷の（　28　）の民家 地方圏への移住を促進させる取り組み＝Uターンや（　29　） ICTの整備など，（　30　）の進展→地方圏での就労の見直し

基本問題1　各国の都市人口率の変化をあらわした下の表の統計のうち，イギリス，日本，ブラジル，中国について，右のグラフを作成しなさい。なお，国ごとに線を色分けや線種を変えること。

おもな国の都市人口率の変化（%）

	1950	1970	1990	2010	2030（予測）	2050（予測）
イギリス	79.0	77.1	78.1	81.3	86.3	90.2
日本	53.4	71.9	77.3	90.8	92.7	94.7
ブラジル	36.2	55.9	73.9	84.3	89.3	92.4
中国	11.8	17.4	26.4	49.2	70.6	80.0
アメリカ	64.2	73.6	75.3	80.8	84.9	89.2
タイ	16.5	20.9	29.4	43.9	58.4	69.5
ナイジェリア	9.4	17.8	29.7	43.5	59.2	69.9
世　界	29.6	36.6	43.0	51.7	60.4	68.4

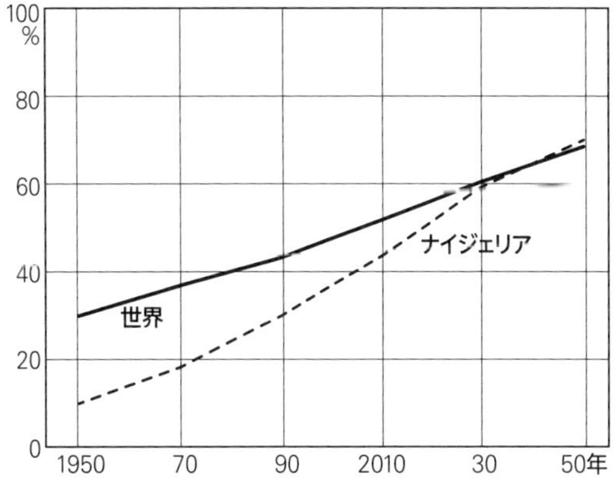

標準問題2　問題1の作業の結果や教科書p.162図2を参考にして，次の文章の空欄①～⑧を記入しなさい。③～⑤については，国名を上の表から選びなさい。

作業した図で世界の都市人口率の変化をみると，1950年に29.6%だったものが2030年には（　①　%）に倍増すると予想されている。この間に世界の人口が増加していることを考えると，世界の都市人口は大幅に増加し，世界的な都市化が進んでいることがわかる。現在，1000万人以上の大都市が最も多い地域は（　②　）である。

都市化が早く進んだのは，18世紀後半以降の産業革命をいち早く達成した（　③　）や北アメリカの国々で，1950年以降の都市人口率はゆるやかな上昇をみせている。一方で，戦後の高度経済成長による工業化を経験した（　④　）や，新興工業国と呼ばれる中国や（　⑤　）は（　⑥　）年代以降に企業の進出やグローバル化の影響で急速な都市化が進んだ。（⑤）は，豊富で安価な労働力を背景として，インフラの整備された首都バンコクに外国企業が多数進出し，雇用が生まれたことから，農村から都市に流入する人口が増えたため，ほかの都市に比べて人口規模が突出する首位都市が形成された。また，都市内部に劣悪な居住環境の（　⑦　）が形成されたり，朝晩の通勤時の（　⑧　）などの様々な都市問題が発生している。

①	②	③	④
⑤	⑥	⑦	⑧

発展問題3　次の図の①～④は，問題1の日本，アメリカ，タイ，ナイジェリアのいずれかについて，都市を人口規模の大きい順に並べたものである。①～④の国名を判別しなさい。

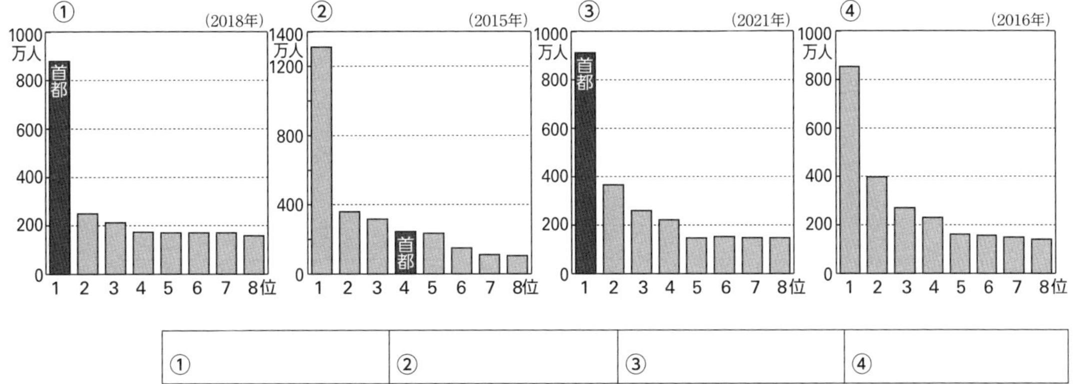

①	②	③	④

◆第5章　文化と国家◆　　教科書p.166～173

① 生活文化と言語・宗教（1）

1
2
3
4
5
6
7
8
9
10
11
12
13
14
15
16
17
18
19
20
21
22
23
24
25
26
27
28
29
30

1　生活文化と地域

生活文化とは	衣食住を中心とした暮らしやそこから生まれた考え方 (例)独特の気候から生まれた日本の衣服(＝　1　)や住居 稲作や豊富な漁業資源に根ざした食事(＝　2　) 民俗信仰と仏教や儒教の影響を受けた(　3　)や伝統儀式
伝統文化の形成	(　4　)：日常生活の中で繰り返される暮らしのスタイル (　5　)：民族が長い歴史のなかで共通項として生み出し継承
大衆文化と生活文化の変化	生活水準の向上，情報化，グローバル化→(　6　)，画一化 産業の発達で大量生産と大量消費を前提とした(　7　) (例)加工食品や冷凍食品，インスタント食品が普及
伝統文化の保存	文化財や年中行事，自然景観や町並みの(　8　)としての価値 →佐賀市では歴史的建造物の(　9　)により観光名所に

2　世界の衣服

衣服の地域性	(　10　)：動物の毛皮。乾燥地や高地に住む人々：(　11　) 高温多湿の地域：インドの(　12　)，ベトナムの(　13　)
伝統的な衣服からの変化	(　14　)：上質であることや希少であることから交易を拡大 日本人の衣服は大正時代から(　15　)が普及 繊維・衣服の生産…機械化や(　16　)の発達を牽引
衣服の画一化と民族衣装の継承	流通の拡大によるファッションのグローバル化(衣服の画一化) 流行を取り入れ，低価格で短期間に大量販売する(　17　) 地域固有の伝統文化として引き継がれる(　18　)

3　世界の食生活

食生活の地域性	(　19　)：西アジアから北アフリカ，ヨーロッパ (　20　)：東南アジアを中心としたモンスーン地帯 (　21　)：アフリカの(　22　)，南米のじゃがいもなど
伝統的な食生活からの変化	交易の発展や生産技術，食品工業の発達，生活水準の向上 →産業革命以降にヨーロッパで(　23　)の普及 大航海時代以降に(　24　)の唐辛子が広まる
食生活の画一化と多様性	アメリカを発信地とした食文化→コーラやハンバーガー (　25　)などの外食産業がチェーン店を世界に出店 (　26　)として受け継がれる伝統食

4　世界の住居

自然環境への対応	高温多湿な地域→通気性を高める広い窓や高い床の(　27　) 高温乾燥な地域→日射や外気を遮断するための石や(　28　)
住居の地域性	熱帯地域の豊富な植生→樹木や草を材料とした住居 冷涼な(　29　)→モミやマツを材料とした住居
日本の住居の変化と保護	1960年代まで：地域の風土にあった木材を利用した住居が主流 高度経済成長期以降：鉄骨や鉄筋コンクリート造の増加 →災害対応から耐震構造，高齢化への対応から(　30　)が普及

基本問題 1　教科書p.168，169「世界の衣服」，p.172，173「世界の住居」を参考にして，下の表の空欄①～④には衣服の素材を，⑤～⑧には家屋の素材を，それぞれ記入しなさい。

①	②	③	④
綿花を原料とし，Tシャツやタオルのほか，ケニアの民族衣装カンガにも使われる。	高温多湿地域の素材で通気性や吸水性が高い。ベトナムのアオザイにも使われる。	乾燥地域や高地など冷涼な地域の伝統衣装。羊やアルパカから刈り取る。	シベリアやアラスカなど，保温性の高い毛皮とともに寒冷地の防寒服となった。

⑤	⑥	⑦	⑧
モンゴル高原の遊牧民の伝統的な移動式住居であるゲルの外装に使われる素材。	地中海沿岸で産出する素材で，夏の高温乾燥に対応するため窓は小さい。	熱帯地域に豊富な素材で，高温多湿に対し，通気性のよい高床式になっている。	降水量の少ない地域でみられ，泥に草を混ぜて，天日で干した材料を用いている。

標準問題 2　右の表のA～Cは，下の主食となる作物のうちの三つについて，生産国の上位5位を示したものである。下の各作物の特徴について説明した文章を参考にして，A～Cの作物名を答えなさい。

A		B		C	
中国	27.7%	ナイジェリア	19.5%	アメリカ	30.2%
インド	23.5%	コンゴ民主	13.2%	中国	22.7%
インドネシア	7.2%	タイ	10.2%	ブラジル	8.8%
バングラデシュ	7.2%	ガーナ	7.4%	アルゼンチン	5.0%
ベトナム	5.8%	ブラジル	5.8%	ウクライナ	3.1%

（2019年，数値は世界に占める割合）

【主食となる作物】　小麦　米　キャッサバ　じゃがいも　とうもろこし

A 高温・湿潤な気候での栽培が多く，粒のまま炊いたり煮たりする。
B 熱帯で広く栽培され，重要な主食となっている。
C 熱帯から亜寒帯まで広く栽培され，食料や飼料以外にバイオ燃料の原料にもなる。

A	
B	
C	

標準問題 3　教科書p.170，171を参考にして，世界の食生活に関する次の文章①～④より，内容が**適当でないもの**を一つ選びなさい。

① 小麦は西アジアを栽培起源地とし，各地に移動した欧米人が主食とすることから，北アフリカやヨーロッパ，中央アジアと広い範囲で生産されている。
② とうもろこしは南米のアンデス山脈を栽培起源地とし，現在でも南北アメリカ大陸が消費地の中心である。
③ じゃがいもの栽培起源地は南米と考えられ，温帯から亜寒帯の広い地域で栽培されることから，北ヨーロッパでは主食に準ずる食べ物である。
④ 最近では，多国籍企業の外食チェーンが発達し，アメリカ発の食文化が世界各地でみられるとともに，ファストフードや冷凍食品など食生活の画一化が進んでいる。

◆第5章　文化と国家◆　　教科書p.174～177

① 生活文化と言語・宗教（2）

1 ……
2 ……
3 ……
4 ……
5 ……
6 ……
7 ……
8 …… 語族
9 …… 諸語
10 …… 語族
11 …… 圏
12 ……
13 ……
14 ……
15 ……
16 ……
17 ……
18 ……
19 ……
20 ……
21 ……
22 ……
23 ……
24 ……
25 ……
26 ……
27 ……
28 ……
29 ……
30 ……

5　世界の言語

民族とは	人を言語や宗教といった文化的特徴で区分した集団…（　1　） 18世紀末以降の（　2　）の理念が共通民族での国家形成を促進
国家と言語	国家の領域と言語の分布の不一致による民族対立 ・ゲルマン語派とロマンス語派の境界にある（　3　） ・イギリス系住民と（　4　）系住民をかかえるカナダ ・シンハラ人とタミル人からなる（　5　） 多言語が使用されている国家の言語対応 ・ベルギーやスイスでは複数の（　6　）を設定 ・アフリカは住民の（　7　）以外の旧宗主国の言語を(6)に設定
言語の分布	（　8　語族）：ヨーロッパから西アジア，インド(英語，仏語等) （　9　諸語）：中国から東南アジア(中国語が含まれ使用人口多い) （　10　語族）：西アジアから北アフリカ(アラビア語) 文字…ラテン文字，アラビア文字，キリル文字など 日本…中国起源の（　11　圏）に属する
英語の優位性	（　12　）はビジネス用語として世界中に普及 →海洋国家イギリスが世界中に植民地政策を展開したことと関係

6　世界の宗教

宗教の分布	民族をこえて世界中で広く信仰…（　13　） ・（　14　）：ローマ帝国の国教となり欧州各地に広まる →一神教。東西教会の分裂や宗教改革で分派 （　15　）：ヨーロッパ東部に多い （　16　）：ヨーロッパ西部，ラテンアメリカに多い （　17　）：ヨーロッパ北部，アングロアメリカに多い ・（　18　）：7世紀前半に誕生し，西アジアから伝播 →一神教。後継争いや教義をめぐり分裂 （　19　）：ムハンマドの慣行や規範を守る多数派 （　20　）：ムハンマドの血縁を重視する少数派 ・（　21　）：輪廻転生からの解脱を求め，インドから伝播 →シャカの教えに対する教義の解釈から分派 （　22　）：スリランカや東南アジアが中心 （　23　）：東アジアが中心 特定の民族に信仰される（　24　）＝ヒンドゥー教，ユダヤ教
宗教の社会・生活への影響	食文化：(14)の普及で欧州ではワイン用の（　25　）を栽培 政治：旧英領の南アジアは独立時にヒンドゥー教徒の多いインドと，ムスリムの多いパキスタンと（　26　）に分離 紛争：ユダヤ教の（　27　）とムスリムが多いアラブ諸国の対立 生活：ムスリムの（　28　）の慣行(豚肉を食べないなど) ヒンドゥー教徒は聖なる動物である（　29　）の肉を食べない
かかわり方の変容	キリスト教の（　30　）の慣習が若者を中心に薄れる 戒律に厳しいサウジアラビアで女性の自動車運転が解禁

基本問題1　下の①～③のイラストの組合せは，仏教，キリスト教，イスラームをあらわしている。それぞれの宗教名を記入しなさい。

①	②	③

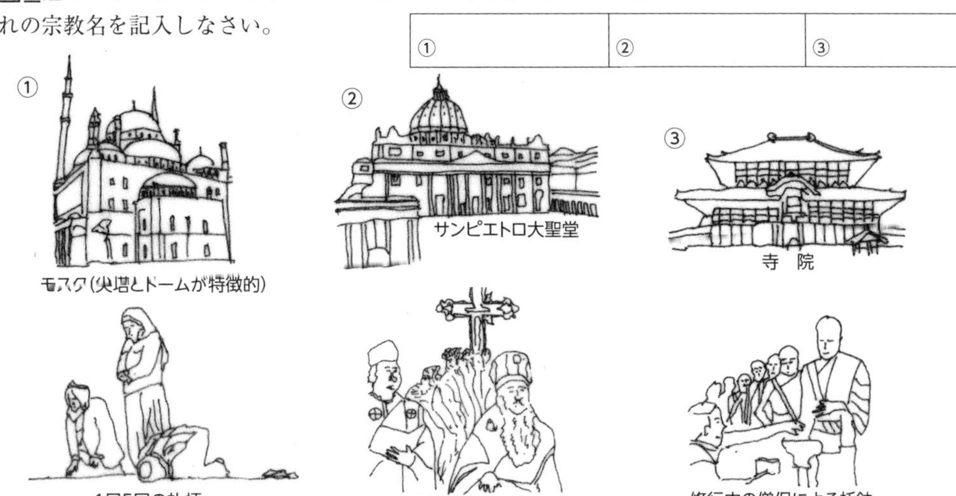

標準問題2　人を言語と宗教を中心とした文化的特徴にもとづいて区分した集団が民族である。次の表は，いくつかの民族的なまとまりについて，その分布や言語，宗教をまとめたものである。教科書p.174図❶「世界の言語分布」とp.176図❶「世界の宗教分布」を比較し，表中の空欄①～⑤を埋めなさい。

分布する地域	言　語	宗教［宗派］
ヨーロッパ北部・アングロアメリカ	（　①　語派）	キリスト教［プロテスタント］
ヨーロッパ西部・ラテンアメリカ	ロマンス語派	キリスト教［（　②　）］
ヨーロッパ東部	スラブ語派	キリスト教［（　③　）］
アラビア半島・北アフリカ	（　④　語族）	イスラーム［スンナ派］
朝鮮半島・日本	その他の語族・言語	仏教［（　⑤　仏教）］
インド北部	インド＝イラン語派	ヒンドゥー教

①　語派	②	③	④　語族	⑤　仏教

発展問題3　次の①～④の円グラフは，インドネシア，アメリカ，タイ，ブラジルのいずれかの宗教構成を示したものである。下のヒントと教科書p.176図❶を参考にして，①～④の国名を判別しなさい。

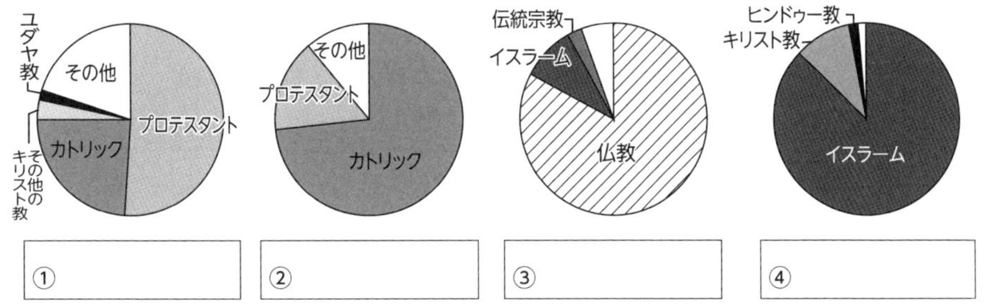

①	②	③	④

【ヒント】・キリスト教のカトリックは，スペインやポルトガルが中南アメリカに進出する過程で布教活動を行ったために，信者がヨーロッパ以外にも広がった。
・アメリカへの移民の中核となったのは，WASPとよばれるイギリスからの清教徒であった。
・仏教はインドのガンジス川流域で生まれ，東南アジアや東アジアに広がった。
・イスラームは海の交易の拡大によって，東南アジアにも広がった。

◆第5章　文化と国家◆　　教科書p.178～183

②国家とその領域（1）

1
2
3
4
5
6
7
8
9
10
11
12
13
14　諸島
15
16
17
18
19
20
21
22
23
24
25　島
26　島
27
28
29
30

1　国家の形成と領域

現代世界と国家	（　1　）：現代世界の基本単位＝三要素からなる （　2　）：他国の干渉（かんしょう）を受けずに領域や国民を統治する権利 （　3　）：主権のおよぶ範囲　（　4　）：国籍をもつ国家の構成員
国家の類型	統治機構の違いによる類型 （　5　）：国家元首（げんしゅ）が国王や首長 （　6　）：国家元首としての君主をもたない 主権のもち方の違いによる類型 （　7　）：中央政府が直接統治（日本やフランス） （　8　）：州や地方政府に権限を分散（アメリカやカナダ） 近代国家の形成過程では（　9　＝民族主義）が重要な役割 →現実には複数の民族によって国家を構成＝（　10　）
国家の領域	（　11　）：国家の主権が及ぶ陸地で河川や湖が含まれる （　12　）：（11）に接した一定幅の海域（12海里が一般的） （　13　）：（11）と（12）の上空で宇宙空間は含まない
領海をめぐる対立	石油や天然ガスの埋蔵が確認される（　14　諸島）周辺の海域では，中国，台湾，ベトナム，フィリピンなどが領有権を主張

2　世界の民族・領土問題

民族紛争の背景	国家の領域と民族の居住範囲が一致しない場合や民族が自治権をもたない場合に（　15　）が発生することが多い →自治と独立を求める紛争で（　16　）が発生
少数民族	独自の文化をもつ少数派：（　17　） 支配民族の進出以前から居住していた民族：（　18　）
多民族国家と紛争	複数の（　19　）をもつ国→特定の言語集団の優先に対する紛争発生 （例）英国の（　20　）…独立を求める動き
領土問題の背景	複数の国が接する境界の（　21　）に対する見解の違いから（　22　）が発生→（21）付近の資源の権益配分問題も背景
解決に向けて	民族固有の文化を尊重する（　23　）を採用し共生をめざす 領土問題の解決が難しい場合→（　24　＝ICJ）に付託（ふたく）

3　日本の領土に関する問題

日本の位置と領域	南端の（　25　島）と北端の（　26　島）＝緯度差約25度 東端の南鳥島（みなみとりしま）と西端の与那国島（よなぐにじま）＝経度差約31度 →南中時刻の差は約2時間あるが，東経135度の（　27　）を設定
北方領土問題	（26島）・国後島（くなしりとう）・色丹島（しこたんとう）・歯舞群島（はぼまいぐんとう）の（　28　）…日本固有の領土 →戦後ソ連（現ロシア）が占領，（　29　）以降も未解決
竹島問題／尖閣諸島	竹島：戦後韓国が占拠，（　30　）締結以降も韓国が不法占拠 尖閣（せんかく）諸島：東シナ海の石油資源埋蔵確認後，中国が領有権を主張

標準問題1 教科書p.178図1「独立年別にみた世界」を参考にして，次の問いに答えなさい。

(1) 右の図は国際連合の加盟国数の推移を表したものであり，加盟国数は独立国数と関係が深い。図中のA～Cの時期に独立国が増えた地域とその背景を説明した文章を，下の①～③よりそれぞれ選びなさい。

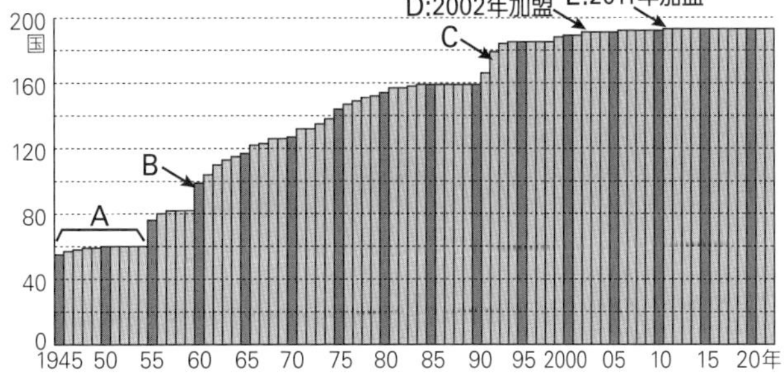

A	B	C

① 20世紀に入って独立運動が盛んになった多くのアジア諸国が独立した。
② 第二次世界大戦後に独立運動が盛んになったアフリカ諸国17か国が独立した。
③ 冷戦の終結でソビエト連邦やユーゴスラビアが解体し，多くの独立国が誕生した。

(2) 図のDに入る2か国とEの国名を書きなさい。

D	E

標準問題2 次の図A～Cは国境と地形を描いたものである。これらの国境について説明した文章を下の①～③よりそれぞれ選びなさい。

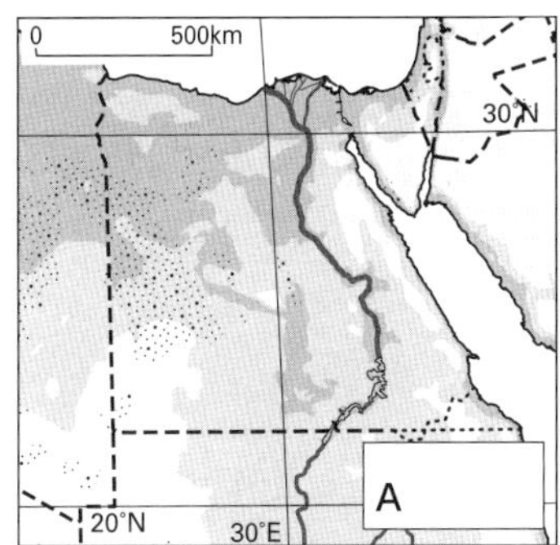

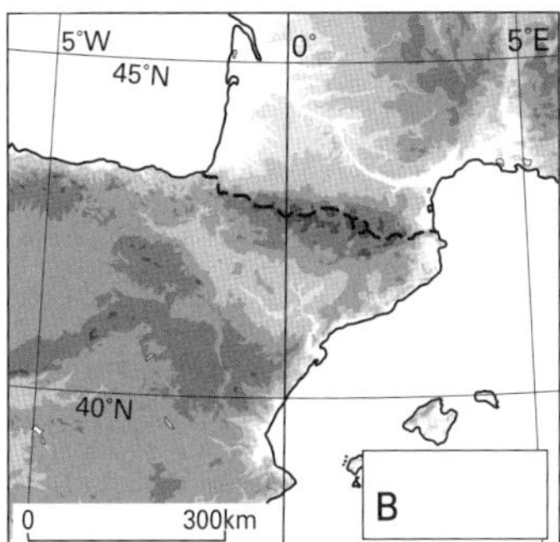

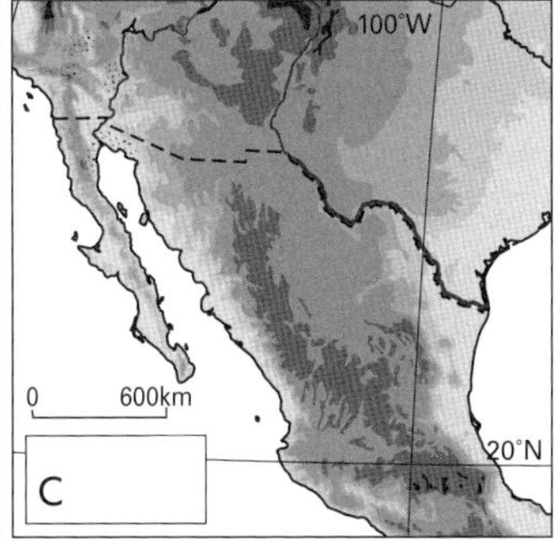

① 人為的国境と自然的国境がみられ，国境を接する国の経済力の違いから不法な越境者が多い。
② 人為的国境が多くみられ，これは民族の分布を考慮しておらず民族紛争の原因となることもある。
③ 自然的国境がみられ，これは人の移動を妨げることから民族の境界と一致することもある。

発展問題3 次の表1と表2は国連難民高等弁務官事務所の管理下にある難民の上位10位の発生国または受入国，いずれかを示したものである。教科書p.180図1を参考にして，次の文章の空欄を埋めなさい。

難民は政情不安で紛争などが発生した場合に増加することが多く，**表1**で数が多い国にトルコやドイツなどの比較的政治が安定した国が上位に入っていることから，**表1**は難民の（　①　国），**表2**は難民の（　②　国）を示している。**表2**をみると最大は（　③　）であり，2010年に発生した反政府デモである（　④　）以降の国内の混乱が原因である。そのほか，国内の少数民族で迫害を受けて隣国に逃れている例としては，（　⑤　）の西部に居住するイスラーム系民族のロヒンギャがあげられる。

表1	難民数
トルコ	365
パキスタン	144
ウガンダ	142
ドイツ	121
スーダン	104
レバノン	87
バングラデシュ	87
エチオピア	80
イラン	80
ヨルダン	70

表2	難民数
シリア	669
アフガニスタン	259
南スーダン	219
ミャンマー	110
コンゴ民主	84
ソマリア	81
スーダン	79
中央アフリカ	64
エリトリア	52
ブルンジ	37

(2020年，万人)

①　　国	②　　国	③	④	⑤

◆第5章　文化と国家◆　　教科書p.184～188

② 国家とその領域（2）

1 ＿＿＿＿
2 ＿＿＿＿
3 ＿＿＿＿
4 ＿＿＿＿
5 ＿＿＿＿
6 ＿＿＿＿
7 ＿＿＿＿
8 ＿＿＿＿
9 ＿＿＿＿
10 ＿＿＿＿
11 ＿＿＿＿
12 ＿＿＿＿
13 ＿＿＿＿
14 ＿＿＿＿諸島
15 ＿＿＿＿
16 ＿＿＿＿
17 ＿＿＿＿条約
18 ＿＿＿＿条約
19 ＿＿＿＿基地
20 ＿＿＿＿
21 ＿＿＿＿
22 ＿＿＿＿
23 ＿＿＿＿
24 ＿＿＿＿
25 ＿＿＿＿
26 ＿＿＿＿権
27 ＿＿＿＿
28 ＿＿＿＿金

4　海洋国家としての日本

広大な排他的経済水域	島国日本は領土をとりまく広大な（　1　）を有する →国土面積は世界60位前後だが，(1)面積はその約12倍 （　2　）としては大国の日本
海洋と安全保障	日本にとって重要な（　3　）の安全保障（重量ベースで貿易物資の99％を船舶で輸送）→国民の暮らしを支える（　4　）の存在 国内輸送にも（　5　）に大きく依存
日本周辺の海洋資源	広大な(1)は（　6　）に恵まれる。深海底には（　7　）を確認 南鳥島周辺には（　8　＝希土類）やコバルトなど（　9　）が存在 →海底資源の採掘技術が確立すれば，資源自給の道も 日本近海で埋蔵が確認されている資源 （　10　）：天然ガスの原料のメタンが海底で氷状に固まったもの （　11　）：地殻中の各種金属が海底に沈殿したもの

新しい視点　北極圏と南極圏

北極圏	北極点を中心とした北緯66度33分以北の地域＝（　12　） 地球温暖化の影響で海氷面積が減少→新たな物流ルートである（　13　）の可能性 石油や天然ガスの埋蔵も確認→沿岸諸国が権利を主張
スヴァールバル条約	（　14　諸島）＝北極圏のノルウェー領の島々 19世紀末の石炭鉱床の発見でノルウェーやアメリカなどが開発を競い対立 →（14条約）で加盟国に軍事活動の禁止と経済活動の自由を保障
南極圏	南極点を中心とした南緯66度33分以南の地域＝（　15　） 大陸の大部分は（　16　）におおわれる 日本は（　17　条約）で南極地域の領有権を放棄
南極条約	（　18　条約）で南極の共同利用を定める →軍事利用は禁止され，学術調査などの平和目的に限られる 日本：（　19　基地）などに観測隊を派遣し，一部は越冬して観測 南極観光の活発化：オーストラリアや（　20　）などを拠点に

5　国際連合の役割と課題

国際連合の活動	（　21　＝UN）…第二次世界大戦の連合国を中心に設立 →2022年現在で193か国が加盟 環境問題や人口問題の会議の開催など（　22　＝SDGs）の実現をめざす 国際平和の安全維持のため，（　23　＝PKO）が世界各地で展開
国際連合の課題	（　24　）のなかで国連原加盟の5か国から構成される（　25　）がもつ（　26　権）行使で活動が制限 すべての加盟国が投票権をもつ（　27　）の運営 通常予算は加盟国の（　28　金）に支えられる→滞納問題

基本問題 1　次の図は，教科書 p.188 表❸をもとにして，国際連合の通常予算の分担割合の変化を示したものであり，A～Cはイギリス，中国，日本のいずれかである。A～Cのなかから中国を選び，記号で答えなさい。

中国

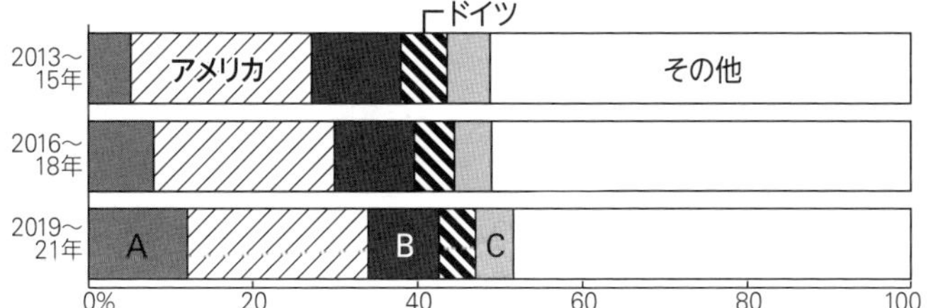

標準問題 2　次のグラフA，Bは，南極または北極の海氷面積の年間の変化について示したものである。実線と破線は，30年平年値または2021年をあらわす。南極の2021年に該当するものを選びなさい。また，北極海でおこると予測される今後の変化について説明した文を次の①～④より一つ選びなさい。

南極 グラフ　　線　　北極海の変化

① 海氷が完全に融けて海水面が低下する。
② 海氷面積が縮小し，航路として利用可能になる。
③ 海氷が融けるため津波が発生する。
④ 海氷面積が縮小するため，ホッキョクグマの生息域が拡大する。

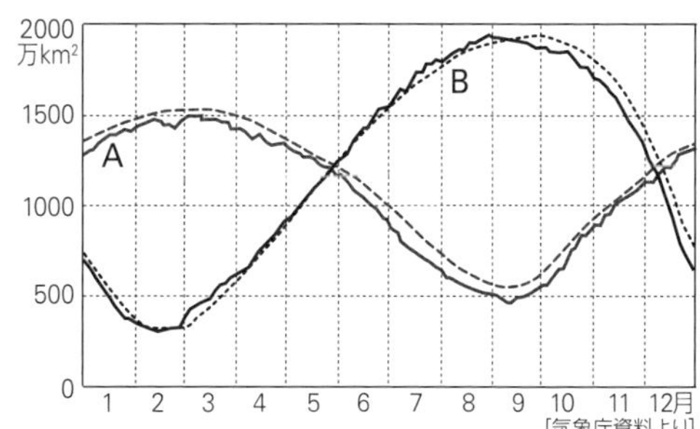

発展問題 3　次の図は，おもな国の排他的経済水域の面積と国土面積を比較したものであり，図中のA～Cはアメリカ，インドネシア，カナダのいずれかである。下の(1)・(2)に答えなさい。

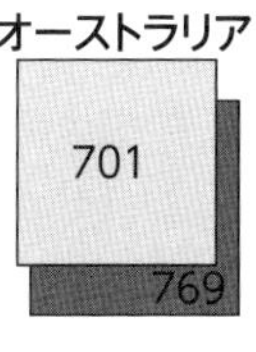

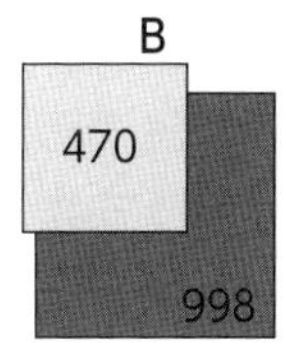

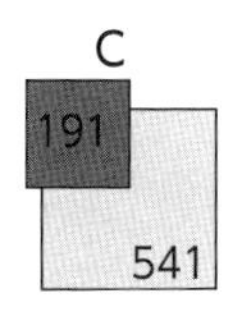

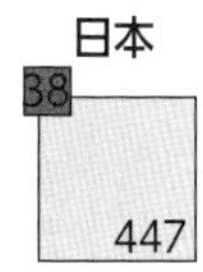

※排他的経済水域の面積には領海を含む。

(1) A～Cと国名の組合せとして正しいものを次の①～⑥より一つ選びなさい。

	①	②	③	④	⑤	⑥
A	インドネシア	インドネシア	アメリカ	アメリカ	カナダ	カナダ
B	アメリカ	カナダ	インドネシア	カナダ	インドネシア	アメリカ
C	カナダ	アメリカ	カナダ	インドネシア	アメリカ	インドネシア

(2) 日本とニュージーランドの排他的経済水域を比較すると，両国とも島国であり，日本の方が国土面積は広いにもかかわらず，ニュージーランドの方が排他的経済水域は広い。この理由を教科書 p.179にある領海の決め方を参考にして75字以内で説明しなさい。

25
50
75

◆ 第1章　地域区分／第2章　現代世界の諸地域 ◆　　教科書p.190～199

① 現代世界の地域区分

1
2　区分
3　区分
4
5
6
7
8
9
10
11
12

1　地域区分の目的と方法／2　さまざまな地域区分

世界の地域区分は，（　1　）をどのように設定するかに注意する。類似した性格のまとまりで区分した（　2　区分）と，相互に結びつく（　3　区分）に分けられる

国家群による区分…独立国が国家の枠組(わくぐ)みをこえて多数の国家群を形成

経済的	現在は市場の拡大や国際競争力の強化など経済的な結合が目標に （　4　＝EU），（　5　＝ASEAN），アジア太平洋経済協力（APEC）
政治的	（　6　）＝主要先進7か国によるサミット （　7　）＝（6）とEU，新興経済国12か国からなる
軍事的	（　8　＝NATO）↔対立関係のワルシャワ条約機構は1991年に解散

経済による区分

経済水準による区分	GNIを基準→（　9　＝PPP）を使って国による価格の違いを是正 国連開発計画（＝　10　）では（　11　＝HDI）を公表し世界を4区分
経済成長率による区分	GDPの成長率を基準→経済水準とは違った区分になる ※08年リーマンショックや20年の（　12　）感染拡大で変化

① 中国（1）

13
14
15
16
17
18　政策
19　制
20　企業
21　特区
22　開発区
23　社会
24　政策
25
26　戸籍
27　族
28　民族

1　経済の改革開放による変化

経済大国	GDPはアメリカに次いで世界2位，輸出額1位 「（　13　）」…さまざまな分野で工業が発展
近代中国の歩み	1912年中華民国成立→1949年（　14　）が中華人民共和国を建国 国民党は台湾(タイワン)で中華民国を再編。中国は台湾政権を認めず対立 中国共産党は社会主義をかかげ，（　15　）による国家建設 企業の国有化，農村では（　16　）という共同組織 1966年の（　17　）で社会が混乱→1978年より（　18　政策）が進む
市場経済への転換と発展	社会主義体制を維持しながら市場経済へ移行 （16）解体→（　19　制）による個人経営へ。農村部には（　20　企業） 外国資本誘致(ゆうち)と輸出指向型工業→沿海地域に（　21　特区）や （　22　開発区）
安定成長に向けて	2022年，（　23　社会）に転じたと推計 外国企業誘致→独自のイノベーション推進の必要性 社会主義による政策と民間企業による自由な活動のバランス

2　経済発展を支える人口

人口政策	1979年～2016年：（　24　政策）による人口抑制政策の実施
人口の国内移動	工業労働者として内陸から沿岸部へ人口が移動→（　25　）とよばれる 戸籍(こせき)制度の改革→農村戸籍と（　26　戸籍）の管理を緩和，格差是正
多様な民族	全人口の9割：（　27　族）。ほかに55の（　28　民族） （28民族）の居住区は領土の周辺部にあり，経済発展から取り残される 漢族の移住政策や同化政策→（28民族）の権利が制限

基本問題1 教科書p.193図3を参考にして，地図中の「東南アジア諸国連合」の参加国を赤，「南米南部共同市場」の参加国を緑で着色し，「アジア太平洋経済協力」の参加国・地域を青線で囲みなさい。

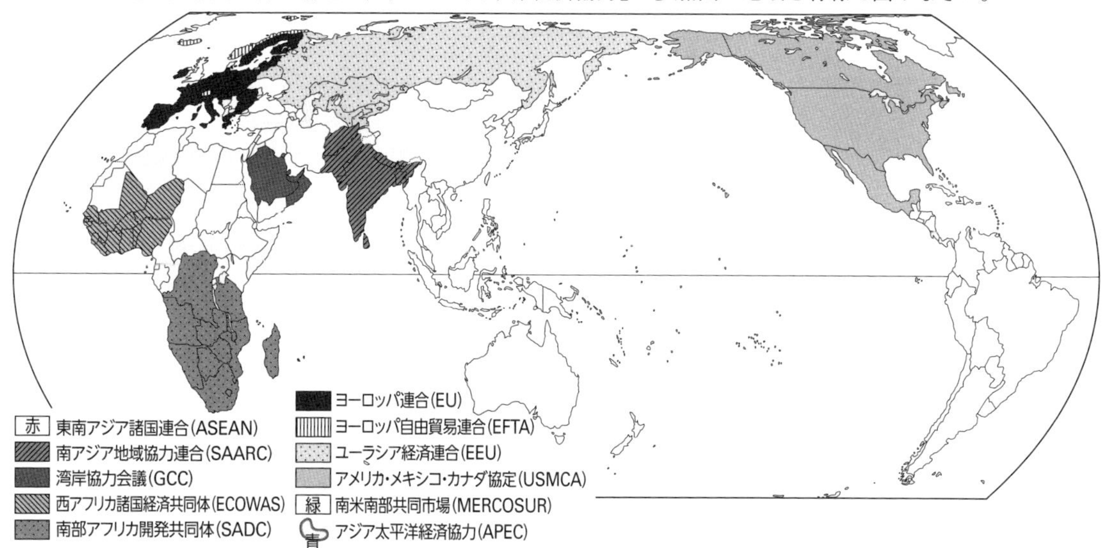

標準問題2 教科書p.197図7を参考にして，地図中の経済特区であるA～Eと，経済技術開発区であるア～クの都市名を答えなさい。

経済特区

A	B	C
D	E	

経済技術開発区

ア	イ	ウ
エ	オ	カ
キ	ク	

発展問題3 Aさんは，中国の1953～2060年の人口変化について発表するため，中国の人口ピラミッドを用いて下の資料を作成した。資料の空欄①～⑥に入る用語を答えなさい。

《中国の人口変化について》

・1953年は（　①　型）であり，人口抑制政策が唱えられたが人口は増え続けた。

・1979年に（　②　政策）が進められ人口増加はゆるやかになった。しかし後継者や労働力として（　③　）を重視した結果，男女比のアンバランスや甘やかしによる子どもの（　④　）が問題になった。

・2020年には少産少死の（　⑤　型）になった。

・2060年には（　⑥　化）が進み，つぼ型になるとみられ，生産年齢人口の減少などが課題となるだろう。

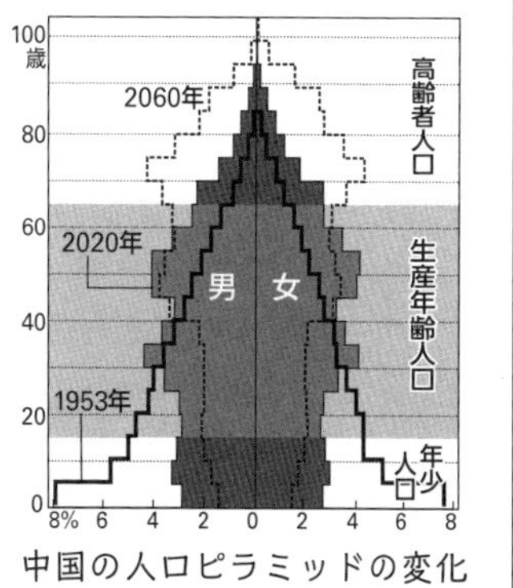

中国の人口ピラミッドの変化

①　型	②　政策	③	④	⑤　型	⑥　化

◆ 第2章　現代世界の諸地域 ◆　　教科書p.200 ～ 205

① 中国（2）

1 山脈
2 高原
3 砂漠
4
5
6
7
8
9
10 作
11
12 作
13 米
14
15 業
16
17
18
19
20 政策
21
22
23
24
25
26
27
28
29 銀行
30

3　経済発展を支える農業の地域性

農業の基盤となる自然環境	西側	山脈や高原…（　1　山脈）や崑崙山脈，（　2　高原），黄土高原 砂漠…（　3　砂漠）とタクラマカン砂漠→（　4　）が日本へ モンスーンの影響なし→年降水量200mm以下の乾燥気候
	東側	平坦地…（　5　）や長江流域の沖積平野 華北：冬季に（　6　）からのモンスーン→寒冷乾燥 華中・華南：夏季に（　7　）からのモンスーン→温暖湿潤
農業の地域性		（　8　）線を分岐とする
	北部	華北→畑作…（　9　）やとうもろこし，大豆 東北部→畑作…大豆やとうもろこし →一部は（　10　作）…冷害に強い品種を導入 大都市近郊→野菜などの（　11　）
	南部	華中・華南→稲作：一部は（　12　作），多収量品種の（　13　米） （　14　）の栽培も盛ん
食料生産の動向		経済発展で食生活の変化→肉消費拡大 飼料作物の増産と飼料用大豆の輸入増

4　経済・産業の発展と現代の生活

鉱産資源の分布		東北部は戦前の日本による支配時代から（　15　業）が発達 石炭…世界最大の産出国：（　16　）などの大炭田 石油…東北地方の（　17　）油田が中心→近年は西部地域で産出増 （　18　＝希土類）や（　19　）…世界の産出量の大半を占める
産業の発達と地域的展開	沿海部	（　20　政策）による経済開発拠点が多数 （　21　）を中心とした長江デルタと広東省のチュー川デルタ 近年は電子・通信機械や家電，自動車関連産業が発展
	内陸部	原料地指向の立地が多数 鞍山や（　22　）の（15業），（17）の（　23　）精製や（23）化学工業 2000年からは（　24　）大開発，（　25　）勃興，東北振興 …インフラ，送電網，パイプラインの整備により重慶や（22）が飛躍的に成長
生活の変化		都市人口が6割に増加し，農村部との経済格差が課題 都市部…生活水準の上昇，ショッピングモールの建設，（　26　）の普及

5　経済成長と国内外の課題

海外との貿易	2001年に世界貿易機関（WTO）に加盟し貿易を活発化 →大幅な貿易黒字によりアメリカとの（　27　）が激化 （　28　）は世界一を誇る
開発力の成長	高速通信技術＝5G回線，特許取得数の急増，電気自動車の普及
海外への投資と援助	2010年代以降…発展途上国への投資と経済援助が急増 2015年…（　29　銀行＝AIIB）の発足 2015年以降…IMFにより人民元は国際通貨として認定 ※（　30　＝海と陸とのシルクロード経済圏）の提唱と推進

基本問題1　教科書p.200図2「中国の気候」とp.201図6「中国の農業地域」をみて，下の(1)～(3)の作業や問いに答えなさい。

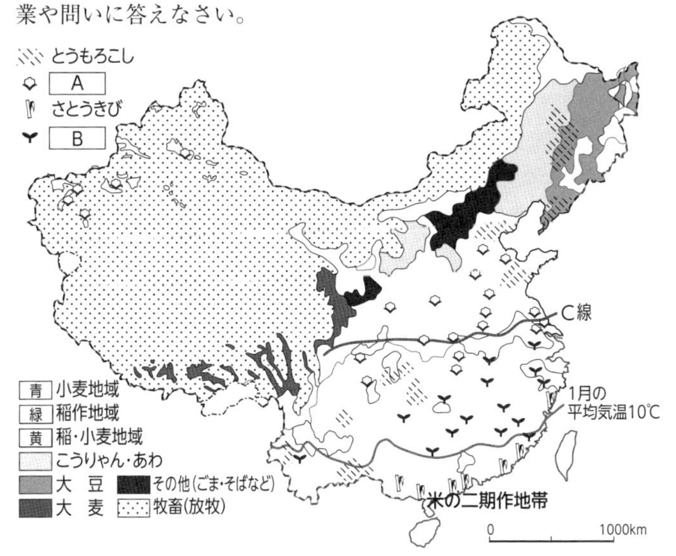

(1) 稲作地域，小麦地域，稲・小麦地域を凡例にしたがって着色しなさい。

(2) 図中のA・Bの作物名を記入しなさい。

(3) 稲作と小麦の栽培地域の境界となるC線の通称を書きなさい。また，この線は，p.200図2中国の年降水量分布をみると，おおよそ何mmの境界線にあたるだろうか。

A	
B	
C	線
年降水量	mm

標準問題2　次の図1と図2から読み取れる中国の食生活の変化について，下の文章の空欄①～④を埋めなさい。

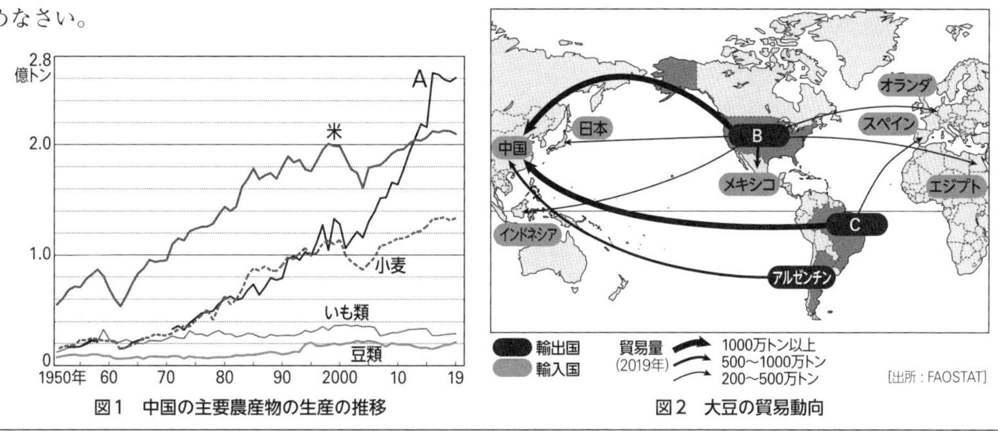

図1　中国の主要農産物の生産の推移　　図2　大豆の貿易動向

図1の中国の農業生産の推移をみると，飼料としても使用されるA(①　　　　　　)が急増している。また図2のように，中国は大量の大豆をB国(②　　　　　　)，C国(③　　　　　　)などから輸入している。これは，経済発展によって食生活が変化し(④　　　　　　)の生産・消費が拡大していることが背景にある。

発展問題3　右の写真は，中国の春節（旧暦の正月）の初めにふるさとへの帰省客で混雑する駅のようすである。中国の農村部と都市部の経済格差について，次の問いに答えなさい。

(1) 出稼ぎに出る大量の農民は，押し寄せる潮のようすにたとえて，何とよばれているか。

(2) なぜ，これだけ大量の人々の移動がみられるのだろうか。その理由を説明する次の文章のア～エの語句のうち，適切な方に○を付けよ。

写真は，(ア農村・都市)部の駅のようすを撮影したものである。中国では農村戸籍と都市戸籍を分けて管理し，人々の移動を制限してきた。1970年代の改革開放政策以降，(イ農村・都市)部では労働力が不足する一方，(ウ農村・都市)部からは高い賃金収入を求めて大量の出稼ぎ労働者が(エ農村・都市)部へ流入するようになっている。

旧正月の帰省客であふれかえる駅

◆第2章　現代世界の諸地域◆　教科書p.206～211

②朝鮮半島

番号	解答
1	山脈
2	海岸
3	
4	気団
5	
6	
7	
8	民族
9	
10	
11	
12	戦争
13	度
14	条約
15	教徒
16	
17	
18	
19	
20	
21	
22	
23	
24	企業
25	産業
26	
27	
28	
29	
30	

1　東アジアのなかの朝鮮半島

位置と自然環境	ユーラシア大陸の東部に位置…北側：北朝鮮，南側：韓国 半島全体が安定陸塊。東部に（　1　山脈），南には（　2　海岸） 夏は（　3　）の影響で温暖湿潤。冬は（　4　気団）の影響で寒冷少雨 春にかけては寒波を挟んで温暖な日がくり返される（　5　）とよばれる気候的特徴
暮らし民族・文化	伝統的な床暖房の（　6　）→最近はセントラルヒーティングも普及 伝統食の（　7　）→キムジャンは朝鮮半島の重要な伝統文化 南北とも（　8　民族），文字は（　9　）を使用，道教や（　10　）の影響
近現代の歩み	14世紀末からの朝鮮王朝→清王朝の影響下。日清，日露戦争後は日本の影響大 1910年（　11　），第二次世界大戦後は米ソにより南北分断 1950年に（　12　戦争）→北緯（　13　度）線付近を境に休戦協定 2000年の南北首脳会談。日韓は1965年に（　14　条約）で国交正常化

2　朝鮮半島の文化と経済発展

儒教の文化と宗教	儒教の影響…父系の家族制度，年長者を重んじる，子に対する親の影響大 韓国では全人口の約3割が（　15　教徒）で，仏教も盛ん
韓国の伝統的な生活と変化	伝統的な文化…韓服（ハンボク），キムチ，焼肉，スープ料理 近年…ICTサービスの普及。（　16　）の高い加入率。（　17　）も一般化。（　18　）は国をあげて振興しトッププレイヤーも輩出
農業の変化と課題	南部…稲作中心。畑作で麦や（　19　）を育てる二毛作 北部…とうもろこしや大豆の栽培。北朝鮮は慢性的な食料不足 韓国では，米以外の農産物の（　20　）が進む→食料自給率低下，農家人口減少と高齢化。専業農家の割合が高く，政府からの所得補償
韓国の急速な工業化と経済発展	1960年代後半以降「（　21　）」とよばれる経済成長 →台湾・香港・シンガポールとともに（　22　）を形成 1990年代以降は自動車産業や電子機器産業の成長。1997年の（　23　）では低迷し，IMFからの支援と（　24　企業）の経営改革 産業の多角化：音楽やドラマなど（　25　産業）が世界的に人気

3　韓国の課題と国際関係

一極集中	農村から都市へ人口流出→ソウルへの（　26　）が進む 人口の半数が（　27　）に居住。地価上昇，住宅不足，交通渋滞，大気汚染など
少子化と格差社会	1970年代以降に急速に少子化。（　28　）が低い水準 働く女性の子育て政策が不十分，学歴重視による教育費の負担増 経済発展→都市と農村の所得格差大，大企業と中小企業の賃金格差大
貿易の構造	資源を輸入し工業製品を輸出する（　29　）中心。近年はICT技術やサービスの輸出を強化。ハブ空港，（　30　＝釜山港）の整備を進める

基本問題1 教科書p.206図2「朝鮮半島周辺の夏と冬の平均気温」と図3「朝鮮半島と日本の雨温図」をみて，下の文の空欄①～④に適する語句を記入しなさい(②，④は雨温図の都市名が入る)。

ソウルやピョンヤンの気候は，夏は太平洋の温暖湿潤な（　①　）の影響を受け（　②　）と同様に暑く，降水量も多い。ソウルの年降水量は東京より少ないが，7，8月の降水量は東京の約2倍である。冬は，寒冷で乾燥した（　③　）の影響を受けるため，寒冷で降水量は少ない。ソウルの12～2月の平均気温は，ソウルよりも高緯度に位置する（　④　）とほぼ同じである。

①	②	③	④

標準問題2 教科書p.209図4「韓国の工業地域」を参考にして，産業団地のある①～⑦の都市名を答えなさい。また，凡例にある工業地域を青で塗りなさい。

都市名	分野
①	電子・LCD
②	研究開発
③	鉄鋼・バイオ
④	自動車
⑤	先端技術
⑥	造船
⑦	光学機器

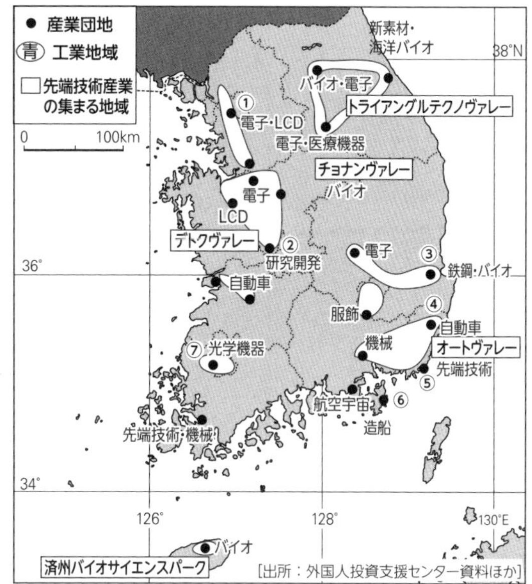

発展問題3 次のグラフは韓国の1990年と2020年の貿易相手国の変化を示している。

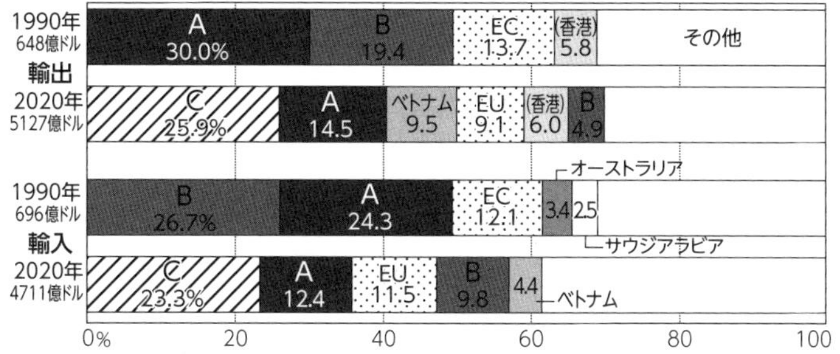

(1) グラフのA～Cは日本，中国，アメリカである。A～Cにあてはまる国名を答えなさい。

A	B	C

(2) 1990年と2020年の輸出相手国，輸入相手国の変化についてグラフから読み取れることを，上位2位の変化に注目して75字程度で答えなさい。

25
50
75

◆ 第2章　現代世界の諸地域 ◆　　教科書p.214～221

③ 東南アジア

1

2

3

4

5 国家

6

7 語

8 政策

9 境界

10

11 川

12

13

14 季

15 季

16 農業

17

18

19 作物

20 制度

21

22 型

23 型

24

25

26 政策

27 政策

28 連合

29 圏

30

1　東南アジアの成り立ちと多様な民族文化

海上交通と交易の要衝。古くはマレー系，ミャンマー系，タイ系が居住

→大航海時代以降…（　1　）の貿易やキリスト教布教のためヨーロッパ人来航

→19世紀…（　2　）を除くほぼ全域が欧米諸国の植民地となる

商人，建設・鉱山労働者として（　3　）・華人の移住，プランテーション労働者としてインド人（＝　4　）の流入と混血，さまざまな宗教や民族が混ざりあう

→第二次世界大戦後…独立が進み現在11か国

（　5　国家）となり，祖国や国民という共有意識をつくる（　6　）の必要性

フィリピンの公用語（　7　語）化，マレーシアの（　8　政策）など

2　自然環境と農業・食文化

地形と気候	ほとんどの地域が（　9　境界）に位置，火山活動や地震活動が活発 河口部に肥沃な（　10　）をもつ（　11　川）やチャオプラヤ川 潮間帯にはマングローブが分布するが，（　12　）の養殖池開発により乱伐 インドシナ半島の東部は（　13　＝季節風）の影響→サバナ気候 5月～10月…に南西風で（　14　季） 11月～4月…に北東風で（　15　季） マレー半島南部や赤道付近の島嶼部は多雨→熱帯雨林気候
農業	（　16　農業）…山岳部。自給（ヤムいも・タロいも，陸稲）→換金（野菜） 稲作…平野部で盛ん。ルソン島やバリ島の山岳部では（　17　）で行われる 1960年代以降の高収量品種や化学肥料の導入による「（　18　）」で生産性が向上 プランテーション…ヨーロッパ向けの（　19　作物）の栽培 オランダ：インドネシアでコーヒーやさとうきびの（　20　制度） イギリス：マレー半島でコーヒー栽培→天然ゴムの栽培 植民地支配からの独立後は（　21　）が参入。バナナ・油やしなど

3　工業化による発展と生活文化への影響

モノカルチャー経済→（　22　型）の工業化→（　23　型）の工業化

各国の工業化と生活	シンガポール：加工貿易により工業化…（　24　＝新興工業経済地域）に タイ，インドネシア：1980年代に（　25　）を設置→工業団地建設 ベトナム：社会主義体制だが（　26　政策）とよばれる経済開放政策を実施 インドネシア：人口分散のための移住政策である（　27　政策）

4　地域内外の経済関係と文化のつながり

（　28　連合＝ASEAN）…1967年結成。東ティモール以外の10か国が加盟

（　29　圏）…メコン川流域の2億人をこえる経済圏

「成長の（　30　）」…シンガポール，マレーシア，インドネシア3国からなる

ASEAN共同体：各国の主権を維持しながら協力関係の強化

基本問題 1 教科書p.214図2「西欧諸国による東南アジアの支配」をみて，下の図に独立以前の宗主国を凡例にしたがって着色しなさい。またp.215図4をみて各国の宗教人口1位の宗教名とその割合を記入しなさい。

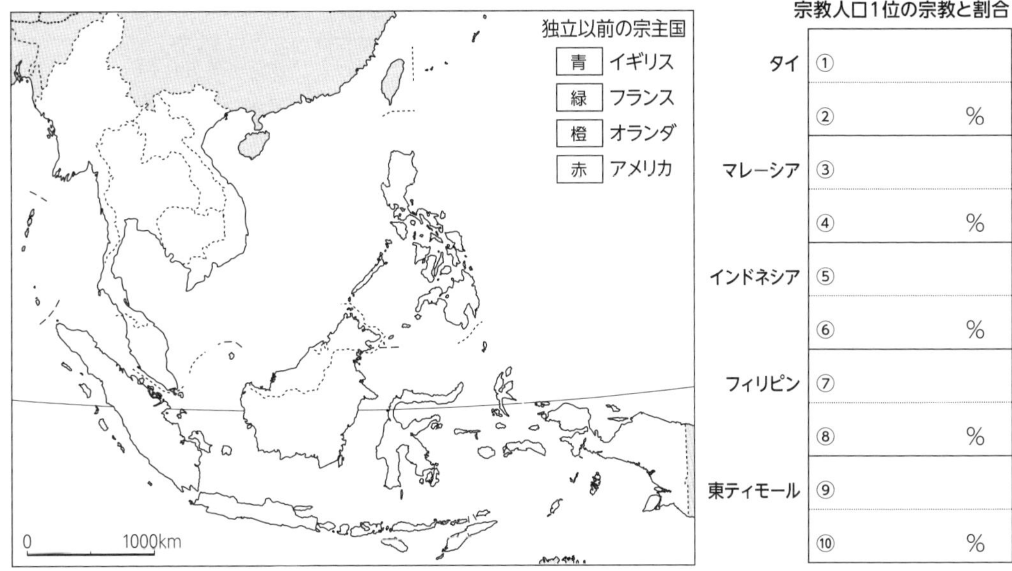

宗教人口1位の宗教と割合

タイ	①
	② %
マレーシア	③
	④ %
インドネシア	⑤
	⑥ %
フィリピン	⑦
	⑧ %
東ティモール	⑨
	⑩ %

基本問題 2 右の図はコーヒー，ココやし，油やしの生産地の分布を示す。教科書p.217図4を参考に，凡例①～③に該当する作物名と写真を答えなさい。

作物	①	②	③
写真	①	②	③

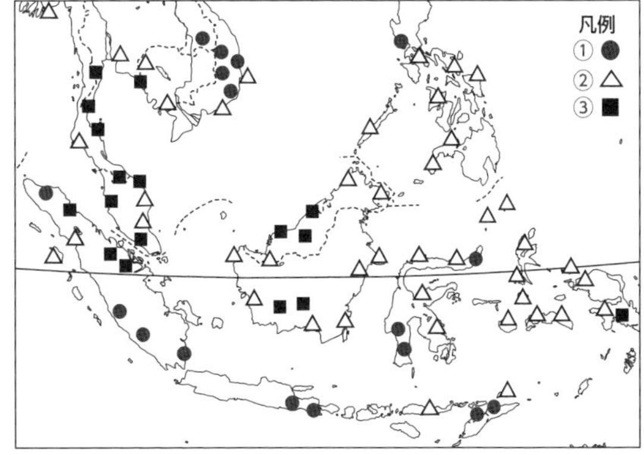

発展問題 3 東南アジアの経済発展について，Aさんは右の資料A・Bをもとに調べたことをメモにしました。下のメモ①～④の正しいものに○，誤りのあるものに×を記入しなさい。

資料A マレーシアの輸出構成の変化

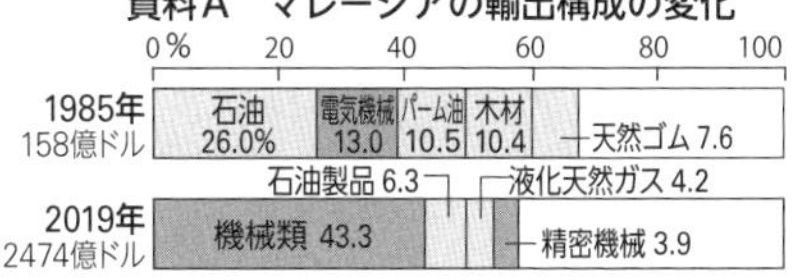

① マレーシアの輸出構成の変化をみると，2019年にはモノカルチャー経済を脱却したといえる。

② マレーシアは2019年には石油がほぼ枯渇してしまったため，輸出品目が変化したと考えられる。

③ ASEAN+3の「+3」は東アジアの3か国をさす。アジア通貨危機後に，ASEAN首脳会議や外相会議に，3か国が参加するようになった。

④ RCEP協定は，太平洋地域の政治的統合をめざす枠組みである。

①	②	③	④

資料B ASEANと近隣諸国の連携体制

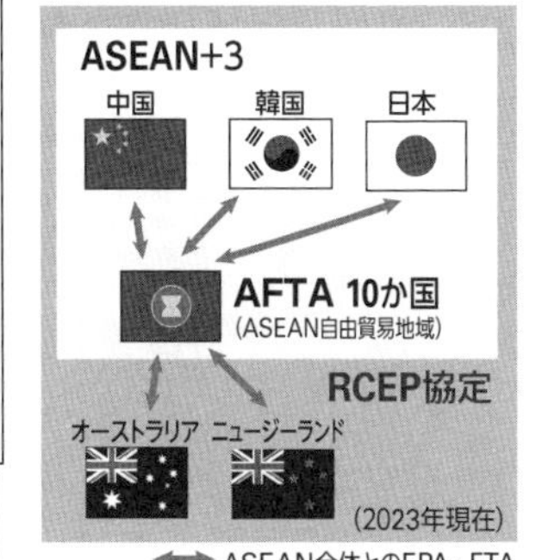

◆ 第2章　現代世界の諸地域 ◆　　教科書p.222～229

④南アジア

1 ……山脈
2 ……
3 ……
4 ……
5 ……
6 ……
7 ……
8 ……率
9 ……政策
10 ……語族
11 ……語
12 ……教
13 ……
14 ……制
15 ……
16 ……
17 ……地方
18 ……
19 ……地方
20 ……
21 ……品種
22 ……
23 ……
24 ……
25 ……
26 ……工業
27 ……政策
28 ……工業
29 ……産業
30 ……

1　自然環境と人口

位置と地形	（　1　山脈）…プレートの衝突で形成→褶曲山脈 ガンジス川…流域に肥沃なヒンドスタン平原，河口に（　2　） デカン高原…肥沃な土壌：（　3　）
モンスーンの影響	（　4　＝季節風）…夏は南西，冬は北東から 西ガーツ山脈の海側：（　5　） デカン高原：乾燥し，（　6　）が広がる
高い人口密度	インド北部の河川流域…インダス文明期に農耕社会…（　7　）が高い 大インド砂漠，北部の山岳地域…人口密度低
人口大国インド	（　8　率）低下…1950年約3.5億→2020年約14億 1950年代から（　9　政策）→近年は人口増加率の伸びが鈍化

2　住民と文化

多様な言語	北部：（　10　語族），南部：ドラヴィダ語族…他に400以上の言語 公用語は（　11　語），準公用語の英語
多様な宗教	（　12　教），イスラーム，キリスト教，シク教，仏教 インド…（12教徒）が人口の８割 パキスタン，バングラデシュ…（　13　）
カースト制	（　14　制）…インド独特の身分制度。四つの階層（＝　15　） 職業集団（＝　16　）…差別・社会問題の原因→憲法で差別禁止
独立後の歴史	1947年：インド，パキスタン独立→（　17　地方）の帰属で対立 1948年：スリランカが独立，1971年：（　18　）が独立

3　農業と農村

モンスーンの影響	モンスーンによる降水…年降水量1,000mmで稲作・畑作の区分 （　19　地方）…小麦。デカン高原…とうもろこしや雑穀
緑の革命と白い革命	1950～60年代…凶作で食料不足 →「（　20　）」…（　21　品種）を導入し，食料増産 灌漑設備，化学肥料，農薬が必要→農家の貧富の差が拡大 1970年代後半…生乳の生産量急増…「（　22　）」
商品作物の栽培	地域ごとに（　23　）を栽培 （　24　）…インダス川流域など。（　25　）…アッサム地方など

4　産業の発展とグローバル化

工業化の進展	（　26　工業）…豊富で安価な労働力→外国企業参入 戦後の工業化…ダモダル川流域の総合開発→製鉄業 1991年…（　27　政策）→外国資本導入，各地で工業化 デリー，ムンバイ，チェンナイ…（　28　工業）が発達
先端技術産業の発達	1990年代以降…情報通信技術産業（＝　29　産業）が発展 インターネットの普及…時差を利用→ソフトウェア産業，ICTサービス産業の分業体制…（　30　），デリー，ムンバイなど

経済的結びつき	1985年：南アジア地域協力連合(＝　31　)創設 2006年：南アジア自由貿易地域(＝　32　)発効 →域内の輸入関税引き下げ，自由貿易拡大をはかる
インド系移民	世界有数の移民送出(そうしゅつ)国…こうした移民は(　33　)とよばれる →成功した実業家はインド市場への投資，帰国して起業

31

32

33

基本問題1　右の図A，Bは南アジア周辺の1月と7月のモンスーンの風向と降水量を示している。7月にあてはまるものを選びなさい。

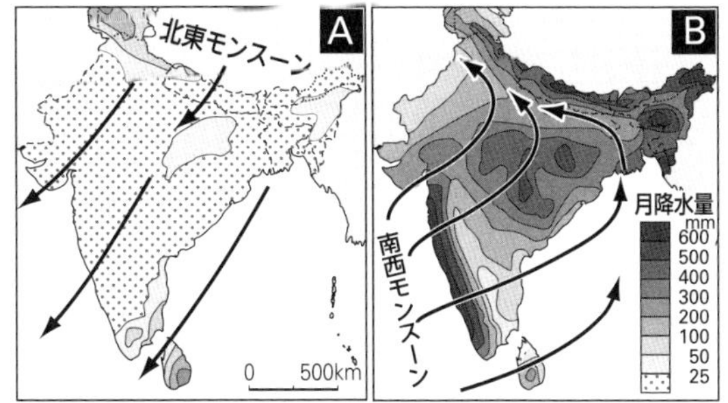

標準問題2　教科書p.226図2「南アジアの農業地域」をみて，右の図のインドの農業地域の小麦を黄色，稲を緑色に着色しなさい。また，次の①～④は，図中のA～Dいずれかの範囲の自然と農業の特徴について述べたものである。Aについて述べた文として最も適当なものを一つ選びなさい。

（センター試験2019年地理B追試験）

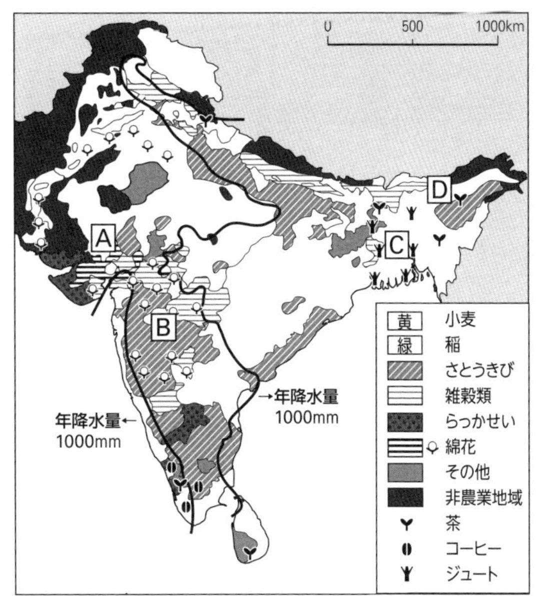

① 乾燥しているが，灌漑施設が整備され，小麦や綿花が栽培されている。
② 高原地帯で小麦や豆類が栽培され，近年は大豆の生産が急増している。
③ 山脈とモンスーンの影響で降水量が多く，低地では稲が，丘陵地の南向き斜面ではプランテーションで茶が栽培されている。
④ 肥沃な平野が広がり，稲やジュートが栽培されている。

発展問題3　インドにおいてICT産業が発展した理由について述べた次の文中の空欄①～④について，適する語句を記入しなさい。

旧イギリス領であったインドは，(　①　)が準公用語であり，活用できる人材が豊富だった。アメリカとは半日の時差があるため，(　②　)を介すると24時間体制で業務を連携することができる。そのため，(　③　)，デリー，ムンバイなどでソフトウェア産業が発達した。また，ICT産業は新しい産業分野のため，(　④　制)の影響が少なく，優秀な人材が集まりやすいことも要因の一つといえる。

①	②	③	④　　制

◆第2章　現代世界の諸地域◆　教科書p.230～236

⑤西アジア・中央アジア

1
2
3
4　技術
5
6
7
8
9　運河
10
11
12
13
14
15
16
17　派
18　派
19　語
20　語
21
22　人
23　系民族
24　湾岸
25
26
27
28
29
30

1　多様な自然環境

文明の十字路	「(　1　)」…アジア，ヨーロッパを結ぶ交易路が発達 (　2　)…降水量が少なく，(　3　)で農業，人口密度が低い 西アジア…低緯度～中緯度，中央アジア…中緯度～高緯度
西アジアの自然と農業	トルコからイラン，アフガニスタン…変動帯→地震，火山活動 海峡や地峡…海上交通，陸上交通の要衝 乾燥地域…古くから(　4　技術)で文明が発展 (　5　)：イランの伝統的な地下水路 (　6　)：サウジアラビアでは地下水の枯渇を考慮し廃止
中央アジアの自然と農業	(　7　)：アムダリア川，シルダリア川…アラル海に流入 ほかの河川…下流の水量減，塩湖に流入 農業地域…山麓，河川沿い…低地の大部分は(　8　)が行われる (　9　運河)周辺…(　10　)栽培。(　11　)…穀物生産
アラル海	1960年代の自然改造計画…運河建設，(10)栽培拡大 →アラル海縮小，塩害，水質汚染…アラル海消滅の危機

2　民族と文化

イスラームの世界	ムスリムが人口の大半…(　12　)，メディナは重要な聖地 サマルカンド，ブハラ…イスラーム文化の中心地
イスラームの教え	イスラームの聖典は(　13　)，唯一神(　14　)，預言者(　15　) 偶像崇拝禁止，五行(信仰告白，(　16　)，喜捨，断食，巡礼) 多数派の(　17　派)，少数派の(　18　派)
西アジア	代表的言語…(　19　語)，(　20　語)，トルコ語 多民族国家…多くの国で(　21　)の問題 (例)(　22　人)：トルコ，シリア，イランなどにまたがる 古い歴史をもつ言語…ヘブライ語，アルメニア語
中央アジア	(　23　系民族)と(20系民族)の混住→現在は(23)語が優勢 ロシア語，キリル文字の利用→民族語，ラテン文字に転換する国も

3　資源開発の進展と生活の変化

西アジアの資源開発	(　24　湾岸)で油田開発→1990年代以降は(　25　)輸出拡大 開発初期…(　26　＝国際石油資本)の支配→(　27　)，OAPEC結成で支配力強化→二度の(　28　)で湾岸産油国は巨額の石油収入 サウジアラビア…1990年代の石油依存→製造業を多角的に育成
生活の変化	オイルマネー…大規模な都市建設事業→外国人労働者流入 水需要の急増…(　29　)の建設 生活水準向上…教育費・医療費無償化，都会的生活に変化
中央アジアの資源開発	21世紀…油田，ガス田開発…輸送用パイプラインの建設 カスピ海経由の西方ルート，中国に向かう東方ルート カザフスタンの石油：(　30　)の利用…バクー経由→地中海沿岸 ウラン，クロム…カザフスタンが世界的生産地

4 地域紛争と国際関係

変化する国際関係と地域紛争	複雑な民族分布や豊富なエネルギー資源を背景に地域紛争が多発 (例)(31 紛争)，アフガニスタン紛争，(32 戦争) 民主化を求める反政府運動「アラブの春」→多数の(33)発生 1991年…ソ連崩壊後，(34 =CIS)結成 →経済統合の組織としては不十分 2001年…(35 =SCO)発足→中国の影響力拡大

31 紛争
32 戦争
33
34
35

標準問題 1

(1) 右の図は西アジア・中央アジアの宗教の分布を示している。凡例中の①～④にあてはまる宗教または宗派を答えなさい。

① 派	② 派
③ 教	④ 教

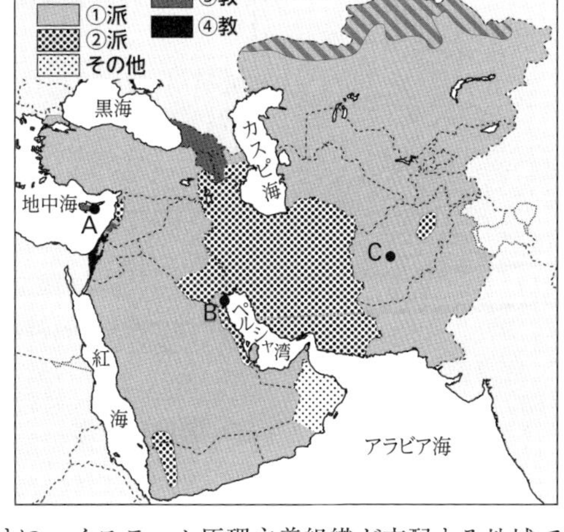

(2) 次の①～③の文は，図中のA～Cのいずれかの国で第二次世界大戦後に発生した紛争について述べたものである。図中のAに該当するものを①～③から一つ選びなさい。
(センター試験2018年地理B本試験)

① アメリカ合衆国で発生した同時多発テロ事件をきっかけに，イスラーム原理主義組織が支配する地域での戦闘が開始された。
② 北部のトルコ系住民と南部のギリシャ系住民との対立が激化し，ギリシャへの併合の動きに対するトルコ軍の介入によって北部が独立を宣言した。
③ 領土と資源をめぐって隣国の侵攻を受けたことから，アメリカ合衆国を中心とした多国籍軍が介入する大規模な戦争に発展した。

発展問題 2

西・中央アジアの資源と産業について次の問いに答えなさい。

(1) 右の図は，1人当たりGNIと輸出総額に占める石油の割合を国ごとに示したものであり，A～Cはアラブ首長国連邦，イラン，サウジアラビアのいずれかにあたる。サウジアラビアに該当するものを選びなさい。

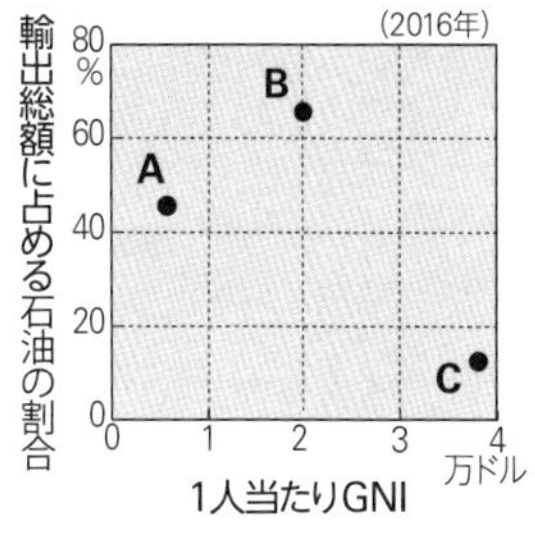

(2) 西・中央アジアでは鉱産資源に依存する国家が多いなか，新しい取り組みが始まっている。次の①～⑤の記述について，正しいものに○，誤っているものに×を記入しなさい。
① サウジアラビアでは，製鉄業，石油化学工業，アルミニウム工業など製造業を多角的に育成している。
② カスピ海沿岸には，国際空港や海浜リゾート地区など，大規模な都市開発が進められている。
③ 中央アジアではEUや中国の投資によって港湾が整備され，タンカーでの資源輸送が急速に発展している。
④ 人口が少なく1人当たり所得が先進国並の水準に達する産油国では，働き手を外国人労働者に頼っている。
⑤ 水が得にくい乾燥地域にあるため，海水の淡水化施設をペルシャ湾や紅海沿いに建設している。

①	②	③	④	⑤

◆第2章　現代世界の諸地域◆　教科書p.238～244

⑥北アフリカ・サブサハラアフリカ

1	
2	帯
3	
4	気候
5	
6	地方
7	
8	
9	農業
10	化
11	会議
12	
13	民族
14	
15	語
16	語
17	語
18	教
19	
20	資源
21	
22	
23	
24	
25	
26	農業
27	
28	
29	
30	経済

1　自然環境と農業

サハラ砂漠の北と南	アフリカ大陸…サハラ砂漠を境に南北に区分 　北アフリカと（　1　）…気候，歴史，文化，国際関係に差異
自然環境	アフリカ大陸…台地状の地形，単調な海岸線，乏(とぼ)しい平野 アトラス山脈…（　2　帯），その他は安定陸塊(りくかい)が大部分を占める 火山分布…大陸東部に（　3　），地震も多発 緯度に沿い，気候区も変化…南北で対称性
北アフリカの自然と農業	大部分が（　4　気候）…降水量極少 エジプト…（　5　）のナイル川流域で古代文明が栄えた （　6　地方）のアトラス山脈周辺…古くから農耕文化が発達 オアシスで灌漑(かんがい)農業…（　7　）の栽培
サブサハラの自然と農業	大部分が（　8　）地域…雨季と乾季で異なる景観 大陸は全般的に台地状…大河川でも下流部は急流 高い農業人口率…（　9　農業）中心 　→赤道付近でいも類，半乾燥地域で雑穀を栽培

2　歴史と文化

植民地化と独立後	19世紀…ヨーロッパ列強が（　10　化）→（　11　会議）以後，海岸周 　　　　辺から内陸まで拡大→20世紀までにほぼ全域が(10)へ 1914年時点の独立国…エチオピア，リベリア，南アフリカ共和国 1960年に17か国が独立…「（　12　）」といわれる
アラブ世界	北アフリカ…（　13　民族）と（　14　）の世界，（　15　語） (14)…キャラバンや海洋交易(こうえき)を通して拡大
多様な民族	多様な民族，多数の言語集団…宗主国の言語を（　16　語）へ アフリカ東部…（　17　語）が共通語 宗教…大都市部などで（　18　教）が多い。農村部は（　19　）が残る

3　産業と経済発展

豊かな資源	資源…石油・天然ガスなどの（　20　資源），プラチナなどの（　21　） 資源開発への投資が中心…工業化に遅れ
北アフリカの産業と経済	北アフリカ…エネルギー資源依存：石油，天然ガス 　産油国：アルジェリア，リビア，エジプト，スーダン 　天然ガス：アルジェリア…パイプラインでヨーロッパへ ヨーロッパへの（　22　）…モロッコ，チュニジアが送出 エジプト…湾岸諸国で働く（　23　）が多い
1次産品への依存	アンゴラの石油，多数の鉱産資源保有国 　ボツワナ…（　24　），ザンビア…（　25　），コバルト （　26　農業）で商品作物生産…コートジボワールの（　27　）， 　エチオピアの（　28　），ケニアの（　29　）など
モノカルチャー経済からの脱却	（　30　経済）…特定の資源や商品作物の生産に依存 　→価格変動，資源枯渇(こかつ)のリスク

4 地域紛争と国際関係

国際関係と地域紛争	チュニジアで始まった「(31)」…アラビア語圏に波及(はきゅう) 植民地時代の人為(じんい)的国境を継承…民族対立の原因へ 紛争解決に向けて…国連の平和維持活動 (= 32), アフリカ連合 (= 33)による取り組み ヨーロッパの旧宗主国やアメリカとのかかわり→21世紀以降, 中国などの外国諸国からの投資が増加

31

32

33

基本問題1 教科書p.240図1「アフリカの植民地分割」をみて, 右の図に旧宗主国がイギリスの国を赤で, フランスの国を青で着色しなさい。また, 下の文の空欄①～④に適する語句を記入しなさい。

> 旧宗主国の分布をみると, アフリカ西部に(①)の植民地が多く, アフリカ東部に(②)の植民地が多い。植民地分割にはほかのヨーロッパ列強も参加し, コンゴ民主共和国の旧宗主国は(③)である。1914年時点の独立国はリベリア, (④), 南アフリカ共和国のわずか3か国だけであった。

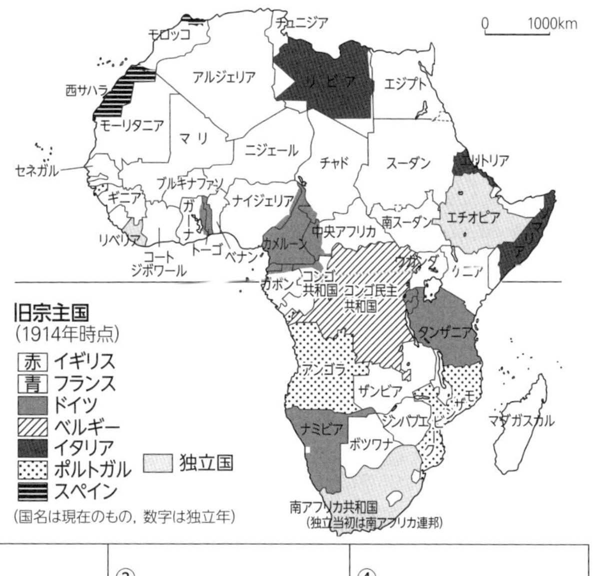

①	②	③	④

発展問題2 アフリカでは農産物や鉱産資源などの1次産品に依存している国も多い。次の問いに答えなさい。

(1) 教科書p.243図5を参考にして, 右の図中の各国の1位の輸出品A～Fについて, 記入しなさい。

A	B	C
D	E	F

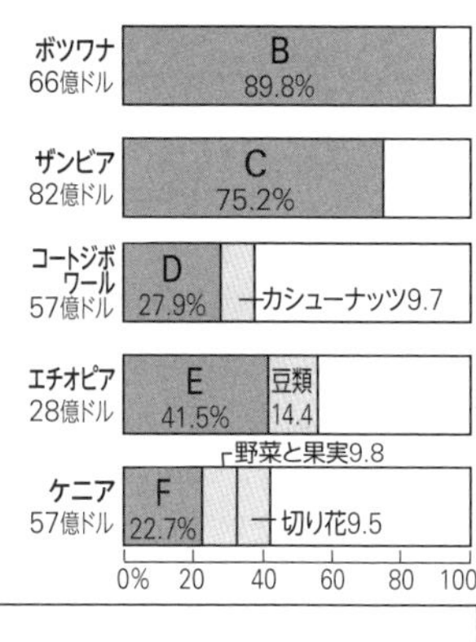

(2) 特定の1次産品に依存するモノカルチャー経済の背景には, アフリカの鉱産資源の埋蔵量や, 植民地時代からのプランテーション農業の影響がある。教科書を参考にして, モノカルチャー経済のかかえる課題を書き出しなさい。

◆ 第2章　現代世界の諸地域 ◆　教科書p.248～253

⑦ヨーロッパ（1）

1　統合するヨーロッパ

EU成立までの歩み	２度の世界大戦…「一つのヨーロッパ」をめざし欧州統合を模索 1952年…ヨーロッパ石炭鉄鋼共同体（＝　1　） 1967年…ヨーロッパ共同体（＝　2　） 1993年…ヨーロッパ連合（＝　3　）←（　4　条約）の発効
EUの拡大	ソ連崩壊後…加盟国は東欧に拡大 1989年：（　5　革命）→2004年，10か国加盟 2020年…（　6　）の離脱
単一通貨	単一通貨…（　7　）の導入，域内取引活発化→市場拡大 （　8　）には参加するが（7）は導入しない国も
国境をこえる人々	1995年…（　9　協定）…国境往来の自由化 　ルクセンブルクやスイスはフランスから（　10　）の受け入れ 観光の国際化…（　11　制度）の発達…海岸リゾート，スキーリゾート
EUの組織	本部（ブリュッセル），欧州議会（ストラスブール）， 欧州司法裁判所（ルクセンブルク），欧州中央銀行（フランクフルト）

2　統合の背景としての文化の多様性

言語の地域性	（　12　語族）…北部：（　13　語派），南部：（　14　語派）， 東部：（　15　語派） （　16　）…周囲とは異なる言語が分布　（例）ハンガリー語
宗教の分布と民族	ほとんどが（　17　教）中心 　南部…（　18　），ラテン民族 　北部…（　19　），ゲルマン民族 　東部…（　20　），スラブ民族 （例外）スラブ民族で（18）教徒が多い…ポーランド，チェコ 　ラテン民族で（20）教徒が多い…ルーマニア
民族分布と国境	複雑な民族構成…（　21　半島） 複雑な言語構成…ベルギー，スイス （　22　）…イギリスのゲール語，フランス・スペインのバスク語
移民の増加	ドイツ…1960年代からトルコより出稼ぎ労働者（＝　23　）の受け入れ→マンハイムやデュースブルクにトルコ人街を形成 出稼ぎ…ポーランドやルーマニア→ドイツ 　北アフリカ諸国→フランス 　ムスリム人口の増加→宗教や文化の違いから対立の発生

3　自然と農業の地域性と共通農業政策

地形の複雑さ		南北の境界…（　24　山脈），アルプス山脈，カルパティア山脈
	南部	カルスト地形，火山地形，山岳氷河に侵食された地形（マッターホルンなど）
	北部	地層が水平な（　25　）…パリ盆地などで（　26　地形） かつて氷床（ひょうしょう）（大陸氷河）におおわれていた…スカンディナヴィア半島西岸の（　27　），北ドイツ平原の（　28　）

1
2
3
4　条約
5　革命
6
7
8
9　協定
10
11　制度
12　語族
13　語派
14　語派
15　語派
16
17　教
18
19
20
21　半島
22
23
24　山脈
25
26　地形
27
28
29　気候
30　海流

<table>
<tr><td rowspan="3">多様な
気候</td><td>西部</td><td colspan="2">（ 29 気候）…暖流の（ 30 海流）と（ 31 風）の影響
ノルウェーのナルヴィク…北緯60度以北だが（ 32 港）
北極に近い地域…夏季に（ 33 ）が続く</td></tr>
<tr><td>東部</td><td colspan="2">（ 34 気候）…気温の年較差（ねんかくさ）大。冬の寒さがきびしい</td></tr>
<tr><td colspan="2">地中海沿岸</td><td>地中海性気候…通年で降水量少。夏は特に少ない</td></tr>
<tr><td>農業の
地域性</td><td colspan="3">アルプス山脈以北…（ 35 農業）が盛ん→現在では（ 36 ）が進む
デンマーク・オランダ…酪農（らくのう），地中海沿岸地域…（ 37 農業）
大都市近郊…（ 38 農業），ブルゴーニュほか…ワイン用ぶどう栽培</td></tr>
<tr><td>EUの
共通農業
政策</td><td colspan="3">（ 39 政策）…農業市場の統一，食料供給安定化
価格保証→生産過剰で財政負担大
政策の変化…生産量に応じた補償→直接所得補償が中心</td></tr>
</table>

31 ＿＿＿＿ 風
32 ＿＿＿＿ 港
33 ＿＿＿＿
34 ＿＿＿＿ 気候
35 ＿＿＿＿ 農業
36 ＿＿＿＿
37 ＿＿＿＿ 農業
38 ＿＿＿＿ 農業
39 ＿＿＿＿ 政策

基本問題 1　教科書p.248図❷「**EUの拡大過程**」を参考にして，右図をEUの加盟年代別に着色しなさい。また，EUについて述べた次の①～④のうち，下線部が**適当でないもの**を一つ選びなさい。［　　　］

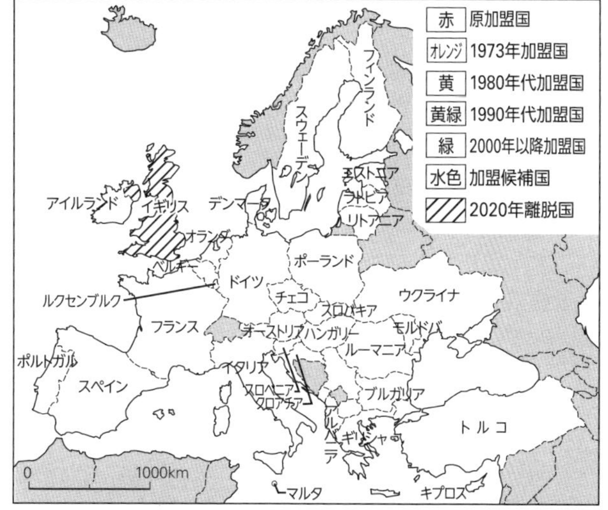

① EUには，ヨーロッパのすべての国家が加盟しているわけではない。
② EUの前身は1967年に結成されたECである。イタリアは原加盟国である。
③ 北欧のスウェーデンやフィンランドより，東欧のポーランドの方がEUに加盟した時期は早い。
④ イギリスは1973年に加盟したが，EUの規制や移民政策への不信から2020年に離脱した。

発展問題 2　右の「**ヨーロッパの農業地域**」の図について，次の問いに答えなさい。

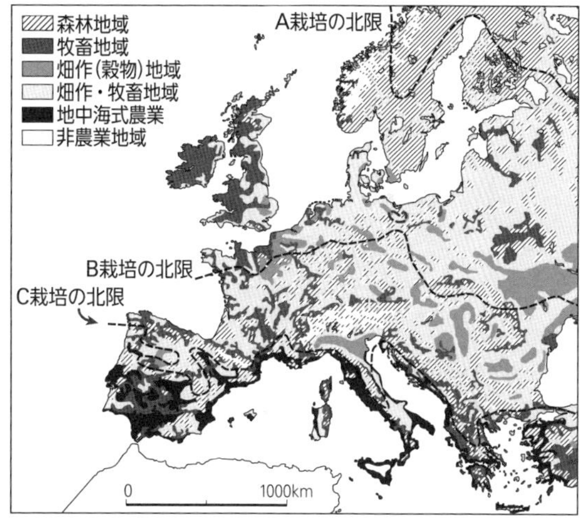

(1) 図中の線A～Cはそれぞれ，オリーブ，小麦，ぶどうのいずれかの栽培の北限を示している。適切なものを選びなさい。

A	B	C

(2) 図の地中海式農業の特徴を，気候の特徴にも言及しつつ，簡潔にまとめなさい。解答に際しては，以下の語を必ず用いること。

（語群）　夏季　冬季　小麦

［　　　　　　　　　　　　　　　　　　　　］

◆ 第2章　現代世界の諸地域 ◆　　教科書p.254 ~ 257

⑦ ヨーロッパ（2）

1 ＿＿＿＿＿油田
2 ＿＿＿＿＿
3 ＿＿＿＿＿発電
4 ＿＿＿＿＿発電
5 ＿＿＿＿＿発電
6 ＿＿＿＿＿発電
7 ＿＿＿＿＿
8 ＿＿＿＿＿社会
9 ＿＿＿＿＿
10 ＿＿＿＿＿工業地域
11 ＿＿＿＿＿川
12 ＿＿＿＿＿地区
13 ＿＿＿＿＿
14 ＿＿＿＿＿
15 ＿＿＿＿＿政策
16 ＿＿＿＿＿
17 ＿＿＿＿＿
18 ＿＿＿＿＿
19 ＿＿＿＿＿
20 ＿＿＿＿＿
21 ＿＿＿＿＿
22 ＿＿＿＿＿
23 ＿＿＿＿＿
24 ＿＿＿＿＿
25 ＿＿＿＿＿

4　エネルギー・工業と貿易・交通の変化

資源とエネルギー	ヨーロッパ：鉱産資源やエネルギー資源が乏しい …ロシア，西アジア，北アフリカ諸国から輸入 石炭…ポーランド，ドイツの一部で産出 石油…（ 1 油田）で採掘 天然ガス…（ 2 ）でロシアから輸入 発電：ポーランド…（ 3 発電）が中心 ノルウェー…（ 4 発電）が中心 フランス…（ 5 発電）に頼る 偏西風が安定して吹く地域…（ 6 発電） 日射が強い地域…（ 7 ）・太陽熱発電 EU：パリ協定→（ 8 社会）の実現をめざす （ 9 ）の構築により，多様な発電を効率的に管理
工業の変化	伝統的工業地域…炭田と結びつき発達 ドイツ…（ 10 工業地域）→豊富な石炭，（ 11 川）の水運 第二次世界大戦後…著しい工業立地の変化 炭田，鉄鉱山の閉鎖…失業率上昇 臨海部の開発…オランダの（ 12 地区），マルセイユの（ 13 ） （ 14 ）：ロンドン～イタリア中北部に大都市が帯状に連なる
貿易と交通	域内関税の撤廃，（ 15 政策）…域内の企業，市場を保護 EU域内での分業，貿易の活発化…域内貿易比率約6割 →中国，アメリカと並ぶ貿易圏に発展 1994年にロンドン・パリ間が（ 16 ）で結ばれる ハブ空港…（ 17 ）空港（ドイツ）など アルプス山脈以北：運河や（ 18 ）などの内陸水路が発達

5　ヨーロッパの変化と課題

経済格差	EU域内の経済格差大…西欧と東欧で5～10倍 (14)と周辺部で格差…ギリシャ，スペインでは（ 19 ）が拡大 各国内…首都などの中心部と周辺部で格差 賃金格差…高収入を求めた労働者の移動，安価な（ 20 ）を求めた工場の移転
外国人労働者・難民	経済格差…（ 21 ）や（ 22 ）の増加への対応に違い 多文化共生と国益保護の両立の課題 (22)への人道支援，積極的な受け入れ↔外国人排斥
イギリスのEU離脱とEUの変化	2020年1月…（ 23 ）のEU離脱 加盟国拡大…全体の政策と各国の自主性のバランスに課題 EUの合意形成の困難化…他地域より欧州は経済的に優位 環境政策でも世界に先行…パリ協定，プラスチックの（ 24 ）
地域連携	（ 25 ）：国境をこえて連携する組織…経済，消防，救急，防災，教育，文化

基本問題 1

(1) 次の地図中には，ヨーロッパの代表的な工業都市が示されている。地図帳も参考にして，A～Hの都市名を答えなさい。

A	B
C	D
E	F
G	H

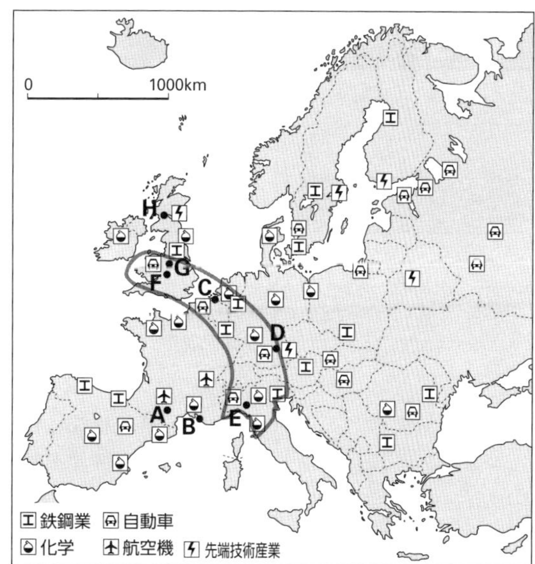

(2) 西ヨーロッパにおいて特に産業集積や人口集中がみられる図中の曲線で囲んだ地帯のことをなんとよぶか。

標準問題 2

右の図「ヨーロッパ各国の1人当たりGNI（国民総所得）」の①～⑥に適する国名を下の表に記入し，図から読み取れることをまとめた文章の空欄A～Dを記入しなさい。

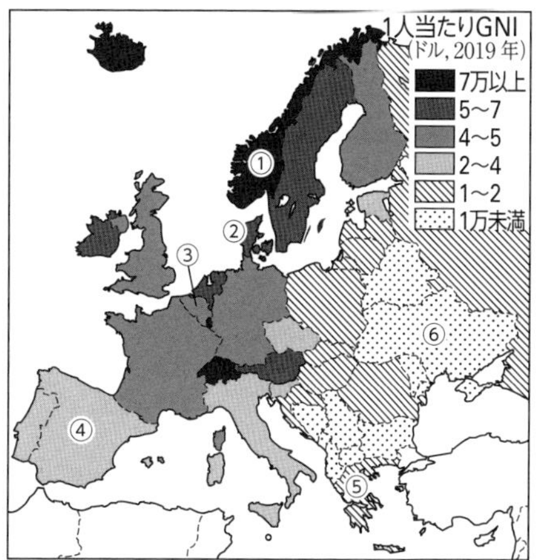

6万ドル以上	(①　　　　　　)，アイスランド，スイス，ルクセンブルクなど
5～6万	(②　　　　　　)，スウェーデン，アイルランド，オランダなど
4～5万	(③　　　　　　)，イギリス，ドイツ，フランスなど
2～4万	(④　　　　　　)，ポルトガル，イタリア，スロベニアなど
1～2万	(⑤　　　　　　)，ルーマニア，ロシアなど
1万未満	(⑥　　　　　　)，ブルガリア，ベラルーシなど

ヨーロッパの1人当たりGNIをみると，中核地域と周辺地域での経済格差が大きい。高い国としては北欧や，EUに加盟していない（　A　）があげられる。低い国には東ヨーロッパや，（　B　）から分離独立した国々があげられる。スペインや（　C　）のように（　D　）が拡大しているのも周辺地域である。

A	B	C	D

発展問題 3

ヨーロッパ各国間や域外からにおいて，国際的な人口移動が活発になっている。次のA～Dの人口移動は，①～④のどのタイプの人口移動にあたるだろうか。それぞれ選んで記入しなさい。

A ルーマニアから ドイツへ		B アルジェリアから フランスへ		C シリアから ドイツへ		D ベルギーから オランダへ	

① 旧宗主国と旧植民地との間では言語の障壁が比較的低く，雇用機会の少ない自国から，高い旧宗主国への人口移動がみられる。

② 国境での審査なしで自由に出入国ができるようになり，先進国どうしの人々の相互移動が活発化し，大量の人口移動につながった。

③ 産業が発達している国との間の賃金格差が大きく，賃金水準の低い国々から労働者が流出した。

④ 人道的な援助として難民を受け入れるEU諸国に向け，紛争や内戦の続く国から大量の避難民が流入した。

◆ 第2章　現代世界の諸地域 ◆　　教科書p.258 ～ 263

⑧ ロシア

1
2
3
4
5
6
7
8
9　系
10
11
12
13　制
14
15
16
17
18
19
20
21
22
23
24
25
26
27　航路
28
29
30

1　自然環境と民族・文化

広大な国土と気候	ウラル山脈以西の（　1　）と，東の（　2　）・極東に分かれる オイミャコン付近…居住地で最も気温の低い（　3　） 国土の大部分…（　4　）とよばれる針葉樹林におおわれる ※（2）…2年間以上にわたり温度が0℃以下の土壌（　5　）が分布
ソ連解体とロシア成立	第二次世界大戦後…資本主義諸国と対立，（　6　）が続く 1991年…ソ連崩壊→（　7　＝CIS）に移行
連邦国家と対立	100以上の民族からなる（　8　）で，共和国・自治管区などから構成される連邦国家である 民族比率…（　9　系）ロシア人が人口の約8割，極東にアジア系住民，南部のカフカス地域やヴォルガ川流域にムスリム
多様な民族と暮らし	公用語…ロシア語（各共和国では独自の民族言語が公用語） 表記文字…（　10　）文字 宗教…（　11　）が半数，地域により（　12　）・仏教・ユダヤ教も

2　体制転換と産業の変化

経済の再編		政治体制…独裁から（　13　制）に移行 経済体制…社会主義の計画経済から資本主義の（　14　）に移行
農業地域と経営形態	分布	南部の（　15　）…肥沃（ひよく）な黒土地帯で（　16　）などの穀物栽培 （1）…穀物栽培と畜産を組み合わせた（　17　）
	経営形態	ソ連時代…コルホーズ（＝集団農場）とソフホーズ（＝　18　）が中心 ロシア…（18）の改編で民間経営に 都市住民…別荘（＝　19　）で自家消費用の野菜生産
鉱工業の変化		ソ連時代…鉄山・炭田と工場が結びつく（　20　）方式 ロシア…石油や（　21　）など＋自動車・精密機械・先端技術産業 （例）モスクワ近郊…（　22　）を建設
都市の発展と地域格差の拡大		ロシアに移行…経済発展→貧富の差が拡大 ※大都市…資源の輸出→富裕層の誕生 ※極東・シベリア…インフラ整備に遅れ

3　ロシアと世界の結びつき

エネルギーのネットワークと課題	ヨーロッパ・中国への石油・（21）輸送…（　23　）を使用 ウクライナとの関係悪化［2000年代］を受けて，ヨーロッパへの輸送は，バルト海経由ルート（　24　）と黒海経由ルート（　25　）に移行
交通ネットワークと課題	シベリア鉄道…モスクワと（　26　）を結ぶ世界最長の鉄道 バム鉄道…シベリア鉄道から分岐，バイカル湖の北側を通る 道路網や航空網も整備 地球温暖化の影響…（　27　航路）に注目
シベリアの開発と課題	ハバロフスクに（　28　）を，（26）などに（　29　）を設置 アジアとヨーロッパを結ぶ国際輸送網（＝　30　）も整備

基本問題 1 右の写真は，シベリアの高床式住居を写したものである。高床になっている理由として最も適当なものを，次の①～④のうちから一つ選びなさい。

① 湿地帯で土台が腐りやすいので日光にあてて腐食を防ぐため。
② 暖房などによる建物の熱が凍土層に直接伝わらないようにするため。
③ 冬の積雪が多くなっても建物から外に出られるようにするため。
④ 床下の通風をよくして夏の暑さを防ぐため。

標準問題 2 教科書p.260図1「ロシアの農業地域」を見て，下の図の凡例にしたがって着色しなさい。この図を参考にして，ロシアの農業について述べた文①～④のうち**誤っているもの**を一つ選びなさい。

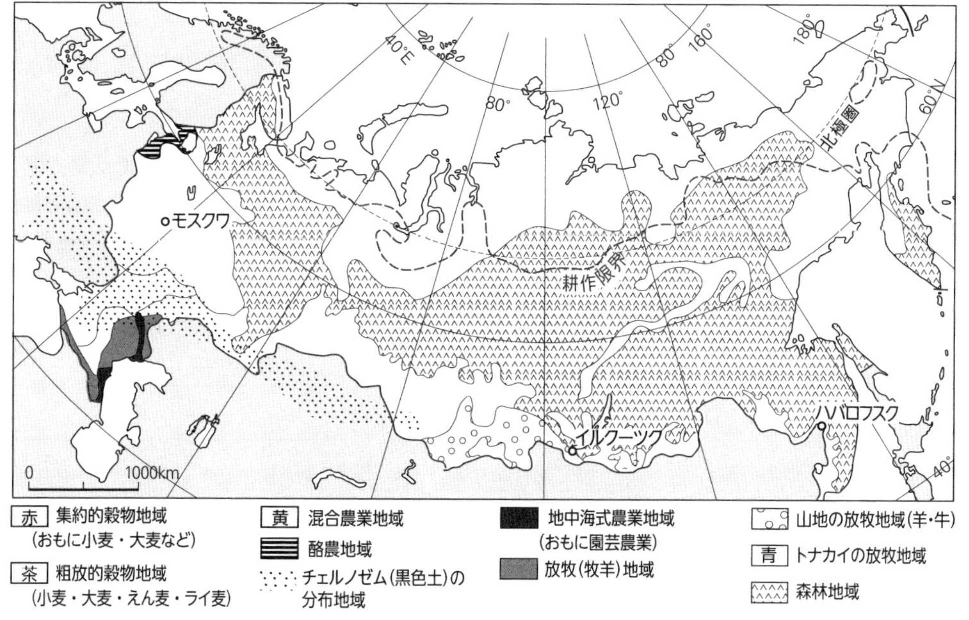

① 高緯度地域では寒冷な気候のもとで，少数民族による羊の遊牧が行われている。
② 小規模ではあるが都市住民は郊外にダーチャとよばれる別荘をもち，自家用の野菜を栽培する。
③ 南部のチェルノゼムが分布する肥沃な黒土地域では，小麦を中心とした穀物栽培が行われている。
④ ヨーロッパロシアでは，穀物栽培と畜産を組み合わせた混合農業が多くみられる。

発展問題 3 ロシアの鉱産資源について，次の問いに答えなさい。

(1) 右のグラフのA～Dに適する鉱産資源名を，語群から選びなさい。

【語群】 天然ガス　石油　ダイヤモンド　金

A	B	C	D

A (2020年)：アメリカ／ロシア 13.3%／サウジアラビア／イラク／中国／その他
B (2020年)：アメリカ／ロシア 18.1%／イラン／中国／カナダ
C (2018年)：中国／オーストラリア／ロシア 9.4%／アメリカ／カナダ
D (2018年)：ロシア 29.4%／ボツワナ／カナダ／コンゴ民主／オーストラリア
0% 20 40 60 80 100

(2) ロシアの資源について解説した次の文の空欄①～③に適する語句を記入しなさい。

①	②	③　　ストリーム

ロシアからヨーロッパや中国への（　①　）や天然ガスの輸送には，おもに（　②　）が使われている。バルト海を抜けてドイツに至る（　③　ストリーム）が建設されたが，ロシアのウクライナ侵攻によりヨーロッパの禁輸措置やロシアからの供給停止がおこり，エネルギー資源の価格が高騰している。

◆ 第2章　現代世界の諸地域 ◆　　教科書p.264～267

⑨ アングロアメリカ（1）

番号	解答
1	山脈
2	山脈
3	
4	川
5	
6	気候
7	
8	気候
9	
10	
11	気候
12	気候
13	
14	
15	
16	
17	
18	
19	人
20	
21	
22	
23	
24	制
25	
26	
27	
28	
29	
30	

1　自然環境の多様性と自然災害の特徴

地形		西側は急峻な（　1　山脈），東側にはなだらかな（　2　山脈） メキシコ湾～カナダに（　3　）が広がり，中央部を（　4　川）が流れる 大陸北部は，五大湖～北極海付近に（　5　）が広がる
気候	南北差	北極海付近は（　6　気候），北緯40度以北は（　7　） 北緯40度以南は温和な（　8　気候） フロリダ半島南部は（　9　）に属する
	東西差	西経100度付近…東側は年降水量（　10　）mm以上で湿潤，西側は乾燥帯 太平洋岸…温暖な（　11　気候）や（　12　気候） （4川）西側の（　13　）…適度な降水量と肥沃な土壌 →タウンシップ制やホームステッド法による農地開発 （13）の西側の（　14　）…ステップ気候で灌漑農業が発達
自然災害のリスク		風雨…北部は（　15　＝猛吹雪），中央部は（　16　＝竜巻）， 南部は大型の（　17　）が発生→それぞれ大きな被害 地震…太平洋側のサンアンドレアス断層沿いに多い

2　社会の多様性と多文化社会

移民による建国と発展		17世紀…（　18　）から土地を奪い，ヨーロッパ系移民が植民
	カナダ	（　19　人）が入植→（　20　）の植民地に→1931年独立
	アメリカ	（20人）による入植→1776年に東部13州が独立 （　21　＝フロンティア）…東部→内陸部→西部へ （18）を西部の不毛な（　22　）に追いやる
移民の出身地の変化		独立時…（20）からが中心→（　23　）が政治・経済・文化の指導者層 19世紀…アイルランド・ドイツ・イタリアなどから流入 南北戦争まで南部諸州で（　24　制）が残る →アフリカ系がプランテーション農業に従事 20世紀…メキシコなどスペイン語系住民（＝　25　）の増加
民族構成の地域差		ヨーロッパ系…移民の増加に伴い，人口に占める割合は減少傾向 アフリカ系…南部諸州と北部の一部の大都市で高い （25系）…メキシコとの国境近くの州で増加→両国を挟んで（　26　）が発達 アジア系…太平洋岸・東部の大都市で増加 大都市の市街地…人種や民族の住み分け（＝　27　）が生じる
多民族・多文化社会		アングロアメリカ…移民の流入→（　28　）を形成 アメリカ…多様な文化・慣習をもつ人々を尊重・共存する社会 →（　29　）とたとえられる カナダ…すべての人が尊重され，平等な社会参加をめざす（　30　）

基本問題 1 アングロアメリカの自然環境について，次の問いに答えなさい。

(1) 下の雨温図①～④は，図1中のサンフランシスコ，マイアミ，モントリオール，ワシントンD.C.のいずれかの都市の雨温図である。各雨温図に該当する都市を図1中のA～Dから選び，記入しなさい。

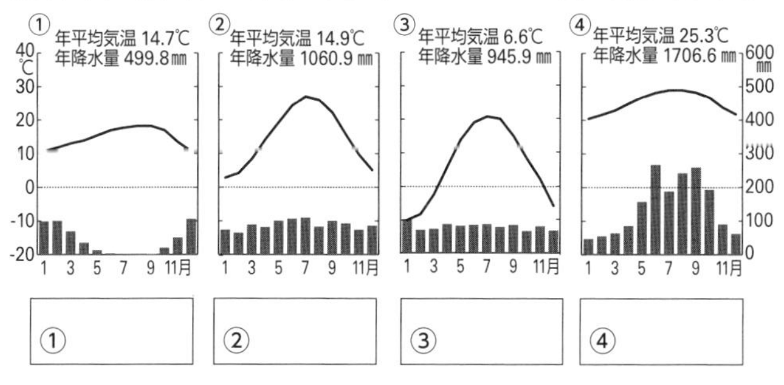

①	②	③	④

図1

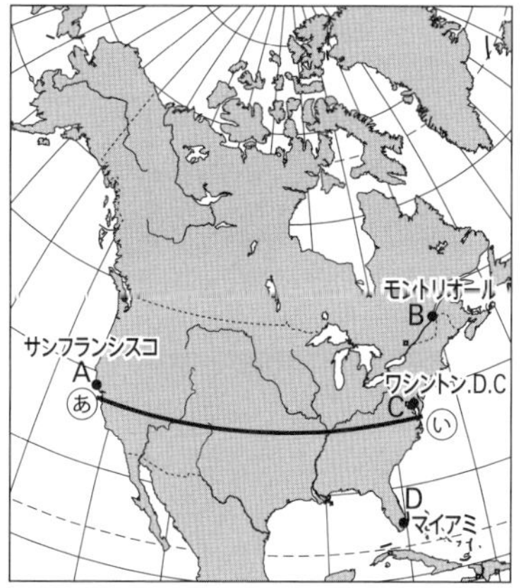

(2) 図1中のアングロアメリカのあ—い間の地形断面図として最も適当なものを，次の①～④のうちから一つ選びなさい

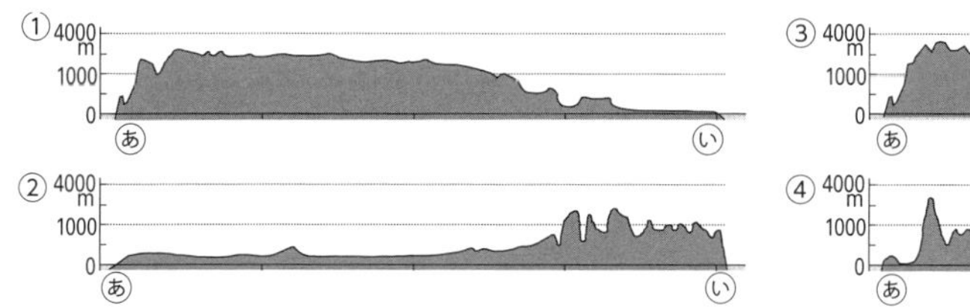

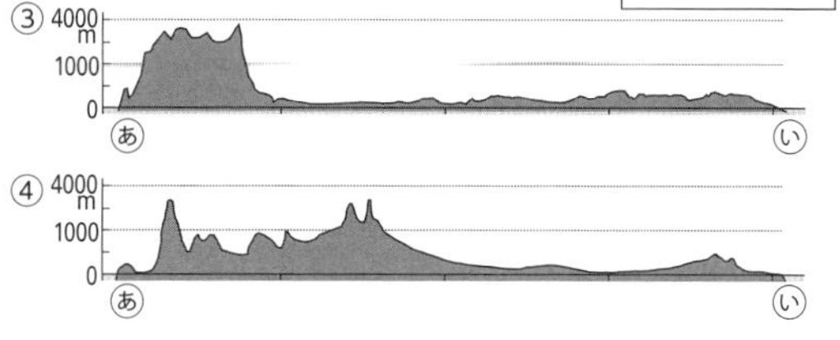

標準問題 2 アングロアメリカの移民の歴史について述べた文として最も適当なものを，次の①～④のうちから一つ選びなさい。

① アメリカで20世紀に入ると増加したヒスパニックは，ポルトガル語系住民の総称である。
② アメリカの独立時にはイギリスからの移民が中心で，WASPが政治，経済，文化の指導者層になった。
③ 開拓前線(フロンティア)は，西部から内陸部，東部へと進んでいった。
④ ラテン系の人々を中心にして，アメリカとカナダが建国された。

標準問題 3 カナダとアメリカの社会について，次の問いに答えなさい。

(1) 教科書p.266図4を参考にして，次の文の空欄①～④に適する語句を記入しなさい。

カナダの人口の大部分は(　①　系)に由来した住民で英語を話すが，(　②　州)は(　③　系)住民が多数派で，分離独立の動きがみられた。そこで，英語とフランス語の両方を公用語と定めるなど，(　④　主義)をめざしている。

①　　系	②　　州	③　　系	④　　主義

(2) 教科書p.267図5を参考にして，次の文の空欄①～⑤に適する語句を記入しなさい。

アメリカの南東部の州では，(　①　系住民)の比率が高い。これは，南北戦争以前に綿花のプランテーション労働力として多数の(　②　)労働力を利用したためである。メキシコとの国境に接する州では，(　③　系住民)の比率が高い。国境付近には低賃金労働に依存する工場などが立地する。中国・韓国・フィリピンなどの(　④　)からの移民は，(　⑤　岸)の大都市のほか，ニューヨークなどの東部の大都市にも集まって住んでいる地区がある。

①　　系住民	②	③　　系住民	④	⑤　　岸

◆第2章 現代世界の諸地域◆ 教科書p.268～271

⑨アングロアメリカ（2）

1 度
2
3
4
5 ベルト
6 ベルト
7
8
9
10
11
12
13
14
15
16
17 度
18
19 産業
20
21
22
23
24 体制
25
26
27
28
29 家
30

3 世界をリードする農業と産業

農業の適地適作	西経（ 1 度）付近…年降水量が500㎜前後で，小麦栽培が盛ん →北部では（ 2 ），南部では（ 3 ）を栽培	
	東側	冷涼…北東部は（ 4 ）地帯 湿潤…中部は（ 5 ベルト），南部は（ 6 ベルト）が広がる
	西側	乾燥地域…放牧以外に（ 7 ）などを用いた灌漑農業
大規模経営と発展する農業	大型機械による労働生産性の高い（ 8 ）を行う （例）肉牛…集団肥育場（＝ 9 ）で大量飼育 穀物流通…多国籍企業の巨大穀物商社（＝ 10 ）の影響が大きい 企業…農産物の生産から販売までを結びつける（ 11 ）を展開 →（ 12 ）作物の開発・生産も行う ICT技術の活用…（ 13 ）の拡大 （例）GNSSによる農機具の無人操作，（ 14 ）による農薬散布	
豊かな地下資源	2000年代…シェールガスやシェールオイルの産出が本格化 （＝ 15 ）→世界のエネルギー市場に影響 カナダ…石炭・石油・天然ガスを産出→アメリカへ輸出 五大湖沿岸…水力発電による電力→アルミニウム精製，パルプ生産	
活発な産業活動	北東部・五大湖沿岸…製鉄業・造船業などの重工業が発展 →国際競争力を失い衰退→（ 16 ）とよばれる 都市再開発…ハイテク産業へ転換を図る （例）ピッツバーグ，エレクトロニクスハイウェイ 北緯（ 17 度）以南…（ 18 ）とよばれる [特色] 2000年代…航空宇宙・ICT産業などの（ 19 産業）が成長 →大学や研究機関が集中＋空港・高速道路などを整備 （例）（ 20 ），シリコンプレーン，リサーチトライアングル	

4 世界と結びつくアメリカ

強い影響力	政治…アメリカを中心に安全保障体制や同盟関係を構築 金融・経済…ドルが世界の（ 21 ）で，国際取引で広く流通
多国籍企業と技術革新	農業…（10）が国際価格に大きな影響力 ICT産業・航空宇宙産業・（ 22 ）の面で世界をリード （例）4大ICT企業（＝ 23 ）の売上高…世界屈指
経済的な結びつき	（ 24 体制）を牽引…世界トップの経済大国に成長 1994年…カナダ・メキシコと（北米自由貿易協定＝ 25 ）を締結 関税の撤廃…輸入量の増加→（ 26 ）が拡大→（ 27 ）の復活 2020年…アメリカ・メキシコ・カナダ協定（＝ 28 ）が発効
文化的な結びつき	（ 29 家）精神が根づく…世界中から一流の人材が集まる アジアなどからの（ 30 ）が多い アメリカ生まれの文化・生活習慣が世界中に深く浸透 （例）ファストフード店，コーヒー店，映画やテーマパーク

基本問題 1 下の図は，アングロアメリカの農業地域を示したものである。図中の年降水量を示すAの空欄に適切な数字を記入しなさい。また，B～Fの農業地域名をそれぞれ答えなさい。

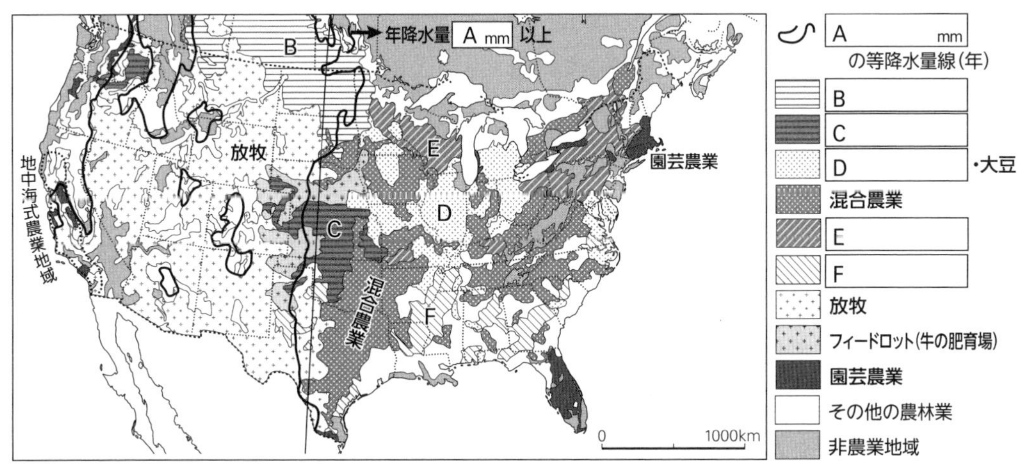

標準問題 2 アングロアメリカの資源と産業について，次の問いに答えなさい。

(1) 教科書p.269図5「アングロアメリカの鉱工業」を参考にして，工業地域名A・Bと都市名①～⑦を記入しなさい。

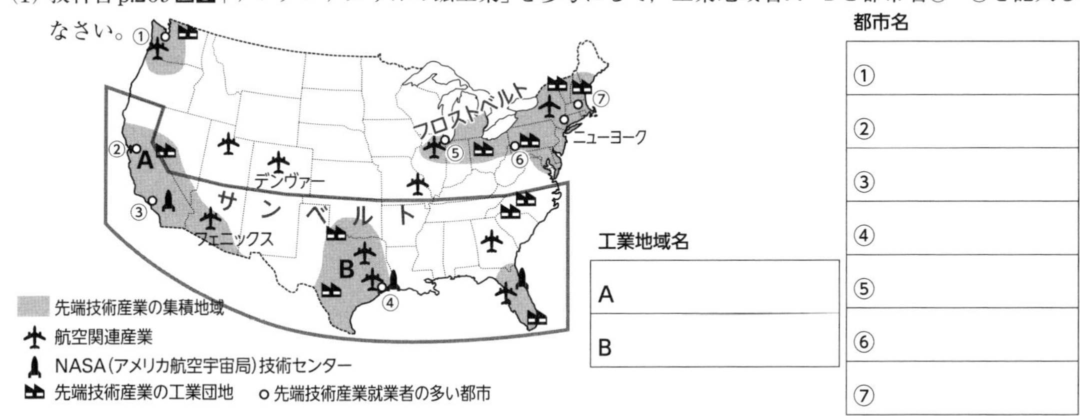

工業地域名

A
B

都市名

①
②
③
④
⑤
⑥
⑦

(2)「GAFA」とよばれるアメリカの四大ICT企業の売上高は世界屈指となっている。各アルファベットが示す企業名を答えなさい。

G	A	F	A

(3) アングロアメリカの産業と貿易について述べた文として最も適当なものを次の①～④から一つ選びなさい。

① アングロアメリカでは大型機械を導入して，労働生産性の低い企業的農業を行っている。

② 2000年代にはシェールガス・シェールオイルの産出が本格化し，世界のエネルギー市場に大きな影響を与えた。

③ 2020年には，USMCA（アメリカ・メキシコ・カナダ協定）に代わって，原産地規則を緩和し，さらに自由貿易を進めるNAFTA（北アメリカ自由貿易協定）が発効した。

④ 歴史的に長らく世界の基軸通貨であったアメリカのドルが，リーマンショック後に中国の元に代わった。

(4) 図中のフロストベルト・サンベルトについて述べた次の文中の空欄①～⑤に適する語句を記入しなさい。

フロストベルトは（ ① ）から北東部の降霜(こうそう)地帯で，1970年代には製鉄業や造船業などの（ ② ）が発展したが，第二次世界大戦後は国際競争力を失い衰退した。サンベルトは北緯（ ③ 度）以南のカリフォルニア州からフロリダ州にわたる温暖な地域で，（ ④ 産業）や（ ⑤ 産業）が成長している。

①	②	③ 度	④ 産業	⑤ 産業

◆第2章 現代世界の諸地域◆ 教科書p.272～279

⑩ラテンアメリカ

1	
2	
3	
4	
5	
6	砂漠
7	制
8	農業
9	
10	
11	
12	
13	
14	
15	
16	
17	
18	
19	
20	工業
21	産業
22	発電
23	
24	
25	道路
26	
27	
28	
29	
30	

1 多様な自然環境と農業

地形	太平洋側に連なる(1)山脈。世界最大の流域面積の(2)川 氷河や氷河地形がみられる最南端の(3)
気候・植生	(4)とよばれる世界最大の熱帯雨林 ブラジル高原中央部：(5)とよばれるサバナが広がる 熱帯収束帯が移動→雨季・乾季が明瞭→河川水位が大きく変動 アンデス山脈西側には(6 砂漠)などの海岸砂漠が分布
土地制度	ヨーロッパ人によって導入された(7 制)＝少数の大地主 大農場を所有し，多くの低賃金雇用労働力を用いた商品作物を輸出向けに単一栽培する(8 農業)→格差の原因 近年は各国で(9)が進む一方で(10)による開発
農地開発	(5)で行われる大規模な大豆栽培→中国向け輸出増

2 混ざりあう民族，拡大する都市

植民地化	インディオ→ブラジルは(11)，その他は(12)による植民地
人種・民族	アフリカから奴隷(どれい)導入→混血進行→奴隷制廃止後，代替労働力でヨーロッパやアジアからの移民増→多民族社会形成 インディオの割合高い…ペルー，ボリビア (13)の割合高い…メキシコ，エクアドル，チリ (14)の割合高い…カリブ海地域 ヨーロッパ系の割合が高い…アルゼンチン，ウルグアイ
社会問題	農業中心の北部・北東部と主要都市のある南部・南東部との大きな経済格差→大都市への流入者がスラム(＝ 15)を形成 多くの国で(16)を形成(ブラジルを除く)

3 鉱工業の移り変わり

鉱業	チリのチュキカマタで(17)産出。ボリビアのウユニ塩原で大量の(18)存在。ブラジルは有数の(19)産地
工業	ブラジルは南東部を中心に(20 工業)が発達。中型飛行機を中心とした(21 産業)盛ん。電力は(22 発電)の割合高い→パラナ川のイタイプダムは世界最大規模の発電量
バイオ燃料	ブラジルはガソリン燃料の代替(だいたい)として(23)の生産が盛ん →(23)は(24)で地球環境にやさしいとされる
国土開発	アマゾン川流域開発のインフラとしての(25 道路) →セラード開発で大豆生産地域が形成

4 地域内外との政治的・経済的関係

格差の問題	ブラジルは1960～70年代はじめに高度経済成長：「(26)」
地域統合	広域的経済統合：南米南部共同市場(＝ 27)の発足 メキシコ・アメリカ・カナダの間にNAFTAにかわり(28)締結
国際観光	豊富なユネスコ世界遺産→(29)が盛ん 世界遺産の例…インカ帝国の(30)遺跡(ペルー)，イグアスの滝(アルゼンチン・ブラジル国境)

基本問題 1 右の図中の農作物について，教科書 p.272 図❶❷を参考にして，それぞれの栽培地域の特徴を①～④より選びなさい。

① 年中高温多雨の赤道直下や海に囲まれている地域
② 年中高温多雨の地域で，ハリケーンなどの強風がない地域
③ 暖かく比較的乾燥した内陸部などの乾燥地域での灌漑農業
④ 肥沃な土壌が分布する高原で，収穫期に乾燥するサバナ気候

コーヒー	カカオ	バナナ	綿花

標準問題 2 教科書 p.274 図❷と p.275 図❸について述べた A ～ D の文章について，正誤を答えなさい。

A 先住民のインディオが多く住む地域は沿岸部には少なく，内陸に多い。
B メキシコやチリなどの太平洋岸の国は黒人と白人の混血が多い。
C 南米の大都市のほとんどは沿岸部の低地に位置している。
D 熱帯雨林や砂漠が分布する場所の人口密度は低い。

A	B	C	D

標準問題 3 教科書 p.276 図❹と p.278 図❶などから読み取ったメキシコとブラジル，ペルー，チリの産業や経済について述べた文として正しいものを，次の①～④より一つ選びなさい。

① 輸出品に占める工業製品の割合が高い国は1人当たりGDPが最も高い。
② 輸出品に占める野菜と果実の割合が最も高い国は地中海性気候の地域を含む。
③ 輸出に占める中国の割合が高い国は，いずれも大豆や原油の輸出割合が高い。
④ 人口が1億人を超える国は国内市場が大きく，輸出依存度はいずれも低い。

発展問題 4 右のグラフはブラジルの50年間の輸出品目の変化について，上位5品目を示したものである。教科書 p.273，p.276 ～ 278 の本文を参考にしながら，次の問いに答えなさい。

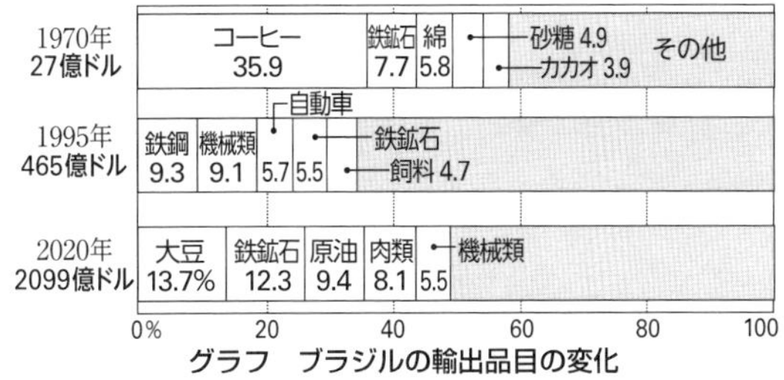

グラフ ブラジルの輸出品目の変化

(1) 右のグラフの輸出品目のうち，1次産品にあたるものを青で塗りなさい。

(2) 1970年と1995年のブラジルの輸出品目について，読み取れる内容やその背景として**適当でないもの**を，次の①～④より一つ選びなさい。

① 1970年は輸出品目に占める1次産品の割合が半分以上を占めていた。
② 1995年は1970年と比べて鉄鉱石の輸出割合は低下したが，輸出額は10倍以上に増加した。
③ 1995年はコーヒーが輸出上位から外れたのは，ブラジルのコーヒー産業の衰退を反映している。
④ 1995年は1970年と比べて工業製品が上位に入っており，豊富な鉱産資源をもとに南東部で重化学工業が発達したことを反映している。

(3) 1995年から2020年の1次産品の割合の変化とその背景にある動きについて，中国との貿易をふまえて70字程度で説明しなさい。

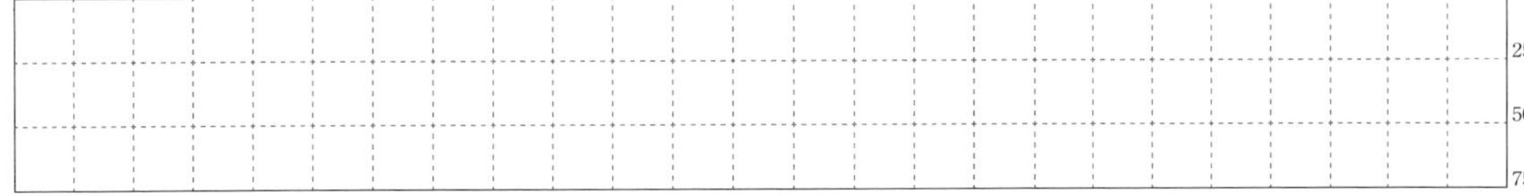

◆ 第2章 現代世界の諸地域 ◆ 教科書p.282～289

⑪ オーストラリア

1 ＿＿＿＿
2 ＿＿＿＿
3 ＿＿＿＿
4 ＿＿＿＿
5 ＿＿＿＿
6 ＿＿＿＿
7 ＿＿＿＿
8 ＿＿＿＿
9 ＿＿＿＿
10 ＿＿＿＿
11 ＿＿＿＿政策
12 ＿＿＿＿
13 ＿＿＿＿教育
14 ＿＿＿＿
15 ＿＿＿＿圏
16 ＿＿＿＿
17 ＿＿＿＿
18 ＿＿＿＿
19 ＿＿＿＿
20 ＿＿＿＿協定
21 ＿＿＿＿
22 ＿＿＿＿制度

1 自然と農牧業・鉱工業

乾燥する大地	国土の大部分が安定陸塊で侵食や風化の進む（ 1 ） →東部になだらかな（ 2 ）山脈，その西側に大鑽井盆地 亜熱帯高圧帯の影響をうけ（ 3 ）や乾燥地域が大半
農牧業	広大な土地で大規模に行われる 大鑽井盆地で牧羊，サバナ気候やステップ気候地域で牧牛 →牧羊業は（ 4 ）の利用でメリノ種を中心に放牧 南東部：短期間で出荷頭数を増やす（ 5 ＝集団肥育場）で肉牛飼育
鉱産資源	多種にわたる豊富な鉱産資源→（ 6 ）の産出も多い 19世紀の（ 7 ）に始まる地下資源開発 →鉄鉱石や石炭の多くは（ 8 ）で採掘→1次産品のまま輸出

2 多文化主義の社会と大都市の発達

土地開発	イギリスによる（ 9 ）開発が本格化→欧州諸国からの移民が増加 →先住民の（ 10 ＝アボリジニ）は内陸へと追いやられる (7)を契機に中国人移民が増加→白人を優遇する（ 11 政策）導入
多文化主義へ	1970年代前半に(11政策)撤廃，以後アジアからの移民が増加 →政府の（ 12 ）にもとづく多様な民族が共存する政策 (例)学校教育での（ 13 教育），移民への定住支援策
大都市の成長	かつて経営の拠点としてつくられた（ 14 ）が多い シドニーとメルボルン：社会・経済の拠点で（ 15 圏）を形成 キャンベラは計画的に建設された（ 16 ）：政治・行政中心

3 世界との結びつき

結びつきの変化	ヨーロッパとの貿易や交流の空間的距離による不利益は大きい →近年は（ 17 ）との結びつきを強化→貿易相手に変化
貿易・投資の自由化	（ 18 ）を結成→農産品の貿易自由化を働きかけ アジア太平洋地域との経済協力をめざし（ 19 ＝APEC）を提唱 2018年，環太平洋地域の経済協力をめざす（ 20 協定）発効
観光資源	北東沿岸部の世界最大のサンゴ礁地帯＝（ 21 ） 就労を一定期間に限り認める（ 22 制度）の活用も可能

⑫ ニュージーランドと島嶼国

23 ＿＿＿＿
24 ＿＿＿＿
25 ＿＿＿＿
26 ＿＿＿＿
27 ＿＿＿＿
28 ＿＿＿＿

1 オセアニアのなかのニュージーランド

自然環境	オセアニアの多くは火山島で，熱帯に属し，（ 23 ）が発達
ニュージーランドの地形と気候	地形：変動帯にあたり，火山と地震が頻繁に発生，南西端に（ 24 ） 気候：偏西風の影響を受けた西岸海洋性気候
農業と発電	19世紀後半の冷凍船の登場→（ 25 ）が発展→農産物輸出国へ 地熱発電や風力発電などの（ 26 ）の活用促進
民族共生	かつて：先住民の（ 27 ）との対立→同化政策 20世紀：民族共生の道…マオリ語の（ 28 ）や国会議席数確保

基本問題1　右の図をみて，下の問いに答えなさい。

(1) ①②の地名，③④の年降水量線の値，A～Fの都市名を記入しなさい。

①　山脈	②　盆地

③年降水量　mm	④年降水量　mm

A	B
C	D
E	F

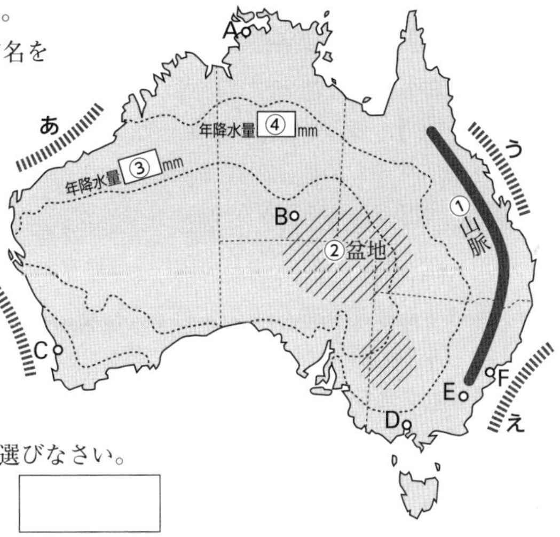

(2) グレートバリアリーフの位置を地図中の**あ**～**え**より選びなさい。

標準問題2　教科書p.283図4のオーストラリアの土地利用と，図5の鉱工業の分布図をみて，次の問いに答えなさい。

(1) オーストラリアの農業について，凡例にしたがって着色し，年降水量500mm以下の地域で行われる農業について，農産物とその生産方法を50字程度で説明しなさい。

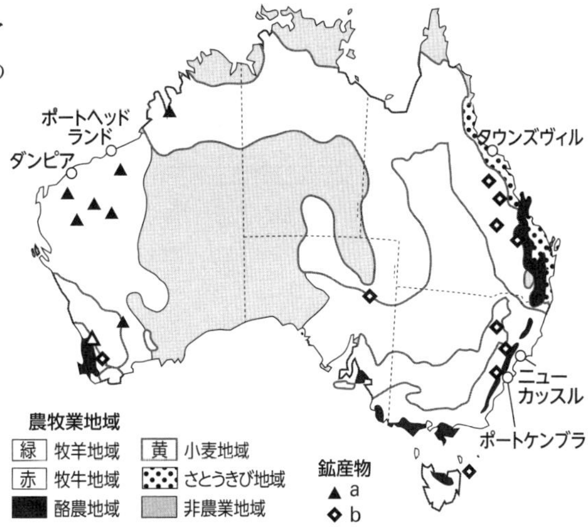

(2) 図の鉱産物aとbは，鉄鉱石か石炭をあらわす。鉱産物の分布に着目し，次の文章の空欄①～⑨に適する語句や地名を記入しなさい。④と⑦は「東部」か「西部」を記入すること。

> 鉄鉱石や石炭の多くは(　①　掘り)されたあと，専用鉄道やトレーラーを使って(　②　港)に運ばれ，(　③　)として輸出される。鉄鉱石は(　④　部)に多く分布しており，(　⑤　)や(　⑥　)の港から，石炭は(　⑦　部)に多く分布しており，(　⑧　)や(　⑨　)の港などから輸出される。

①　掘り	②　港	③	④　部	⑤
⑥	⑦　部	⑧	⑨	

発展問題3　問題1および問題2で作業をした図や教科書本文を参考にして，オーストラリアの産業について述べた次の文①～④のうち，適当でないものを一つ選びなさい。

① 世界の穀倉地帯になっているのは，年降水量500mm前後の一部の地域に限られている。
② 広大で粗放的な放牧場がある一方，高栄養飼料で品質をあげるフィードロット(集団肥育場)もみられる。
③ 豊かな資源の多くは輸出向けであり，内陸部の鉱山から港に向け輸送用の鉄道や道路が発達した。
④ マンガンやリチウムなどのレアメタルの産出が多く，それらを生かした各種工業が発達している。

教科書p.294〜307

①現代日本に求められる国土像

1　2050年の日本の姿

基本問題1　課題を発見しよう　教科書p.294，295の図や本文を参考にして，将来に向けた日本の課題を明らかにするために，2050年の日本の人口構造などに関して次の文章にまとめた。空欄①〜⑦中の選択肢から，適切な語句を選びなさい。

> p.294図2より日本の総人口はすでに（① a.減少期　b.増加期　c.停滞期）に入っており，今後はますます高齢者の割合が（② a.低下　b.増加）することがわかる。一方で，図1の人口ピラミッドをみると，将来の人口構成は地域ごとに異なり，（③ a.東京都　b.地方）よりも（④ a.東京都　b.地方）の方が，高齢化が進むことが予想される。
>
> また，日本の道路などは高度経済成長期に建設されたものが多く，税収が落ち込むことが予想されるなかで，（⑤ a.インフラ　b.高層マンション）の老朽化への対応は大きな課題である。今後，日本で起きる可能性が高い大規模な自然災害リスクとしては，南海トラフ地震や（⑥ a.首都直下型地震　b.エルニーニョ現象）があげられる。
>
> 世界に目を向けると，2050年には世界人口は90億人を超えると予想されており，経済活動の活発化に伴う化石燃料の消費で排出される（⑦ a.ゴミ　b.温室効果ガス）の削減が進むかどうかも地球環境に大きな影響を与える。

①	②	③	④	⑤	⑥	⑦

2　テーマ別の日本の課題

標準問題2　課題を追究しよう　東京への一極集中と地方の高齢化，人口集中地域のインフラの老朽化と自然災害リスクの高まりなどの課題を解決するために，日本の現状をさらに調べてみた。教科書p.296〜303やこれまでの学習を参考にして，次の(1)〜(4)に答えなさい。

(1) 自然災害リスクへの対応に関して，次の図は2011年の東日本大震災における津波の観測状況を示したものである。津波の高かった地域の地形環境と今後の防災対策として最もふさわしい組み合わせを，次の①〜④より一つ選びなさい。

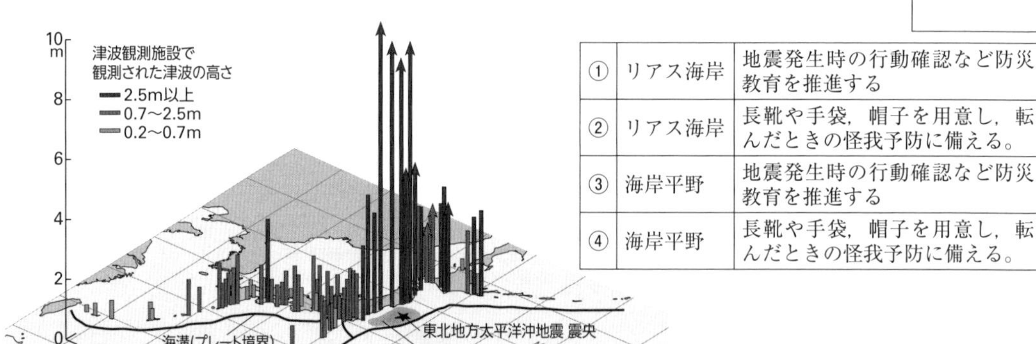

①	リアス海岸	地震発生時の行動確認など防災教育を推進する
②	リアス海岸	長靴や手袋，帽子を用意し，転んだときの怪我予防に備える。
③	海岸平野	地震発生時の行動確認など防災教育を推進する
④	海岸平野	長靴や手袋，帽子を用意し，転んだときの怪我予防に備える。

(2) 持続可能な農業のあり方について述べた次の文章①〜④より，**適当でないもの**を一つ選びなさい。

① 観光資源や水源涵養といった農業の持つ多面的機能に着目した財政措置を行う。

② 生産，加工，販売を農家が行い，農業の付加価値を高める活動を普及させる。

③ 食料自給率を高めるために家族経営による副業的農家を育成する。

④ もうかる農業を実現するために大規模農業を行う農業法人設立の規制緩和を行う。

(3) 下のグラフは，日本の県庁所在地(三大都市圏と政令指定都市を除く)の人口と，その人口集中地区(DID)の面積の変化を示している。グラフについて考察した下の文章の空欄①～⑥に適する語句を記入しなさい。

右の二つの折れ線グラフから，地方都市の1970～2010年の人口動向を読み取ってみよう。まず，1都市当たりの平均DID面積をみてみよう。DIDとは人口集中地区のことであり，国勢調査において人口密度4000人/km^{2}の地区が互いに隣接して5000人以上の人口となる地区を示す。グラフでは，1都市当たり平均人口は40年間に約(　①　)割の増加であるのに対し，1都市当たりの平均DID面積は約(　②　)倍に増加している。この変化は，地方都市の人口増加とともに市街地が(　③　)へと急速に拡大したことを意味している。拡大の背景には，高度経済成長期を通して豊かになった人々が車を所有できるようになり，(　④　)が進行したことが背景の一つである。車で通勤や買い物に出かけられるようになり，中心市街地に住まなくても日常生活に困らなくなった。しかし，近年は(③)に拡大した人口の(　⑤　化)が進行しており，居住地域の拡大とともに整備した(　⑥　)の老朽化が進み，維持管理や再構築などの問題が発生することが予想される。

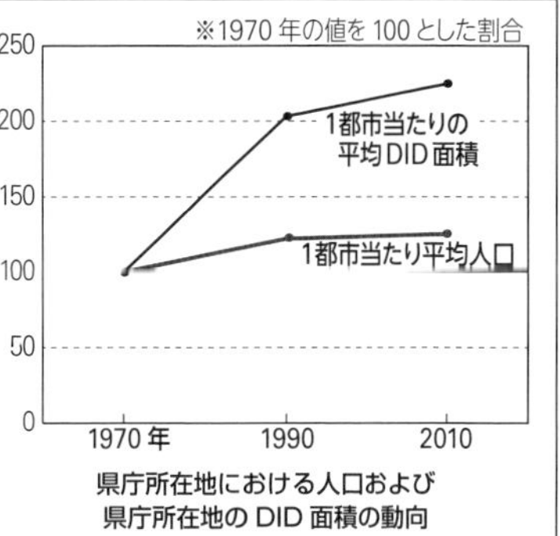

県庁所在地における人口および県庁所在地のDID面積の動向
(県庁所在地は三大都市圏と政令市を除く)

①	②	③	④	⑤　　　　化	⑥

(4) 右の図は在留外国人の総数と，そのうちブラジル国籍の人数の推移を示したものである。在留外国人総数は増加傾向にあるのに対して，ブラジル国籍者は増減がある理由を70字程度で書きなさい。

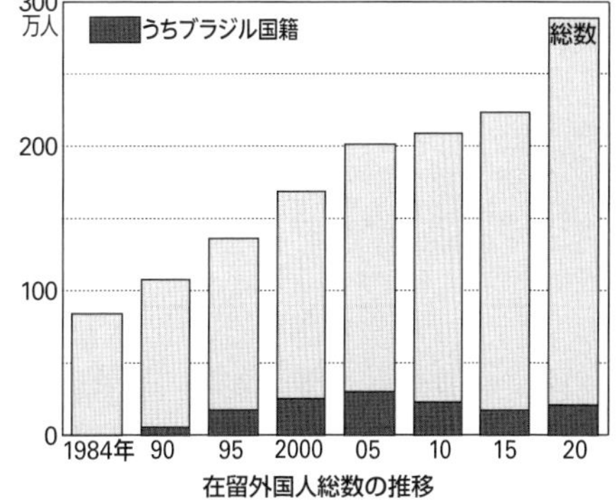

在留外国人総数の推移

発展問題3　課題解決に向けて考えをまとめよう　問題2(3)，(4)の課題解決に向けて現在考えられている方策とその課題について述べた次の文章①～④より，**適当でないもの**を一つ選びなさい。

① 人口の減少に伴う税収の低下に対応するため，郊外に拡大したインフラの維持費や高齢者の利便性を考え，コンパクトシティの概念が提唱されている。しかし，中心地への移転はさらなる財政負担を招くことになる。

② 郊外に拡大した新興住宅地は，特定の時期に特定の世代が入居することが多いため，高齢化が進んでいる地域では，生鮮食料品などの移動販売や自治体による公共交通機関の整備が必要である。しかし，採算性や費用負担の課題がある。

③ 今後の労働力不足が重要な課題となる日本では，先進的な農業や製造業を行うための高度な知識や技能をもった外国人労働者を技能実習生や特定技能外国人として，積極的に活用する動きが始まっている。一方で，異なる宗教や生活様式に対する地域社会の理解が必要になる。

④ 今後のさらなる高齢化に対応して，介護福祉士や看護士についても外国人労働力の活用が問題解決のための有効な解決策になると考えられる。一方で，日本で働くための資格取得や日本語修得のための時間と研修機会の確保が課題である。

（8 mm 罫）